HEYNE
BÜCHER

ÜBER DIE AUTOREN

SASCHA WESTPHAL wurde 1971 in Dortmund geboren, wo er immer noch lebt und als freier Filmjournalist arbeitet. KAI KRICK erblickte das Licht der Welt 1968 in Mannheim und lebt inzwischen in Bochum, wo er ins Kino geht, arbeitet und Theater-, Film- und Fernsehwissenschaft studiert. LORENZO ZUCCHETTI wurde 1970 in Herdecke geboren, lebt in Witten und arbeitet als Pizzabäcker und freier Filmjournalist.

KAI KRICK, SASCHA WESTPHAL &
LORENZO ZUCCHETTI

Millennium – Das Grauen beginnt

Das inoffizielle Buch
über die unheimlichen Fälle des Frank Black

Originalausgabe

WILHELM HEYNE VERLAG
MÜNCHEN

HEYNE ALLGEMEINE REIHE
Nr. 01/10256

Die Kapitel über THE THIN WHITE LINE und COVENANT
stammen von Christian Frank.

Umwelthinweis:

Das Buch wurde auf chlor- und
säurefreiem Papier gedruckt.

Redaktion: Werner Bauer

Printed in Germany 1998
Umschlagillustration: Vorder- und Rückseite: InterNews, München
Umschlaggestaltung: Atelier Ingrid Schütz, München
Herstellung: H + G Lidl, München
Satz: Fotosatz Völkl, Puchheim
Druck und Bindung: Ebner Ulm

ISBN 3-453-14245-4

Chris Carter und das nächste Jahrtausend

Was kommt nach AKTE X?

Eine schwierige Frage, vor allem wenn man Chris Carter heißt, ›Americas most wanted producer‹ ist und mit der ersten eigenen Serie einen der größten internationalen Hits der Fernsehgeschichte landete. THE X-FILES machten Carter nicht nur gefragt und reich, sondern – und das ist für einen TV-Produzenten noch viel ungewöhnlicher – berühmt. Welche anderen kennen Sie eigentlich noch mit Namen? Mehr noch, Carter ist eine Kultfigur geworden, was in seinem Metier nur wenigen – Rod Serling, Gene Roddenberry oder etwa Matt Groening – vorbehalten blieb.

Das Erstaunliche an seinem Erfolg ist, daß es AKTE X ursprünglich eigentlich gar nicht auf das Erreichen hoher Quoten, sondern die Erzeugung von Gänsehaut bei einem Nischenpublikum anlegte. Und Horrorserien gehörten noch nie zu den Rennern, nicht beim Publikum und erst recht nicht bei der Kritik. Doch Carter ignorierte alle Unkenrufe und schuf eine Hommage an die Lieblingsserie seiner Jugendtage, KOLCHAK, THE NIGHT STALKER, bei deren Ansehen er sich zum letzten Mal vor dem Fernseher so richtige gegruselt hatte. Mit seiner Serie über die Erlebnisse zweier FBI-Agenten mit dem Außerirdischen und Übernatürlichen traf er völlig unerwartet eine latente Strömung der Zeit. Erstaunlicherweise mochte das Publikum nicht nur die unheimliche und phantastische Seite der *show*, sondern auch und gerade die Paranoia, mit der sie großzügig aufwartete.

Carter und seine Produktionsfirma *1013* wurden mit Anfragen nach und Angeboten für weitere Serien überhäuft, und das nicht nur von *Fox Television*, dem Sender, der THE X-FILES ausstrahlte. Als man bei der Herstellung von AKTE X dann eine gewisse Routine erlangt hatte, begann man ernsthaft über die Produktion einer zweiten Serie nachzudenken. Daß die nächste Serie auch im Bereich des Phantastischen angesiedelt sein würde, war schnell klar, die dabei zu wählende Richtung jedoch nicht. Schließlich fiel die Entscheidung, noch einmal in die gleiche Kerbe zu schlagen, doch entschieden fester und um einiges kompromißloser, um so den Zuschauer so richtig das Fürchten zu lehren. Was einmal funktioniert, das klappt auch noch ein zweites Mal, davon war man überzeugt. Außerdem glaubte Carter, sich diesmal nicht auf einen Zufall verlassen zu müssen, der bei AKTE X dafür sorgte, daß er den Zeitgeist mit einer Breitseite traf, nein, er war sich sogar sicher, den Erfolg aufgrund der momentanen Stimmung berechnen zu können: »Das Ende dieses Jahrtausends, dieses Millenniums steht bevor, das ist eine beunruhigende Zeit. Viele Menschen werden jetzt sehr nervös ... Ich wollte der erste sein, der aus dieser Angst Kapital schlägt.«

Was den Teil mit der Angst betrifft, ging die Rechnung Carters zweifellos auf, sein MILLENNIUM darf schon jetzt als ein Meilenstein televisionären Terrors angesehen werden. In bezug auf die allseits gehegten kommerziellen Erwartungen allerdings hat sich die Serie bislang als mittlere Enttäuschung entpuppt. (Was uns als Zuschauern allemal lieber ist als die Produktion mega-erfolgreicher Langeweile im wöchentlichen Format. Wir wissen jedoch nicht, wie die Macher zu diesem Punkt stehen.)

Produzenten und Drehbuchautoren wurden, wie auch beim Stab von AKTE X üblich, mit Unmengen von Sekundärliteratur zu den Themenkreisen der Serie – Weltuntergang, berühmte Seher, Jahrtausendprophezeiungen, apokalyptische Glaubensströmungen, jüdisch-christliche Mythologie – eingedeckt. Des weiteren beschäftigten sie sich mit der Psychologie von Sektenmitgliedern, religiösen Fanatikern, Vigilanten, Triebtätern, Kinderschändern, Attentätern – und vor allem mit jener von Serienkillern. Das Motiv des Weltuntergangs wurde von Carter zur Steigerung des *fear factor* mit diesem Dauerbrenner des Thrillerkinos äußerst effektiv verbunden.

Doch orientierte man sich nicht nur an dokumentierten

Fällen des Paranormalen und der Psychopathologie, sondern, wie auch schon bei der älteren Schwesterserie, am Fundus der filmischen Bearbeitungen solcher Themen. Der Einfluß der Romane von Thomas Harris und ihrer Filmversionen ist für MILLENNIUM mit Sicherheit ebenso zentral wie für THE X-FILES. Doch während Carters erste Serie eher den Geist von DAS SCHWEIGEN DER LÄMMER und der gleichnamigen Verfilmung von Jonathan Demme atmet, ließ er sich bei seinem neuen Projekt mehr von DER ROTE DRACHE und Michael Manns Filmversion MANHUNTER leiten, der bei uns auch noch unter den Titeln BLUTMOND und RED DRAGON zu sehen war. So wie die FBI-Agentin Clarice Starling das Vorbild für Dana Scully bot, fand er in dem *profiler* Will Graham ein Modell für Frank Black, die Hauptfigur von MILLENNIUM. Genau wie Will verfügt auch Frank über ein beinahe (?) übernatürliches Einfühlungsvermögen, was die Motivation von Serienmördern angeht. Sowohl MANHUNTER als auch MILLENNIUM beschäftigen sich mit der Frage, was ihre Protagonisten dazu brachte, sich auf so beängstigende Weise in die Köpfe der Killer versetzen zu können, und wann der Abgrund, in den sie ständig blicken, beginnen wird, zurückzustarren. Chris Carters Serie ist ähnlich stilisiert wie der Spielfilm des MIAMI VICE-Produzenten Mann, und beide widmen sich ausführlich der gerichtsmedizinischen Detektivarbeit. In einer direkten Verneigung vor Manns großartigem Film besetzte Carter den ›Franzosen‹ in »Der jüngste Tag« – den ersten Serienkiller, der in MILLENNIUM überhaupt auftaucht – mit Stephen Lang, dem Darsteller des schmierigen Reporters eines noch viel schmierigeren *tabloids*, der in MANHUNTER auf entsetzliche Weise der ›Zahnfee‹ zum Opfer fällt.

Der ›Franzose‹ wiederum ist deutlich an dem von Kevin Spacey gespielten John Doe aus David Finchers SE7EN (SIEBEN) angelegt, einem Film, der auf formaler Ebene einen noch viel deutlicheren Einfluß bei MILLENNIUM hinterließ. Zusammen mit Alan Parkers ANGEL HEART ist SE7EN wohl einer der radikalsten Versuche, einen Schwarzweißfilm in Farbe zu inszenieren, ein Experiment, bei dem auch Carter mit einem überwältigenden Ergebnis aufwarten konnte. Die Szenerie einer permanent verregneten Stadtlandschaft übernahm MILLENNIUM ebenfalls, wobei Serien, die in Vancouver entstehen, ohnehin gar nichts anderes übrigbleibt. An den bizarren Todesarten, die sich John Doe auf der Grundlage der sieben Todsünden ausdenkt, orientierte sich MILLENNIUM ebenso wie an Does religiösem Wahn und der damit einhergehenden Ikonographie von SE7EN. Hinter der blutigen Spur verstümmelter Toter und beinahe Toter, die John Doe in seinem religiösen Übereifer hinter sich herzieht, ist ein Muster, ein System verborgen. Und so gehört SE7EN zu den Filmen, die den Mythos nähren, daß die Taten von Serienkillern blutige Puzzlespiele sind, die von jenen sensitiven *profilers*, den Helden der Psychothriller der 90er, zusammengesetzt werden können. Daraufhin verstehen sie den Modus operandi der Serienmörder, der Anti(?-)Helden der Psychothriller der 90er, und können diese schließlich fassen. Dies beinhaltet ein durchaus beruhigendes Element, welches sich in beinahe jeder Folge von MILLENNIUM findet, wo die Botschaften der Killer oft auch ebensolche sind, nicht selten auf den Körper des Opfers geschrieben. So beunruhigend eine Serie wie MILLENNIUM oder Filme wie MANHUNTER und SE7EN sind, ein Film wie HENRY – PORTRAIT OF A SERIAL KILLER schafft es, wesentlich nachhaltiger zu verstören, indem er dem Zuschauer die Gewißheit nimmt, daß sich hinter jeder Mordserie ein zu dechiffrierendes Muster verbirgt. Denn Henry tötet unmotiviert, einfach so zum Spaß, wenn sich die Gelegenheit ergibt und wenn er dazu Lust hat. Und ganz ohne System, ohne Botschaft und ohne Lösung. An HENRY erinnert MILLENNIUM oft in seinem trostlosen Realismus.

Ein weiterer Film über Serienmörder, der bei MILLENNIUM seine Spuren hinterlassen hat, ist NATURAL BORN KILLERS von Oliver Stone, der mit seinem JFK auch eines der Vorbilder für die X-FILES lieferte. Doch trotz der Beschäftigung mit dem gleichen Thema ist es bei NATURAL BORN KILLERS fast

Chris Carter – wer wäre je darauf gekommen, daß sich ein netter Surf-Freak so grauenerregende Geschichten ausdenken kann?

nur die formale Ebene, die für MILLENNIUM wichtig ist. Die Gestaltung von Franks Visionen erinnert frappierend an die oft surrealistische Bildgewalt und die avantgardistische, in höchstem Maße unkonventionelle Machart von Stones kontroversem Film.

Eine weitere stetige Inspiration für das serielle Grauen stellen die Zeitungs- und Nachrichtenmeldungen des ganz normalen Wahnsinns dar, die den Autoren von MILLENNIUM wie auch uns täglich frei Haus geliefert werden. Etwa die Hälfte der Episoden basiert mehr oder weniger deutlich auf *true crime*-Fällen oder aktuellen Schlagzeilen. Diese Berichte empfindet Carter oft als unvollständig, sie informieren meist nur in gellendem Ton über das ›Wer?‹ und die grausigen Details des ›Was?‹ und ›Wie?‹, selten jedoch über das ›Warum?‹. Und so will Carter MILLENNIUM benutzen, um die menschlichen Leerstellen zu füllen in den reißerischen Meldungen eines harten, mitleidlosen und umsatzorientierten Journalismus, für den in den USA das *Fox*-Network ironischerweise eines der Paradebeispiele ist.

Die Prämisse von MILLENNIUM ist denkbar einfach: Das Böse existiert. Und zwar sowohl in Form einer abstrakten Kraft als auch in einer körperlich greifbaren Wesenheit: Satan existiert. Die Kräfte des Bösen sind organisiert und gewinnen an Stärke, je näher die Jahrtausendwende kommt, sie rüsten sich für Armageddon: Die 1000 Tage haben begonnen. Über die Organisationsstruktur der Bösen kann man vorerst nur spekulieren, worin diese den Guten gleichen, über die man fast noch weniger weiß. Es gibt eine Gruppe von Ex-Mitarbeitern diverser Polizeibehörden, die beratende Funktion bei der Aufklärung von Serienmorden und ähnlichen Verbrechen leistet, wobei sie auf erstaunliche Ressourcen zurückgreifen kann. Sie nennt sich *Millennium Group* und ist laut Carter an ein Vorbild aus der Realität, die sogenannte *Academy Group*, angelehnt, über die genausoviel bekannt ist wie über ihr fiktives Gegenstück, und das steht alles im vorhergehenden Satz.

Black ist der Name der Familie, die das ausgesuchte Pech hat, von Chris Carter in diesem Mikrokosmos aus Wahnsinn und Weltuntergang ausgesetzt worden zu sein. Der von Lance Henriksen gespielte Frank Black (benannt nach dem mittlerweile auf Solopfaden wandelnden Exsänger der Pixies, der als Fan der AKTE X einen Song für die CD »Songs in the Key of X« beisteuerte) war ein *profiler* des FBI, der seinen Job aufgegeben hat und sich nun mit seiner Frau Catherine (Megan Gallagher) in ihrer beider Geburtsstadt Seattle mitsamt Tochter Jordan (Brittany Tiplady) zur Ruhe setzen will. Doch er bringt es nicht fertig, seine außerordentliche Fähigkeit, sich in die Gedanken von Mördern zu versetzen, brachliegen zu lassen. Also sucht er von neuem die Dunkelheit, um die Welt für Catherine und Jordan ein wenig sicherer zu machen. Doch die Anziehung beruht auf Gegenseitigkeit, und so hat ihn die Dunkelheit ihrerseits gefunden, bevor er sich von seinem ersten Fall in Seattle ausruhen kann, und dringt in Form alarmierender Polaroidfotos am Ende des Pilotfilms in das knatschgelbe Traumhaus der Blacks ein, das eigentlich ein sicherer Hafen für die ganze Familie sein sollte.

Diese Informationen über die wichtigsten Charaktere, ihr Leben und dessen einschneidende Ereignisse sowie die serienübergreifenden Handlungsstränge über das offenbar systematisch wirkende Böse vor dem Hintergrund der Prämisse werden wir von nun an die ›Millennium-Mythologie‹ nennen; diese Bezeichnung übernehmen wir von einer beliebten Fernsehserie.

Einen Teil seines neuen Teams rekrutierte Carter unter alten Mitstreitern der AKTE X. Als Produzenten und Drehbuchautoren kamen er selbst und Frank Spotnitz, welchen spitze Zungen den geglückten Versuch Carters nennen, einen Klon seiner selbst heranzuzüchten. Zu Beginn vergewisserte sich Carter auch der Schützenhilfe David Nutters, eines der versiertesten Regisseure der X-FILES. Die Musik und das Titelthema stammen von Mark Snow, der auch schon die AKTE X mit einer unverwechselbaren Atmosphäre und Stimmung versah. Seine spezielle Art elektronischer Musik, die nicht von synthetisch erzeugten Tönen ausgeht, sondern natürliche Töne elektronisch verfremdet, kommt bei den *scores* für MILLENNIUM womöglich noch effektiver zum Einsatz als bei denen der Schwesterserie. Das schwermütige Titelthema, das es mit seinen sehnsüchtigen, hypnotischen Klängen schafft, den Zuschauer binnen 45 Sekunden in die Welt Frank Blacks zu entführen, ist eine von Snows bislang besten Arbeiten.

Außerdem ergab die Zusammenarbeit von *1013* mit annähernd 1000 Haupt- und Nebendarstellern bei der Produktion von 73 Folgen AKTE X ein schier unerschöpfliches Reservoir von Talenten, aus dem man reichhaltig schöpfte. Eine größere Rolle ging an Terry O'Quinn aus der Folge »Böse Geboren«, der Franks Kollegen Peter Watts von der *Millennium Group* spielt. Ebenfalls einen wiederkehrenden Charakter – die Pathologin Cheryl Andrews, ebenfalls Mitglied der *Group* – spielt CCH Pounder, die für ihre Rolle in »Unter Kontrolle«, Carters Regiedebüt, einen Emmy gewann. Doch auch zahlreiche Figuren, die bislang nur einmal auftauchten, wurden von exzellenten Mimen wie Brad Dourif, Morgan Woodward, Heather McComb, Alex Saviuk oder Larry Musser verkörpert, die ihr Können bereits in THE X-FILES unter Beweis gestellt hatten.

Eine große Lücke im Stab der Autoren vermochte Carter mit dem legendären Autorenteam seiner ersten Serie, Glen Morgan und James Wong, zu schließen. Morgan und Wong verließen THE X-FILES in der zweiten Staffel, um ihre eigene Serie SPACE: ABOVE AND BEYOND zu produzieren, welche allerdings nach nur einer *season* eingestellt wurde. Doch ihr Pech war Carters Glück, denn sie brachten nicht nur gute Ideen, sondern auch hervorragende Schauspieler mit, die genau wie ihre Exchefs arbeitslos geworden waren. James Morisson, der in SPACE den Colonel McQueen spielt, stellt in »Dead Letters« den labilen Polizisten Frank Horn dar und lieferte damit eine der schauspielerischen Glanzleistungen der durchweg hochkarätig besetzten Serie ab.

Bei der Auswahl der neuen Mitarbeiter bewies Carter generell eine sichere Hand. Die Rolle Bob Bletchers, des bodenständigen Gegenpols zu Frank Black, besetzte er mit Bill Smitrovich. Smitrovich hatte sein Können bereits in den ersten beiden *seasons* von Michael Manns CRIME STORY unter Beweis gestellt. Am Ende der ersten Staffel hatten sich unter den Neuzugängen bei *1013* vor allem die beiden Autoren/Produzenten Ted Mann und Chip Johannessen profiliert. Ihre Skripts gehören nicht nur zu den besten, sondern erzählen auch die für den weiteren Verlauf der Serie wichtigsten Geschichten, sie sind sozusagen für die ›Millennium Mythologie‹ verantwortlich. In seinen Drehbüchern zu »The Judge«, »Powers, Principalities, Thrones and Dominions« und »Paper Dove« trieb Mann den Handlungsbogen der Verschwörung unter den Serienkillern voran, während Johannessen in »Force Majeure« und »Maranatha« die globalen, kosmischen und metaphysischen Aspekte der Apokalypse in die Serie einbrachte. Neu in Carters Stab, jedoch nicht neu im Geschäft war Regieveteran Winrich Kolbe (QUINCY, MAGNUM, STAR TREK – THE NEXT GENERATION), dem es mühelos gelang, für MILLENNIUM die Konventionen der TV-Ästhetik hinter sich zu lassen, innerhalb deren Grenzen er für Jahrzehnte operiert hatte.

MILLENNIUM, ›die neue Serie des Erfinders und Produzenten von AKTE X‹, wurde zu einer der mit am meisten Spannung erwarteten Fernsehserien aller Zeiten. Neben den hochgesteckten Erwartungen der Zuschauer trug der geradezu absurde *hype* der Medien sicher einiges dazu bei. Paradoxerweise hatten diese jedoch kaum wirklich etwas zu berichten, denn selten wurde um eine neue Serie ein derartiges Geheimnis gemacht. Die Drehbücher wurden durchnumeriert, um den Überblick über ihren Verbleib zu behalten, und auf rotem Papier gedruckt, um es Raubdruckern von Skripts, deren Geschäft in den USA floriert, möglichst schwer zu machen. Doch absolute Kontrolle ist zum Glück nicht möglich, und so mußten verdutzte Gesichter bei *1013* feststellen, daß man die Pilotfolge bereits Wochen vor der Ausstrahlung als *bootleg*-Video käuflich erwerben konnte – freilich zu einem Preis, der die Käuferschaft radikal einschränkte.

Der für eine Fernsehserie bislang größte Werbefeldzug aller Zeiten erreichte seinen Höhepunkt zwei Tage vor der TV-Premiere, als am 23. Oktober die Pilotfolge über Satellit auf die Leinwände von Kinos in 27 US-Großstädten übertragen wurde. Mehr als 10.000 Fans tauchten zu diesem Anlaß auf, bei dem zuerst eine Ansprache Carters live übertragen wurde, im Anschluß »Der jüngste Tag« seine (offizielle) Welturaufführung erlebte, worauf sich Carter dem Publikum zum Interview stellte. Als der Pilotfilm dann am 25.10.1996 auf dem alten Freitagabend-Sendeplatz der X-FILES, die jetzt sonntags liefen, ausgestrahlt wurde, schienen sich nicht nur die Hoffnungen aller Beteiligten zu erfüllen, alle Erwartungen wurden übertroffen. 18 Millionen Zuschauer wohnten der TV-Premiere von Carters neuem Baby bei. Die Folge »Der jüngste Tag« erreichte nicht nur die höchste Einschaltquote einer Pilotfolge in der gesamten Geschichte des Senders *Fox*, sie war auch die meistgesehene erste Episode einer neuen Dramaserie im Herbst 1996, womit sie sich gegen mehrere Dutzend Konkurrenten durchsetzen konnte. Man schrieb übrigens auch Fernsehgeschichte, denn MILLENNIUM war die erste Fernsehserie, von der bereits zur Premiere parallel zur englischen eine spanische Fassung ausgestrahlt wurde für die mittlerweile zweitgrößte Sprachgemeinschaft der USA.

Am nächsten Tag trafen die ersten Kritiken ein. Der *Boston Globe* nannte MILLENNIUM »eine Fernsehserie, wie man sie gräßlicher und reißerischer nicht zu sehen bekommen wird«, die *Washington Post* sah darin »weniger eine Fernsehsendung als vielmehr eine schreckliche Tortur«, der Kritiker der *LA Times* beschrieb es als »die am unmotiviertesten gewalttätige Serie, an die ich mich erinnern kann … ein düsterer, unattraktiver Runterzieher.«

In »Walkabout« gerät Frank Black, in »Demons« Fox Mulder unter den Einfluß einer Droge, beide halluzinieren und erleiden einen Blackout. Unter der Droge stehend, müssen beide den inneren Dämonen aus ihrer Vergangenheit gegenübertreten und versuchen, diese zu exorzieren. Die *flashbacks* von Mulder sind zudem deutlich an die Visionen Frank Blacks angelegt, was »Demons« zur bislang stilistisch außergewöhnlichsten Folge der AKTE X werden ließ, noch dazu, weil diese nicht nur für Sekundenbruchteile, sondern teilweise für Minuten zu sehen sind – und dabei teilweise die subliminale Schnittfrequenz der Visionen Franks in MILLENNIUM beibehalten.

Lange Zeit sah es für MILLENNIUM sehr schwarz aus. Doch die Einkäufer von TV-Serien des internationalen Marktes ließen sich von dem Ruf der Serie, Quotengift zu sein, der ihr vorauseilte, nicht abschrecken. Die ersten Ergebnisse aus Übersee, so zum Beispiel die Quoten aus Großbritannien, die über dem prognostizierten niedrigen Niveau lagen, stimmten *Fox* versöhnlich und stellten sicher, daß die zweite Staffel der Serie in Produktion gehen konnte.

Doch wird es aufgrund kommerzieller Erwägungen sowie persönlicher Differenzen zu Änderungen im Team kommen, was die Serie nachhaltig verändern soll und wird. Chris Carter wird sich aus dem Stab der Serie völlig verabschieden, um sich voll und ganz der Produktion der fünften Staffel und des ersten Spielfilms der AKTE X zu widmen. Frank Spotnitz wird ihn begleiten und sich mit der undankbaren Aufgabe befassen, die mittlerweile unzähligen losen Enden der ›X-Files-Mythologie‹ aufzunehmen und zu einem befriedigenden Abschluß zu verweben. James Wong und Glen Morgan, deren Serienprojekt THE NOTORIOUS auf Eis gelegt wurde, übernehmen MILLENNIUM und fungieren von nun an als Executive Producers.

Chip Johannessen wird weiterhin die Serie koproduzieren und Drehbücher verfassen, als Autor bleibt der Serie ebenfalls Robert Moresco erhalten, der ab jetzt zu den Festbeschäftigten zählt. Als neue Schreiber stoßen Michael Perry, vormals

Autor für AMERICAN GOTHIC, sowie das Team Kay Reindl und Erin Maher, welches bislang Skripts für Spielfilme verfaßte, zu MILLENNIUM.

Auf inhaltliche Änderungen deutet ein T-Shirt hin, in dem die neue Crew für Promo-Fotos posierte. Der Aufdruck, der *90 % less Serial Killers* (›Enthält 90 % weniger Serienmörder‹) lautet, weist wohl nicht nur darauf hin, daß man vermehrt neue Geschichten erzählen wird. Vermutlich versucht man auch der Forderung des Senders nach mehr Humor entgegenzukommen, was sich angesichts der Thematik von MILLENNIUM noch als äußerst heikler Balanceakt herausstellen wird. Die einzelnen Episoden sollen zukünftig stärker aufeinander Bezug nehmen, und die (bislang tatsächlich mehr als schleppende) Entwicklung der ›Mythology‹ soll vorangetrieben werden. Die *Millennium Group*, von der sich herausstellen wird, daß sie 2000 Jahre alt ist, soll mehr als bisher im Mittelpunkt der Serie stehen. Frank Black wird die Chance erhalten, in den inneren Kreis der Gruppe aufgenommen zu werden. Des weiteren soll nun doch vor dem *crossover* auf der großen Leinwand innerhalb von MILLENNIUM etabliert werden, daß beide Serien aus dem Hause *1013* im gleichen Universum spielen. In der nächsten *season* sollen einige Charaktere aus AKTE X auftauchen, unter ihnen der Lieblingsautor von Dana Scully, Jose Chung aus der Episode »Andere Wahrheiten«. Ganz allgemein kündigten Morgan und Wong an, daß sie die Serie straffer und *more hitchcockian* anlegen wollen, was auch immer damit gemeint sein soll, denn über einen Mangel an Spannung oder Suspense konnten wir bisher wirklich nicht klagen. Ein Gerücht, das sich allmählich verdichtet, besagt, daß Megan Gallagher nur in den ersten drei Episoden der zweiten Staffel auftreten wird, worauf sie bis zur 14. Episode verschwindet, mit der sie dann wieder regelmäßig einsteigt.

Eine kleine Sensation ist die letzte Meldung, nach der Darin Morgan, der Bruder Glens, in der nächsten Staffel zum Team von MILLENNIUM stoßen soll. Darin gelang es sowohl mit seinen grotesken Drehbüchern (»Krieg der Korophagen«, »Andere Wahrheiten«) als auch mit seiner Darstellungskunst (»Der Parasit«, »Small Potatoes«), die X-FILES zu revolutionieren. Mit »Der Zirkus« begründete er das Subgenre der *X-Files Comedy*, dessen Einträge inzwischen nicht selten als ›Darin-Morgan-X-Akten‹ bezeichnet werden. Da er als Produzent, Autor und erstmalig auch als Regisseur angeheuert haben soll, erwartet uns in naher Zukunft entweder die beste, die außergewöhnlichste oder die geschmackloseste Episode von MILLENNIUM. Wenn wir Glück haben, punktet er in allen drei Kategorien.

In diesem Sinne wünschen wir Ihnen viel Spaß beim Lesen unseres Buches … Sie werden ihn brauchen!

Chris Carter: Eine Biographie

Lange bevor Chris Carter mit seiner ersten eigenen TV-Serie AKTE X einen Kult schaffen und Fernsehgeschichte schreiben sollte, arbeitete der am 13. Oktober 1956 in Bellflower, Kalifornien, geborene Autor und Produzent für den Megakonzern *Disney*. Dabei ist Chris Carter eigentlich gelernter Journalist. Seine Kindheit und Jugend hat er an den Stränden seiner kalifornischen Heimat verbracht; nach dem erfolgreichen Abschluß eines Publizistikstudiums im Jahre 1979 wurde er von dem Surf-Magazin *Surfing* als Mitarbeiter eingestellt. Nur ein Jahr später – gerade einmal 24 Jahre alt – wurde er zum Herausgeber der Zeitschrift berufen. Auf diese Art und Weise gelang es Carter, sein Hobby, das Wellenreiten, und seinen Beruf als Journalist miteinander zu verbinden. Reportagen über die schönsten Surfparadiese führten ihn um den halben Globus. Chris Carter wurde zwar älter, doch in seinem Herzen blieb er ein großes Kind. Er führte das Leben eines Vagabunden, in den USA lebte er zumeist in seinem Büro. Äußerlich ein Sonnyboy, lebte er ein von Zwängen und Pflichten freies Leben. Die Zeitschrift hatte sich zu einem Selbstläufer entwickelt. Ohne übertreiben zu wollen: Chris Carter hatte einen Traumjob gefunden.

Im Jahre 1983 geschah etwas, womit Chris Carter jedoch nicht hatte rechnen können. Er verliebte sich. Stammten seine früheren Freundinnen zumeist aus seinem Surfer-Umfeld, lernte er Dori Pierson über seine Arbeit kennen. Dori Pierson, die einige Jahre später seine Ehefrau werden sollte, arbeitete in Hollywood als Drehbuchautorin. Sie gehörte nicht gerade zur ersten Garde der Schreiberelite, doch mit TV- und unabhängigen Kinoproduktionen war es ihr gelungen, ein recht angenehmes Leben zu führen.

Chris Carter war Hollywood nicht unbekannt. In seiner Jugend in Bellflower kannte er eine Reihe von Personen, die in Hollywood gearbeitet hatten – im Produktionsbereich natürlich. Schauspieler oder Autoren lebten in dem Arbeitervorort von Los Angeles nicht. In gewisser Weise hatte die Nähe zu Hollywood Chris Carter dazu veranlaßt, den Beruf des Journalisten zu erlernen. Nur fehlte ihm der Mut, in Hollywood sein Glück zu versuchen. Sein Herausgeberposten garantierte ihm einen sicheren Lebensunterhalt, und in gewisser Weise hoffte er, sein Leben könne für immer so weitergehen wie bisher. Mit Dori Pierson hatte er jedoch nicht nur eine attraktive, sondern vor allem eine selbstbewußte Partnerin gefunden. Sie ermutigte ihn, etwas Neues zu probieren. Schon als Jugendlicher hatte Chris Carter Konzepte und Drehbücher für Spielfilme und TV-Serien geschrieben. Ohne Ausnahme hatte er sie nach der Fertigstellung in die Schublade gelegt. Angetrieben von seiner späteren Ehefrau, bewarb sich Carter schließlich bei *Disney* um eine Anstellung als Autor.

In dieser Situation kam ihm eine gehörige Portion Glück zugute. Der *Disney*-Konzern hatte den Ruf, ein schlafender Riese zu sein. Der neue *Disney*-Chef Jeffrey Katzenberg sollte den Konzern verjüngen und mit neuen Ideen für die Zukunft aufrüsten. So gelangte schließlich Carters Bewerbung auf Katzenbergs Schreibtisch. Dieser war von den Arbeitsproben begeistert. So begeistert, daß er dem Fernsehneuling einen traumhaften Deal anbot: Carter sollte drei Kinofilme konzipieren. Das Angebot war ein echter Traum.

Die Seifenblase platzte jedoch bevor noch Carters Unterschrift unter dem Arbeitsvertrag getrocknet war. Entgegen den Plänen Katzenbergs blieben die Realfilmstudios vorerst weiterhin geschlossen. Frustriert nahm Carter, um überhaupt etwas zu Papier bringen zu können, ein Angebot der Fernsehfilmabteilung an, Sunday-Night-Movies zu schreiben. Neun familienfreundliche Komödien hat Carter schließlich für *Disney* geschrieben. Dann schmiß er seinen Job hin.

Chris Carter mochte die Arbeit beim Fernsehen. Doch er haßte die Drehbücher, die er schreiben mußte. Und noch mehr haßte er die Umsetzung seiner Bücher. Sie wirkten lustlos und im Vergleich zu Kinoproduktionen dilettantisch inszeniert. Dies lag nicht an der Unfähigkeit der Darsteller und Regisseure, es lag an den Vorgaben des Studios. Da jedes Experiment Gefahr lief, möglicherweise kein Publikum zu finden, wurde eben nicht experimentiert. Trotz der Direktive Katzenbergs, etwas Neues zu probieren, ging man auch im Hause *Disney* in der TV-Filmproduktion auf Nummer Sicher. Die einzigen Personen aber, die die Macht besitzen, etwas zu wagen, sind die Produzenten. Als *Disney* Carter schließlich anbot, den Pilotfilm einer neuen Sitcom zu schreiben, setzte Carter alles auf eine Karte: Entweder er würde auch Produzent, oder *Disney* müsse sich einen anderen Autor suchen.

Carters Wagemut zahlte sich aus, *Disney* stimmte seiner Forderung, zu seiner eigenen Überraschung, zu. DIE NANNY hieß die neue Serie, welche die Geschichte einer jungen Oberschichtsamerikanerin erzählt, die aufgrund einer Reihe von Zufällen Kindermädchen im Haushalt eines nicht minder reichen Geschäftsmannes wird. Trotz einiger recht gelungener Szenen, in denen das verwöhnte Kindermädchen mit den Tücken des Alltags konfrontiert wird, blieb DIE NANNY kaum mehr als eine durchschnittliche Sitcom ohne Erinnerungswert. Carter verabschiedete sich entsprechend schnell wieder aus der Produktion.

Mit dieser Arbeit sammelte Chris Carter Erfahrungen, die er als Produzent und Autor der Serie CAMEO BY NIGHT weiter intensivierte. Nach einem kurzzeitigen Zwischenspiel beim Sender *NBC*, wo er als Produzent und Autor die Sitcom RAGS TO RICHES betreute, kehrte er zu *Disney* zurück, um eine SciFi-Serie zu kreieren: COPTER COP ging jedoch niemals in Produktion.

1992 ließ Chris Carter seinen Vertrag mit dem *Disney*-Konzern schließlich auslaufen. Er hatte vom Fernsehsender *Fox* ein derart interessantes Angebot erhalten, das er einfach nicht ablehnen konnte: Carter erhielt einen Entwicklungsvertrag, der ihm zusicherte, eigene Serienkonzepte umsetzen zu können. Hatte er bislang ausschließlich als Auftragsautor gearbeitet, sicherte ihm *Fox* zu, eigene Projekte entwickeln zu dürfen.

Eine typische Szene aus Carters Erfolgsserie AKTE X – DIE UNHEIMLICHEN FÄLLE DES FBI: Dana Scully (Gillian Anderson) hat wieder einmal Zweifel an einer Theorie ihres Partners Fox Mulder (David Duchovny).

Carter ließ die Redakteure von *Fox* eiskalt auflaufen. Statt einer knackigen Blondine erhielt die unbekannte, rothaarige Gillian Anderson die Hauptrolle; und Humor fand nur auf einer intelligenten, ironischen Ebene statt. Statt eines profilierten TV-Regisseurs griff Carter bei der Inszenierung außerdem auf den unbekannten B-Film-Regisseur David Nutter (TRANCERS 4) zurück. Carter setzte in jeder Entscheidung seinen Kopf durch, was ihm den Ruf der meistgehaßten Person in den Chefetagen von *Fox* einbrachte.

Im Februar 1993 begannen schließlich die zweiwöchigen Dreharbeiten in Vancouver, Kanada. Und siehe da: Die gleichen Redakteure, die Carter wenige Tage zuvor noch am liebsten zum Teufel geschickt hätten, waren nach dem Ende der Dreharbeiten vom Rohschnitt des Pilotfilms begeistert. Sie waren sich bewußt, etwas ganz Großes vorgesetzt bekommen zu haben. Der Rest ist Geschichte: Die Serie wurde in Produktion gegeben, inzwischen steht die fünfte Staffel ins Haus. Und nach wie vor gehört THE X-FILES bzw. AKTE X zu den erfolgreichsten TV-Serien, die jemals produziert wurden.

Inzwischen hat Carter in AKTE X auch sein Regiedebüt gegeben. Die Serie ist längst ein Selbstläufer, seine Hauptdarsteller David Duchovny und Gillian Anderson sind Superstars. Auch Chris Carter ist, zumindest in den USA, eine bekannte Persönlichkeit. So bekannt, daß die erste Anzeige wegen angeblicher sexueller Belästigung nicht lange auf sich warten ließ. Eine Skript-Mitarbeiterin hat ihn dahingehend verklagt. Aufgrund dieser Vorfälle hat Chris Carter sein Privatleben inzwischen vollständig von der Außenwelt abgeschirmt.

AKTE X indes hat sich zu einem Markenzeichen entwickelt. Es ist eine Serie, bei der Chris Carter ganz genau weiß, welche Geschichten vom Publikum akzeptiert werden und welche nicht. Und schon sehr früh hatte Carter das Problem, daß viele seiner Ideen für seine Megaserie unpassend erschienen. Sie waren im Grundtenor düsterer, brutaler, auch schwankten sie emotional stark zwischen Hoffnung und Verzweiflung. Für all das schien AKTE X nicht das richtige Betätigungsfeld zu sein. Eine Episode über Serienkiller mochte durchgehen. Doch zwei oder drei? Oder Geschichten, die sich mit dem Ende des Jahrtausends und damit einhergehend mit der Apokalypse beschäftigten? Auch dies würde in AKTE X höchstens einmal funktionieren. Was Carter vorschwebte, das war eine zweite TV-Serie, die einen Schritt weiter gehen sollte als AKTE X. Als Hauptdarsteller schwebte Carter von Anfang an Lance Henriksen vor, der, als er schließlich das Konzept vorgelegt bekam, trotz seiner Bedenken gegenüber Fernsehserien in eine Mit-

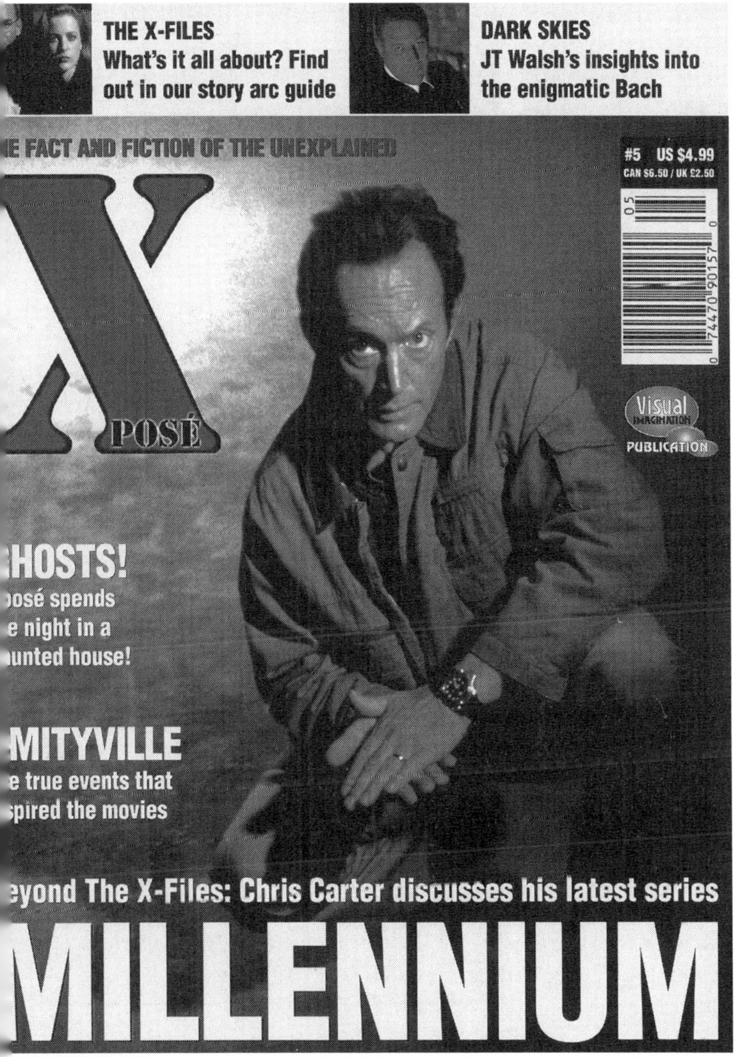

In einem großen *Xposé*-Interview bekannte Chris Carter: »Die Welt ist ein erschreckender Ort; sie wird immer furchteinflößender.«

wirkung einwilligte. Aufgrund des Erfolges von AKTE X hatte Carter im Hause *Fox* auch keine Kämpfe mehr auszutragen. Es wurde nicht mehr gefragt: Kann eine Serie wie diese überhaupt funktionieren? Es wurde nur noch gefragt: Wann ist sie fertig?

So startete MILLENNIUM im Oktober 1996 im amerikanischen Fernsehen. Doch MILLENNIUM sollte sich Carter als Fluch offenbaren. Nach anfänglich phantastischen Einschaltquoten sank das Interesse des Publikums im Laufe der Zeit merklich. Obwohl auf mehrere Jahre konzipiert, lief MILLENNIUM um ein Haar Gefahr, nach der ersten Staffel eingestellt zu werden. Es ist vor allem dem internationalen Erfolg der Serie zu verdanken, daß *Fox* sich durchgerungen hat, eine zweite Staffel zu produzieren. Der Schuldige für die nur mittelmäßigen Einschaltquoten war schnell gefunden: Er hieß Chris Carter. Carter hatte während der Vorbereitungszeit zu MILLENNIUM nicht nur weiterhin AKTE X betreut, auch den AKTE X-Spielfilm, der im Sommer 1998 in die US-Kinos kommen soll, hat er in dieser Zeit geschrieben und produziert. Und wie schon im Falle von AKTE X hatte Carter erneut seinen Dickkopf durchgesetzt und sich vom Fernsehsender nicht in die Gestaltung seiner Serie hineinreden lassen. So sollte die Serie lustiger werden, der Grundtenor nicht mehr so düster sein, und es sollten weniger Serienkiller ihr Unwesen treiben. Carter ließ sich auf diese ›Vorschläge‹ nicht ein, zur Freude der Redakteure, die ihre Zeit gekommen sahen, Carter, der aufgrund seiner Starrköpfigkeit nicht zu den beliebtesten Produzenten im Hause *Fox* zählt, eins auszuwischen und aus dem Projekt zu entlassen. Doch ganz so einfach war das nicht möglich: *Fox* mag die Rechte an der Serie besitzen, Chris Carters Produktionsfirma *Ten Thirteen* (bzw. *1013)* aber besitzt die Rechte an den Figuren. So hätte *Fox* MILLENNIUM zwar ohne Chris Carter fortführen dürfen, doch ohne die Figur des Frank Black. Da sich um MILLENNIUM jedoch längst eine Fan-Gemeinde gebildet hatte, die ausreichte, die Serie auch in den USA fortzuführen, und der internationale Verkauf phantastisch anlief, wollte *Fox* die Serie nicht verlieren. In den Verhandlungen mit Carter war jedoch so viel Porzellan zerbrochen worden, daß dieser selbst keine Lust mehr hatte, MILLENNIUM für *Fox* weiter fortzuführen. Aufgrund der verzwickten Rechtslage betreffend der Rechte zur Serie war es Carter allerdings nicht möglich, die Serie einfach einem anderen Sender zu verkaufen, obschon mehrere ihr Interesse an MILLENNIUM bekundeten. Also einigte man sich schließlich auf einen Kompromiß: *Fox* würde die Serie ohne die Beteiligung von Chris Carter als Produzent fortführen, als Produzenten wurden jedoch Carters Freunde Glen Morgan und James Wong eingesetzt, die von Anfang an zum Autorenstamm von AKTE X und MILLENNIUM gehörten und deren eigene TV-Serie SPACE: 2063 in den USA zwar ein Flop wurde, die im internationalen Verkauf jedoch zum Hit avancierte. Über Morgan/Wong hat sich Carter somit eine Hintertür offengehalten, eben doch weiterhin auch kreativ auf MILLENNIUM einwirken zu können.

Was die Zukunft für Chris Carter bringen wird, ist noch ungewiß. Sicher ist, daß Carter die AKTE X nach dem Ende der fünften Staffel verlassen wird, unabhängig davon, ob *Fox* sie fortführt oder nicht. Über fehlende Angebote wird er sich auf keinen Fall Gedanken machen müssen. Chris Carter zählt inzwischen zu den begehrtesten Produzenten der Traumfabrik, auch mangelt es nicht an Regieangeboten. Und nicht etwa das Fernsehen hat es auf Carter abgesehen: Es ist das Kino, das gespannt darauf wartet, daß Carter endlich zu ihm überläuft. So hoffen viele Studios, daß Carter einen ebenso kreativen Einfluß aufs Kino ausüben wird, wie er dies mit seiner Serie AKTE X auf die Fernsehlandschaft getan hat. Stand AKTE X als Mystery-Serie zu Beginn allein da, wurden inzwischen über 35 weitere Serien der Phantastik ins Rennen geschickt, darunter auch in Deutschland bekannte Hits wie STRANGE LUCK, OUTER LIMITS, DARK SKIES, NOWHERE MAN und viele mehr. Allein während der Sendepause zwischen der zweiten und der dritten AKTE X-Staffel wurden von den amerikanischen Sendern 220 Mystery-Projekte ernsthaft diskutiert!

Nach diesem durch ihn ausgelösten Boom hat Carter nun die freie Projektauswahl. Welches Angebot Carter annehmen wird, was sein erster selbstinszenierter Spielfilm sein wird, darüber schweigt er sich zur Zeit noch beharrlich aus.

Lance Henriksen ist Frank Black

Der Erfolg wurde Lance Henriksen nicht in die Wiege gelegt. Seit 20 Jahren gehört er nun zu den meistbeschäftigten Schauspielern der Traumfabrik Hollywood, doch bis es soweit war, hatte er einen langen, steinigen Weg zurückzulegen. Am 5. Mai 1940 wurde Lance Henriksen in ärmlichen Verhältnissen in New York City geboren (laut *People's Magazine* erblickte er 1943 das Licht der Welt). Seine Mutter war eine erfolglose Tänzerin, sein Vater Seemann. Beide pflegten einen lockeren Lebenswandel, zu dem ein Kind nicht so recht passen wollte. Zwei Jahre nach seiner Geburt ließen sich seine Eltern scheiden, ohne jedoch den Kontakt abzubrechen. So verbrachte er den größten Teil seiner Kindheit bei seiner Großmutter, die mit dem widerspenstigen Kind ihre Probleme hatte. Lance verschloß sich seiner Umwelt, schwänzte die Schule und verbrachte die meiste Zeit viel lieber am Hafen, wo er seinem Vater nacheifern und Seemann werden wollte (was einige Jahre später tatsächlich der Fall sein sollte). Die Eltern kümmerten sich wenig um ihren Sohn, die Großmutter indes bemühte sich um seine Erziehung, jedoch mit wenig Erfolg. Mit elf Jahren konnte Lance Henriksen noch immer nicht lesen und schreiben. In ihrer Verzweiflung meldete ihn seine Großmutter an einer Militärschule an, wo er Disziplin erlernen sollte. Doch dem jungen Lance Henriksen gelang es erfolgreich, sich den Maximen der Militärschule zu widersetzen, mit dem Erfolg, daß er ein Jahr später von der Lehranstalt verwiesen wurde. Kaum zwölf Jahre alt, riß er von zu Hause aus und trampte durch die Vereinigten Staaten. Da er bedeutend älter als zwölf Jahre aussah, gelang es ihm relativ leicht, Arbeit zu finden. Er jobbte unter anderem an Tankstellen und auf Farmen und zog währenddessen von einem Staat zum anderen, bis er 16jährig in Yuma, Arizona, strandete, wo er mit dem Gesetz in Konflikt kam. Was er getan hat, darüber schweigt sich Lance Henriksen heute noch beharrlich aus. Das Gericht zumindest verurteilte ihn zu 20 Tagen Gefängnis. Der Aufenthalt im Gefängnis entpuppte sich für den jungen Herumtreiber als heilsamer Schock. Er wollte irgendwo seßhaft werden und sein Leben in feste Bahnen lenken. Doch für einen 16jährigen Analphabeten standen die Chancen schlecht. Wer wollte ihm schon eine Ausbildungsstelle geben? Wer würde ihn fördern?

In dieser Situation ereilte Lance Henriksen das Glück des Tüchtigen. Der Mann, der ihm eine Chance gab, hieß Rex Rossi. Rossi entstammt einer Artistenfamilie. Schon früh hatte er sein Können vor der Filmkamera eingesetzt, inzwischen gehört er zu den bekanntesten Stunt-Leuten Hollywoods. Die Mitglieder in Rossis Gruppe waren allesamt gestandene Männer. Was ihnen fehlte, war ein junger Draufgänger, der für angehende Schauspieler eingesetzt werden konnte. In dieser Situation kam ihnen Lance Henriksen gerade recht. Rossi brachte ihm bei, wie man vom Pferd fällt, ohne sich dabei den Hals zu brechen, er lehrte ihn das Fliegen und bildete ihn artistisch aus. Gut bezahlt war der Job nicht, es reichte jedoch aus, um ein ordentliches, anständiges Leben führen zu können. Rossi war es, der als erster die schauspielerischen Fähigkeiten seines Schützlings entdeckte. Als Lance Henriksen ihm zu verstehen gab, daß er gerne Schauspieler werden würde, gehörte Rossi zu seinen enthusiastischsten Förderern. Mehr als ein paar unbedeutende Statistenrollen aber gab es für Lance Henriksen nicht zu erhaschen, denn abgesehen davon, daß er keine Ausbildung vorzuweisen hatte, gab es noch immer ein kleines Problem: Auch im Alter von inzwischen 21 Jahren konnte er weder lesen noch schreiben! Es sollte noch sechs Jahre dauern, bis er diese Schwäche überwunden hatte. An Selbstbewußtsein fehlte es ihm dennoch nicht. Er verließ seinen Förderer Rex Rossi und kehrte in seine Heimatstadt zurück, um Schauspiel am renommierten Actor's Studio zu studieren. Leider hatte er die Rechnung ohne den Wirt gemacht. Die Ausbildung war für ihn unerschwinglich. Und Aussichten auf ein Stipendium bestanden schon allein auf-

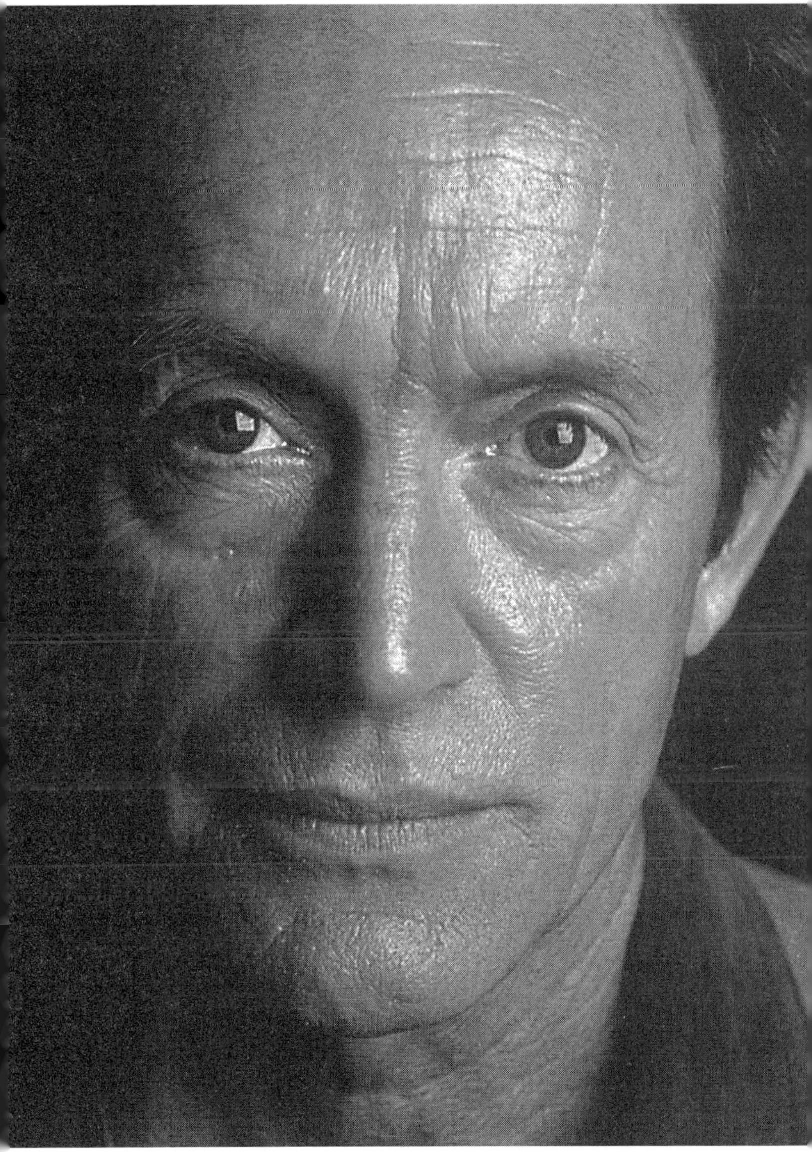

grund seiner Lese- und Rechtschreibschwäche nicht. Um das notwendige Geld zu verdienen, stieg er schließlich in die Fußstapfen seines Vaters und heuerte auf einem Schiff an. Drei Jahre segelte er über die Weltmeere. Drei Jahre lang legte er jeden verdienten Cent zur Seite, um sich seinen Traum von der Ausbildung zum Schauspieler verwirklichen zu können. Obwohl es eine harte Zeit war, nennt er sie heute die vielleicht glücklichste Zeit seines Lebens, denn er hatte ein festes Ziel vor Augen, und dieses wollte er unter allen Umständen erreichen.

Nach drei Jahren kehrte er nach New York zurück und schrieb sich zum Schauspielstudium am Actor's Studio ein.

Statt wie die meisten seiner Kollegen nebenher zu kellnern oder sonstige Hilfsjobs anzunehmen, ließ sich Lance Henriksen in der Töpferei ebenso ausbilden wie zum Keramiker. Dabei entpuppte er sich als äußerst talentiert, so talentiert sogar, daß er sich selbständig machen konnte. Seine Werke verkaufte er vor allem an große New Yorker Hotels, wo einige seiner Arbeiten bis heute die Eingangshallen schmücken. Mit diesem Erfolg hatte er nicht gerechnet. Seine Arbeiten ermöglichten es ihm, ein recht angenehmes Leben zu führen und sein Schauspielstudium ohne Zeitdruck absolvieren zu können. Obwohl er mit seinen Arbeiten sehr viel Geld verdiente, stand zu keinem Zeitpunkt der Gedanke zur Diskussion, das Schauspielstudium aufzugeben und sich ganz seiner bildenden Kunst zu widmen.

Seine Ausbildung verlief ohne besondere Höhen und Tiefen. Nach vier Jahren schloß er sein Studium erfolgreich ab und erhielt, ohne daß er lange Zeit zu warten brauchte, erste Nebenrollen in diversen (Off-)Broadway-Inszenierungen wie THREE PLAYS OF THE SEA oder THE BASIC TRAINING OF PAVLO HUMMEL. Es waren keine aufregenden Inszenierungen, für die er auf der Bühne stand, doch sein Leben hatte er inzwischen in so feste Bahnen gelenkt, daß er sich nie wieder Gedanken über seine Zukunft zu machen brauchte. Nach Jahren des Vagabundierens fiel es ihm jedoch schwer, Beziehungen einzugehen, folglich lebte er allein. Ein Umstand, der sich im Endeffekt als Vorteil herausstellen sollte, denn aufgrund seiner Ungebundenheit war er flexibel einsetzbar, ohne auf jemand anderen Rücksicht nehmen zu müssen.

Mit immerhin 32 Jahren stand er 1972 zum erstenmal namentlich genannt vor einer Filmkamera. IT AIN'T EASY hieß der heute weitgehend vergessene Film, der die Geschichte eines Schneemobilrennfahrers erzählt, der verdächtigt wird, seine Freundin und einen Drogenhändler ermordet zu haben. Und das ausgerechnet wenige Tage vor seinem wichtigsten Wettkampf.

Vermutlich ist der Film heute zu Recht vergessen. Da einige der Darsteller wie auch Lance Henriksen am Actor's Studio studiert haben, ist die Möglichkeit nicht einmal ausgeschlossen, daß es sich bei IT AIN'T EASY um kaum mehr als einen Studentenfilm gehandelt hat. So oder so: IT AIN'T EASY ist der erste Film, in dessen Vorspann Lance Henriksen genannt wird.

In seinem zweiten Film wurde ihm diese Ehre nicht zuteil, dafür aber arbeitete er zum erstenmal unter der Regie von Sidney Lumet. Und der hatte dem Neuling sogar eine Schlüsselrolle zugestanden, obwohl sein Part als solcher nicht sonderlich groß war. HUNDSTAGE hieß der inzwischen zu Kultehren gelangte Film, der die Geschichte von Sonny und einem Komplizen erzählt, die eine Bank überfallen, um genügend Geld für die Geschlechtsumwandlung ihres Freundes Sal zusammenzubekommen. Ohne es geplant zu haben, entwickelt sich aus dem Überfall eine Geiselnahme. Und es geschieht etwas Überraschendes: Die Bevölkerung, die via Fernsehen von den Beweggründen der Geiselnehmer erfährt, empfindet Sympathie für die jungen Männer. Für die Bankräuber bedeutet dies jedoch den sicheren Todesstoß, denn die Polizei ist nun gezwungen, mit aller Härte gegen sie vorzugehen.

HUNDSTAGE basiert auf einer wahren Geschichte. Die Hauptrolle spielte Al Pacino, den Lance Henriksen noch von der Ausbildung am Actor's Studio her kannte. Im Gegensatz zu Henriksen war Pacino bereits ein Star, hatte er doch schon eine Hauptrolle in DER PATE gespielt. Lance Henriksen ist in HUNDSTAGE übrigens in der Rolle des Murphy zu sehen, eines Polizisten, der am Ende das Fluchtauto der Geiselnehmer fahren soll. Er ist es auch, der die Geiselnahme beendet, indem er Sonny überwältigt und dessen Komplizen erschießt.

Die Rolle des Murphy reichte aus, um weitere Drehbücher zugeschickt zu bekommen. Schon recht bald konnte Lance Henriksen seine Tätigkeit im Keramikgewerbe aufgeben und sich ausschließlich der Schauspielerei widmen. Sein nächster Film hieß DAS HAUS MIT DEM FOLTERKELLER und war eine US-Version von George Franjus Meisterwerk AUGEN OHNE GESICHT. Zu sehen war er in diesem Streifen als Assistent eines Arztes, der seiner erblindeten Tochter das Augenlicht zurückgeben will. Zu diesem Zweck entführt er eine Reihe von Personen, um ihnen die Augen zu stehlen. Seine erblindeten Opfer sperrt er schließlich im Keller ein, wo sich diese schon bald gegen ihren Schinder zur Wehr setzen. Ein Meilenstein der Filmgeschichte mag DAS HAUS MIT DEM FOLTERKELLER nicht sein, doch schon kurze Zeit später stand Lance Henriksen schon wieder für Sidney Lumet in dessen Mediensatire NETWORK vor der Kamera, bevor er neben dem großen Regisseur François Truffaut in Steven Spielbergs UNHEIMLICHE BEGEGNUNG DER DRITTEN ART zu sehen war. Der Begegnung mit Außerirdischen folgte eine erste Begegnung mit dem Teufel in DAS OMEN 2 – DAMIEN, bevor er in DIE AUSSERIRDISCHEN Gott (dargestellt übrigens von Franco Nero) traf.

1981 traf Lance Henriksen einen Regiedebütanten, mit dem ihn über viele Jahre hinweg eine enge Freundschaft verbinden sollte. Der junge Mann, der zuvor in der B-Film-Fabrik von Roger Corman Filme zusammengeschnitten hatte, hieß James Cameron. Und dieser James Cameron hatte den Auftrag erhalten, zu dem Sensationshit PIRANHA von Joe Dante eine Fortsetzung zu inszenieren. In dieser Fortsetzung sollten mit fliegenden Fischen gekreuzte Piranhas aus einem Geheimlabor der US-Navy ausbrechen und sich an den Touristen einer kleiner Karibikinsel verlustieren. Henriksen imponierte

an dem jungen Regisseur, daß er die an sich abstruse Geschichte vollkommen ernst nahm und sich redlich bemühte, einen anständigen Film zu produzieren. Da sich Cameron des öfteren mit Produzenten stritt, wurde ihm der Endschnitt des Films entzogen (den er, der Legende nach, doch noch hergestellt hat, indem er nachts ins Kopierwerk einbrach!). Henriksen war von Camerons Zielstrebigkeit begeistert. Als Cameron ihn fragte, ob er in seinem nächsten Film mitspielen wolle, brauchte er nicht lange überlegen. Das Problem stellte lediglich die Finanzierung des Films dar. Drei Jahre sollte es dauern, bis Cameron genügend Geld beisammenhatte, um erneut mit Henriksen, der inzwischen unter anderem in Philip Kaufmans Astronautenepos DER STOFF, AUS DEM DIE HELDEN SIND und Sidney Lumets PRINCE OF THE CITY mitgewirkt hatte, zusammenzuarbeiten. Da er in Henriksen einen Bruder im Geiste gefunden zu haben glaubte, legte er ihm als einem der ersten das Drehbuch vor, mit der Bitte, er möge ihm seine Meinung sagen. So kam es, daß Henriksen einige Passagen des Drehbuchs nach Absprache mit James Cameron erheblich veränderte. Als Drehbuchautor wird er jedoch nur in der britisch-amerikanischen Filmdatenbank CINEMANIA genannt, im Film selbst verzichtete er auf eine Nennung. Ob er sich heute darüber ärgert? Der Film hieß nämlich DER TERMINATOR und wurde ein Mega-Erfolg!

Als dieser 1984 in die Kinos kam, befand sich Lance Henriksen in einer Art Arbeitswahn. Er nahm nahezu jedes Angebot an und spielte selbst in Serien wie DAS A-TEAM und TRIO MIT VIER FÄUSTEN Gastrollen, nur um vor der Kamera zu stehen. Dies änderte sich erst 1986, als ihn James Cameron für eine Rolle in dem Film ALIENS engagierte. Henriksen sollte einen Androiden darstellen. War seine Rolle in der DER TERMINATOR noch recht bescheiden ausgefallen, wurde er, inzwischen immerhin 46 Jahre alt, mit ALIENS erstmals einem großen Publikum bekannt. Die Kritik lobte Henriksens menschliches Spiel in einem Film, der vor allem auf Action setzte und den anderen Akteuren – mit Ausnahme der Hauptfigur Ripley, die von Sigourney Weaver dargestellt wurde – wenig Raum ließ, eigenständige Charaktere zu entwickeln.

Während der Dreharbeiten heiratete Lance Henriksen, ein Jahr später wurde seine Tochter Alcamy geboren. Hatte er 1986 erstmals das große Publikum auf sich aufmerksam machen können, folgte 1987 seine vielleicht eindrucksvollste Rolle in dem Vampirroadmovie-Actionstreifen NEAR DARK, den James Camerons Ehefrau Kathryn Bigelow inszenierte. Zu sehen ist Lance Henriksen in der Rolle des Jesse, einem Vampir, der mit seinem kleinen Clan durch die Weiten der Vereinigten Staaten zieht. Henriksens Kunst besteht darin, aus Jesse eine Figur von tiefer Tragik zu machen. Obwohl Jesse strenggenommen den Bösewicht des Films darstellt, empfindet man als Zuschauer Mitleid für ihn. Als er stirbt, kommt dies einer Erlösung gleich.

Nach NEAR DARK kam es zum Bruch mit James Cameron, seither haben sie nicht mehr zusammengearbeitet.

Die folgenden vier Jahre entpuppten sich für Henriksen als bitter. Egal, welches Projekt er anfaßte, es entpuppte sich künstlerisch wie auch finanziell als Fiasko. Selbst Walter Hills JOHNNY HANDSOME mit Mickey Rourke in der Hauptrolle scheiterte an den Kinokassen erbärmlich. Und als reichten all diese Flops nicht aus, scheiterte auch noch seine Ehe.

Die Trendwende kam mit dem von Michael Douglas produzierten Hauruck-Kracher STONE COLD im Jahre 1991. STONE COLD erzählt die Geschichte von John Stone, einem Undercover-Polizisten, der in eine Rockergang eingeschleust wird, um zu verhindern, daß diese einen Komplizen aus dem Gefängnis befreit: Der Film funktioniert streng nach Schema F, Henriksen ist in diesem Film in der Rolle des Chains, des Anführers der Rocker, zu sehen. Ein Meisterwerk ist der Film nicht, da er jedoch von Craig R. Baxley, einem ehemaligen Stuntman, inszeniert wurde, können sich die Actionszenen sehen lassen. Der Film, in dem der in den USA fast schon legendäre Footballspieler Brian Bosworth sein Leinwanddebüt gab, entpuppte sich als ansehnlicher Erfolg. Die Rolle des

Chains ist wahrlich nicht Lance Henriksens stärkste Rolle. Im Vergleich zu seiner Darstellung des Androiden Bishop in ALIENS oder des Jesse in NEAR DARK kommt Chains als reine Klischeefigur ohne jegliche Überraschungen daher. Doch Henriksen hatte in dieser Figur seine Bestimmung gefunden. Die Rolle des Schurken. Wenn in einer Zeitschrift wie *TV Movie* zum Start der Serie MILLENNIUM zu lesen stand, daß Henriksen bislang fast ausschließlich Bösewichter gespielt habe, stimmt dies mit seiner Filmographie nicht überein. Gerade 18mal stand er als Schurke vor der Kamera, 35mal aber spielte er Polizisten und andere Gesetzeshüter. In einem jedoch hat *TV Movie* recht: Die Rolle des Schurken hat Lance Henriksen berühmt gemacht. Seine möglicherweise beeindruckendste Leistung in der Rolle des Lumpen lieferte er zwei Jahre später in John Woos Hollywood-Debüt HARTE ZIELE. Als Gegenspieler des aufrechten Jean-Claude van Damme stellte er in diesem Film den Organisator von Menschenjagden dar. Skrupellos, brutal und zynisch präsentierte er sich in John Woos US-Erstling, ohne jedoch in Klischees abzurutschen. Sein Emil Fouchon ist das Böse. Fouchon ist ein Mensch ohne Gefühle, ein eiskalter, gnadenloser Killer. Wie in kaum einem anderen Film kam in HARTE ZIELE Henriksen seine Tätigkeit als Stuntman zugute. Ist es amerikanischen Schauspielern aus versicherungstechnischen Gründen zumeist untersagt, selbst Stunts auszuführen, setzte sich Henriksen über dieses Verbot hinweg. Die beeindruckendste Szene des Films stellt daher vermutlich die Mantelsequenz dar. Von einem Brandgeschoß getroffen, fängt Fouchons Mantel Feuer und steht kurze Zeit später vollständig in Flammen. Ohne Schnitt gedreht, darf der Zuschauer nun beobachten, wie Lance Henriksen sich seines Mantels entledigt und im Anschluß weiteragiert, als sei nichts geschehen.

Hat er in kleinen Filmen oft Hauptrollen gespielt, trat er in großen Produktionen zumeist in Nebenrollen auf. So umfaßt seine Filmographie kleine Filme wie DIE HYÄNEN und DAS HALLOWEEN-MONSTER, aber auch große Produktionen wie

DAS MESSER oder JENNIFER 8. Als das Gesicht aus ALIENS oder auch HARTE ZIELE war für ihn 1993 die Zeit gekommen, seinen Namen zu vermarkten. Inzwischen war er 53 Jahre alt. Und er glaubte nicht mehr, noch eine große Rolle angeboten zu bekommen, in der er als Hauptdarsteller brillieren konnte. Also tat er das, was viele Schauspieler in seiner Situation tun: Geld verdienen, indem er seinen guten Namen für allerlei billige, schnell heruntergekurbelte Videofilme wie RUNNING OUT 2, CYBORG WARRIORS oder FELONY – DIE CIA-VERSCHWÖRUNG hergab. In großen Produktionen wie POWDER oder DIE SCHNELLEN UND DIE TOTEN war er weiterhin in Nebenrollen zu sehen.

Chris Carter lernte er bei Dreharbeiten in Vancouver kennen. Carter bot Henriksen einen Gastauftritt in AKTE X an, doch dieser hatte keine Lust, in TV-Serien mitzuwirken. Davon abgesehen hatte er es finanziell nicht nötig. Doch Carter und Henriksen blieben in Kontakt. Als Carter die Rolle des Frank Black entwickelte, suchte er nach einem Schauspieler, der die richtige Mischung aus Intensität und Integrität mitbringen konnte: Es war Lance Henriksen, den er dabei im Hinterkopf behielt. Trotz dessen Absage an Carter ließ dieser ihm das Drehbuch der Pilotepisode zukommen. »Als ich es las und feststellte«, erzählte Henriksen der US-Programmzeitschrift *TV Guide* im Interview kurz vor dem Start der Serie, »daß es wirklich intelligentes Material war, wurde mir klar, daß dieses Angebot ein Geschenk war, um das viele Schauspieler sich reißen würden.«

Trotzdem hatte Lance Henriksen ein mulmiges Gefühl, das erst von ihm wich, als er den Pilotfilm sah: »Da war alles, was Chris und Regisseur David Nutter besprochen und was sie sich vorgestellt hatten, tatsächlich drin. Von dem Moment an war ich total begeistert.« Und diese Begeisterung hält an. »Der wesentliche Charakterzug meiner Figur ist der, daß dieser Black nicht aufhören kann, sich verantwortlich zu fühlen für das, was er sieht«, erklärt er. Dabei hat ihm Chris Carter bei der Gestaltung seiner Figur viel Freiraum gelassen, den er dankbar ausfüllt. Den Höhepunkt seiner Darstellung des Frank Black stellt in diesem Zusammenhang zweifelsohne seine Nominierung für den Preis ›Bester Schauspieler in einer dramatischen Serie‹ anläßlich der 97er Golden-Globe-Verleihung dar (gewonnen hat den Preis am Ende jedoch David Duchovny).

Seit er die Hauptrolle von MILLENNIUM übernommen hat, erhält er plötzlich Drehbücher für Hauptrollen in aufwendigen Studioproduktionen. Für den US-Kabelsender *TNT* stand er unlängst für den Film THE DAY LINCOLN WAS SHOT vor der Kamera. Es ist überflüssig darauf hinzuweisen, daß Henriksen in diesem Film als Abraham Lincoln zu sehen ist. Für diese Rolle verzichtete er sogar auf die Mitwirkung im AKTE X-Spielfilm, für den er eigentlich fest eingeplant gewesen war.

Mit seiner zweiten Frau, der Maskenbildnerin Jane Pollack, die er bei Dreharbeiten zu der Gameboy-Verfilmung SUPER MARIO BROS kennengelernt hat, und seiner Tochter Alcamy lebt Lance Henriksen in Vancouver, nur wenige Minuten von den Studios entfernt, in denen MILLENNIUM gedreht wird.

Megan Gallagher ist Catherine Black

Frauen haben es in Hollywood schwer. Die Rollen, die sie zu spielen bekommen, werden meist auf klischeebeladene Typen beschränkt: das blonde Dummchen, die zielstrebige Geschäftsfrau, der Vamp, die liebende Hausfrau und Mutter. Platz für nuancierte Darstellungen, für Mischformen, gibt es kaum. Meist sollen Frauen auch keine eigenständigen Rollen spielen, sondern für den Mann ein hübsch anzuschauendes Beiwerk darstellen. Auch das Fernsehen, das aufgrund seiner vielen verschiedenen Formate ohne weiteres die Möglichkeit hätte, diese Klischees aufzubrechen, bleibt den Stereotypen verhaftet. In einem Interview mit der amerikanischen Zeitschrift *Xposé* im November 1996, nur wenige Tage nachdem MILLENNIUM in den USA Premiere feierte, beklagte sich Megan Gallagher daher auch, Frauen würden in bestimmte Kategorien gedrängt. Und sie, sie hätte die Nase von diesen Rollen voll.

Megan Gallagher gehört zu den meistbeschäftigten TV-Schauspielerinnen der Vereinigten Staaten. Seit sie 1978 erstmals in einem Film namens FYRE vor der Kamera stand, braucht sie sich über mangelnde Angebote kaum zu beklagen. Vor allem für das Fernsehen war sie in den vergangenen rund 20 Jahren tätig. Es gibt kaum eine erfolgreiche TV-Serie, für die sie nicht wenigstens einmal vor der Kamera gestanden hätte. Ein Freiraum, interessante Charaktere zu entwickeln, blieb ihr bei all diesen Engagements jedoch nicht. Festgelegt auf den Typ der Freundin, nur selten der Geliebten, begeisterte sie zumeist eine Episode lang das Publikum, doch spätestens mit dem Abspann der jeweiligen Folge war Megan Gallagher auch schon wieder vergessen. Die am 6. Februar 1960 in Reading, Pennsylvania, geborene Aktrice begann ihre Karriere jedoch nicht beim Fernsehen. Bevor sie 1991 wegen ihrer Filmkarriere nach Hollywood zog, hatte sie unter anderem am Broadway Theater gespielt und mit ihren Darstellungen in

Stücken wie Neil Simons THE GINGERBREAD MAN oder dem Militärgerichtsdrama A FEW GOOD MEN große Popularität unter den Theaterliebhabern erlangt. Doch Theater und Film waren und sind zwei vollkommen unterschiedliche Genres. Während sie sich im Theater ihre Rollen aussuchen konnte, vor allem ihr Broadway-Erfolg von A FEW GOOD MEN hatte ihr diese Position im Theatergeschäft ermöglicht, war sie im Filmbusineß nur eine von vielen Theaterschauspielerinnen, die ihr Glück im Zelluloidgewerbe suchten. Sie erhielt zwar eine Reihe von TV-Engagements, darunter immerhin eine Hauptrolle in TV-Serien wie HILL STREET BLUES oder dem Kinofilm AMBULANCE, doch der Durchbruch gelang ihr mit all ihren Rollen nicht. Ihre große Stunde hatte sie mit dem Theaterstück A FEW GOOD MEN erlebt; dieses hatte sich zu einem solchen Hit weit über die Theaterzirkel hinaus entwickelt, daß Hollywood daran nicht mehr vorbeigehen konnte. Erzählt wird die Geschichte zweier US-Marines, die wegen Mordes an einem Kameraden angeklagt werden. Mit Rob Reiner hatte ein bereits arrivierter Regisseur die Inszenierung übernommen. Die Hauptrollen spielten Jack Nicholson, Tom Cruise und Kevin Bacon. Lediglich die weibliche Hauptrolle war noch nicht besetzt. Am Broadway hatte Megan Gallagher in der Rolle einer Militärstaatsanwältin das Publikum begeistert. Die Kritik war voll des Lobes über diese intelligente Frau, die mit einer schier unbändigen Energie ihre männlichen Mitstreiter an die Wand gespielt hatte. Es schien nur noch eine Formalität zu sein, und Megan Gallagher hätte auch in der Verfilmung des Theaterstücks die Hauptrolle gespielt. Bis sich das Studio, die *Columbia TriStar*, zu Wort meldete. Megan Gallagher war ein Nobody, eine Theater- und TV-Serienschauspielerin, deren Gesicht bekannt, deren Name jedoch niemand, der ins Kino geht, kannte. Ein solcher Nobody in einer Hauptrolle neben Jack Nicholson, Kevin Bacon und Hollywoods mit Abstand erfolgreichstem Schauspieler Tom Cruise?

Ohne nähere Begründungen wurde Megan Gallagher mitgeteilt, daß man sich leider gegen sie entschieden habe. Ihre

Rolle in A FEW GOOD MEN (dt.: Titel: EINE FRAGE DER EHRE) wurde schließlich Demi Moore übertragen.

AMBULANCE sollte somit ihre einzige Kinorolle bleiben, weitere Kinoengagements blieben aus. 1991 spielte sie die Hauptrolle in einem TV-Krimi namens DIE FREMDE IN DER U-BAHN, 1993 war sie in DIE VÖGEL II – DIE RÜCKKEHR zu sehen, einem ursprünglich fürs Kino gedachten Sequel von Alfred Hitchcocks erfolgreichem Horrorfilm, das allerdings, nach Querelen zwischen den Produzenten und dem Regisseur, nur noch auf Video vermarktet wurde.

Zwischendurch spielte sie Theater und erhielt eine immer wiederkehrende Gastrolle in der in den USA sehr erfolgreichen Sitcom/Talk-Show THE LARRY SAUNDERS SHOW, in der sie die Ehefrau des Talkmasters spielte, die sie auch heute noch von Zeit zu Zeit darstellt. Es folgten außerdem Gastrollen in E/R, PICKET FENCES sowie STAR TREK: DEEP SPACE NINE, wo sie die weibliche Hauptrolle spielte in der unter Trekkies inzwischen zum Kultobjekt aufgestiegenen Episode »Kleine grüne Männchen«, einer Parodie auf den angeblichen Ufo-Absturz in Roswell, New Mexico, im Jahre 1947.

1994 erhielt sie das Angebot, eine immer wiederkehrende Gastrolle in einer durch AKTE X inspirierten Verschwörungsserie zu spielen. NOWHERE MAN hieß die 25teilige Serie, die die Geschichte des Fotografen Tom Veil (Bruce Greenwood) erzählt, der eines Abends – nach einem Restaurantbesuch – offenbar nicht mehr existiert. Im Restaurant will ihn niemand mehr kennen, daheim trifft er seine Frau Alyson (Megan Gallagher) mit einem anderen Mann an. Auch sie behauptet, ihn noch nie gesehen zu haben. Bei einem späteren Zusammentreffen der beiden erklärt sie ihm zwar, sie wolle ihn nur davor schützen, umgebracht zu werden; ohne Skrupel liefert sie ihn jedoch umgehend der Polizei aus, die ihn in eine Nervenheilanstalt steckt. Dort beobachtet er zufällig, wie sich Alyson mit dem Anstaltsleiter trifft, der offenbar genau weiß, daß Veil keineswegs wahnsinnig ist. Tatsächlich ist Veil zum Objekt einer gigantischen Verschwörung geworden, denn offensichtlich hat er in einem Bürgerkrieg ein Foto gemacht, auf dem Dinge zu sehen sind, die niemand erfahren darf.

Der Pilotfilm der Serie wurde von niemand Geringerem als Tobe Hooper inszeniert, der mit DAS TEXAS KETTENSÄGEN-MASSAKER und POLTERGEIST zwei der bekanntesten Horrorfilme aller Zeiten kreiert hat. Megan Gallagher war mit ihrer Rolle allerdings nicht zufrieden. Wieder einmal wurde sie zur Frau an der Seite eines starken Mannes degradiert; Möglichkeiten, ihrer Rolle eine Struktur oder einen eigenen Charakter zu verleihen, hatte sie nicht.

Angelegt war die Serie ursprünglich auf mehrere Jahre, doch die enttäuschenden Einschaltquoten führten dazu, daß die Produzenten die erste Staffel zwar noch beenden durften, die Serie dann aber einstellen mußten. Die Drehbücher wurden entsprechend dahingehend umgeändert, daß in der letzten Episode die Verschwörung aufgeklärt werden sollte. Dazu war auch die Mitwirkung Megan Gallaghers erforderlich, die, wie schon eingangs erwähnt, nur eine wiederkehrende Gastrolle spielte. Während dieses letzten Drehs in Portland, Oregon, erhielt sie einen Anruf ihres Agenten, der ihr mitteilte, sie solle für die Hauptrolle der neuen Serie Chris Carters vorsprechen. Megan war frustriert, denn es war ihr unmöglich, nach Hollywood zu kommen, wo das Casting für die Serie, die schließlich in British Columbia, Kanada, inszeniert werden sollte, stattfand. Sie liebte AKTE X und wußte natürlich, daß Chris Carter aufgrund des gigantischen Erfolgs seiner Serie längst zum erfolgreichsten unabhängigen TV-Produzenten aufgestiegen war. Am Casting nicht teilnehmen zu können, nur weil sie vertraglich an eine auslaufende TV-Serie gebunden war, deprimierte sie. »Mach dir deswegen keine Sorgen«, beruhigte sie schließlich ihr Agent, wie Megan Gallagher der britischen Zeitschrift *Cult Times* im Rahmen eines Interviews im November 1996 anläßlich des MILLENNIUM-Starts im Vereinigten Königreich erzählte. »Du bist die Person, die Chris [Carter] will. Als er die Rolle geschrieben hat, bist du das Vorbild für diese Rolle gewesen. Er hat also gar keine andere

Wahl, als dich zu nehmen.« In ihrem Hotel erhielt sie schließlich einen Anruf Carters, der ihr, fast beiläufig, mitteilte, daß, sollte sie Interesse haben, bereits alles geregelt sei und sie nur noch den Vertrag zu unterschreiben brauche.

Ohne genau zu wissen, was auf sie zukommen sollte, sagte sie zu. Sie wußte nicht nur, daß ihr MILLENNIUM eine ganze Weile lang ein gesichertes Einkommen garantierte, als Schauspielerin konnte sie sich auch sicher sein, eine interessante Rolle jenseits der üblichen Rollenklischees spielen zu dürfen. Von ihrer Rolle als Sozialarbeiterin, Mutter einer Tochter und Ehefrau eines serienkillerjagenden Ex-FBI-Beamten war sie schließlich begeistert. »Catherine Black«, lobt sie ihre Rolle, »ist eine der wenigen Frauenfiguren im Fernsehen, die eine professionelle Tätigkeit ausüben, die intelligent und kompetent ist, gleichzeitig aber auch eine feminine, mütterliche Seite besitzt.« Dabei wirke sie sehr lebensecht und nicht, wie andere Frauentypen, am Reißbrett männlicher Autoren konstruiert.

In den ersten Episoden stand sie natürlich im Schatten von Frank Black alias Lance Henriksen. Im Interview mit der Zeitschrift *Xposé* erklärt sie dies mit dem Aufbau der Geschichten: Die Zuschauer sollten sich an die Atmosphäre der Geschichten gewöhnen, sie mußten die Person des Frank Black mit all seinen ungewöhnlichen Fähigkeiten erst einmal kennenlernen. Es wäre unklug gewesen, ihre Rolle von der ersten Episode an der Figur Frank Blacks gleichzustellen, da die Zuschauer so möglicherweise keinen Zugang zu Frank gefunden hätten. Doch ab der sechsten Episode, glaubt Megan Gallagher, sei ihre Rolle größer und bedeutender geworden. »Frank lebt in einer dunklen Welt. Doch es gibt diese Augenblicke, in denen Catherine und Jordan, ihre Tochter, ihn aus dieser Welt entführen.« Catherines Aufgabe besteht im Kontext der Geschichten darin, die Normalität zu symbolisieren. Sie ist die Normalität, in der der Zuschauer lebt, während Frank in die Abgründe der Seele eindringt.

Mit ihrer Karriere ist Megan Gallagher mehr als zufrieden.

Bislang, glaubt sie, sei diese sehr gut verlaufen. Über fehlende Aufträge hat sie sich nie beschweren müssen. Mit MILLENNIUM ist der Schauspielerin nicht nur der Durchbruch gelungen, sie hat auch eine Rolle gefunden, der sie eine Seele geben kann und die eben nicht den gängigen weiblichen Rollenklischees des amerikanischen Films entspricht. Ambitionen, die Serie als Sprungbrett für höhere Ziele zu benutzen, hat sie zur Zeit nicht. Megan Gallagher hat Catherine Black nicht nur eine Persönlichkeit, sondern vor allem eine Seele gegeben. Und zumindest zur Zeit ist sie bereit, diese Rolle so lange zu spielen, bis MILLENNIUM eines Tages eingestellt werden sollte.

Zur Zeit lebt Megan Gallagher im Wechsel in Los Angeles und Vancouver. Sie ist nicht verheiratet.

Britanny Tiplady ist Jordan Black

Britanny Tiplady ist die jüngste Darstellerin in MILLENNIUM. 1992 wurde die Kleine, die in der Rolle der Jordan Black, der Tochter von Frank und Catherine zu sehen ist, in Richmond, British Columbia, geboren. Für Film und Fernsehen wurde sie von einem Freund der Familie, einem professionellen Talentsucher, entdeckt. SIN AND REDEMPTION hieß der erste kanadische TV-Film, in dem sie zu sehen war. Es folgten einige Werbespots und eine kleine Rolle in der ebenfalls für das kanadische Fernsehen produzierten Kinderserie ADVENTURES IN PARENTING: THE PARENT ZONE.

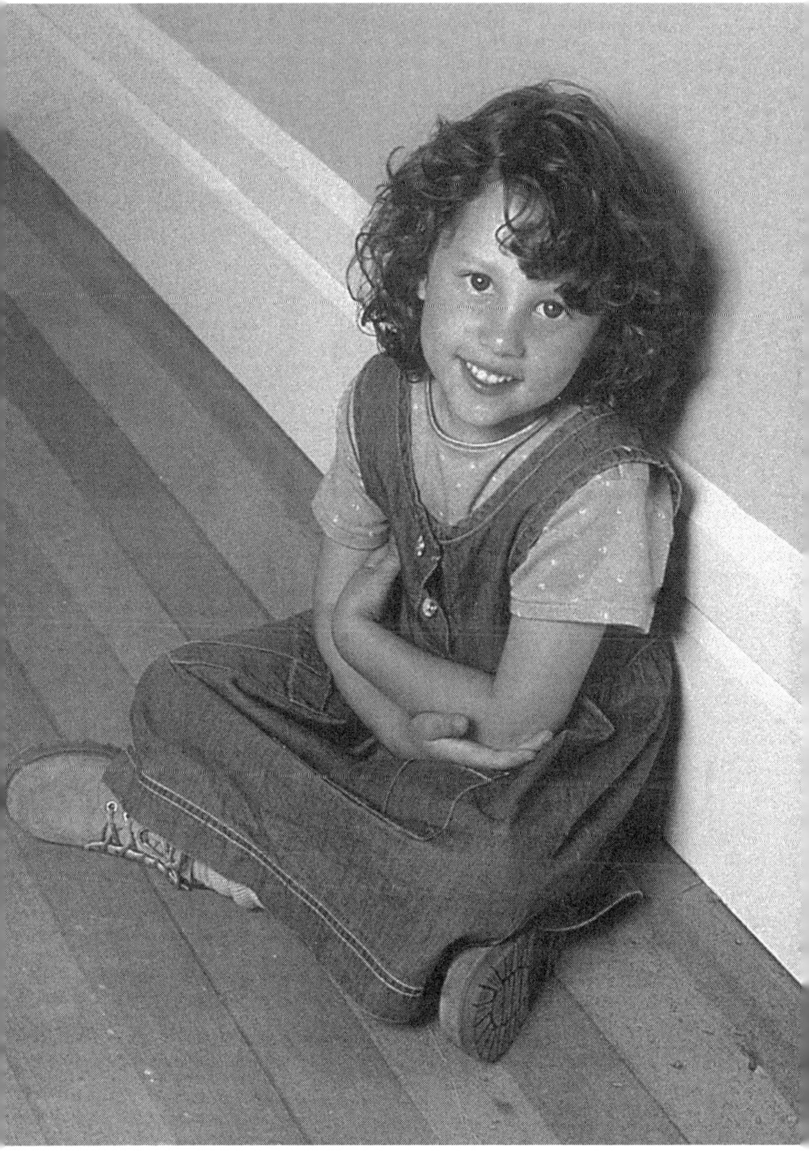

Terry O'Quinn ist Peter Watts

Nach einer Ausbildung zum Schauspieler an der Central University von Michigan zwischen 1970 und 1974 landete Terry O'Quinn Ende der 70er Jahre, nachdem er mit verschiedenen Theaterensembles durch den Mittleren Westen gezogen war, in New York, wo er zunächst am Off-Broadway arbeitete, bevor er 1980 mit CURSE OF THE ACHING HEART erstmals eine Hauptrolle in einer Broadway-Produktion übernahm. Im gleichen Jahr erhielt Terrance Quinn, wie er mit richtigem Namen heißt, eine Rolle in der Seifenoper THE DOCTORS angeboten, einer Serie, die zu diesem Zeitpunkt bereits 17 Jahre alt war. Zwei Jahre lang sollte sie ihm ein festes Einkommen garantieren, bevor sie 1982 eingestellt wurde. Terry O'Quinns Partner in der Ärzte-Oper waren übrigens Schauspieler wie Alec Baldwin, Kathleen Turner und Armand Assante.

Terry O'Quinn ist der große Unbekannte im Ensemble der Serie MILLENNIUM. Dies hat vor allem damit zu tun, daß es zu Beginn der Serie nicht geplant war, seine Rolle weiter auszubauen. Als Peter Watts bestand seine Aufgabe darin, Frank Black in der Pilotepisode in die Millennium-Gruppe aufzunehmen und sich als sein Kontaktmann vorzustellen. Aufgrund von Peter Watts' Status waren zwar weitere Gastauftritte in Aussicht gestellt, doch daß sich aus seinem Part im Laufe der Zeit eine zweite Hauptrolle entwickeln sollte, war so nicht vorgesehen. Vor allem nicht von Terry O'Quinns Seite aus. Um dies zu erklären, sei ein Blick auf das Jahr 1987 erlaubt. Nach kleineren Rollen in Filmen wie HEAVEN'S GATE, Robert Bentons FLUCHT ZU DRITT oder auch der Stephen-King-Verfilmung DER WERWOLF VON TARKER MILLS ergab sich für Terry O'Quinn erstmals die Möglichkeit, die Hauptrolle in einer Kinoproduktion zu übernehmen. THE STEPFATHER erzählt die Geschichte Jerry Blacks. Black ist ein Serienkiller. Doch er paßt in kein Schema. Blacks größter Wunsch besteht nämlich darin, in einer perfekten Familie zu leben. Er liebt Kinder und ist ohne Wenn und Aber bereit, sein eigenes Leben für seine Familie einzusetzen, wenn dies von ihm verlangt wird. Seinen Vorstellungen von Perfektion kann jedoch keine Familie gerecht werden. Für seine Familie bedeutet dies das Todesurteil. Hat er seine Familie ermordet, sucht er sich erneut eine alleinstehende Frau mit Kindern. Im Mittelpunkt der schließlich erzählten Geschichte steht die 16jährige Stephanie, die ihren Stiefvater von Anfang an mit Mißtrauen beobachtet. Doch Jerry gelingt es mit List und Tücke, Stephanie von seinen redlichen Absichten zu überzeugen. Bis seine neue Familie eines Tages seinen Ansprüchen von Perfektion nicht mehr genügt und er beginnt, eine neue Vita zu erarbeiten, um seine Familie umbringen und im Anschluß an die Tat sofort untertauchen zu können.

THE STEPFATHER gehört zu den spannendsten und interessantesten Thrillern der 80er Jahre. In den USA war der von einem Independent produzierte Film ein Sensationshit an den Kinokassen, und auch in Deutschland genießt der Film Kultstatus. Daß ihm im Lande der Teutonen jedoch ein größerer finanzieller Erfolg verwehrt blieb, liegt an der vollkommen verfehlten Verleihpolitik. Im Kino lief der Film mit nur wenigen Kopien unter dem unsäglichen Titel KILL, DADDY, KILL, bevor er in Anlehnung an Michael Winners erfolgreichen Thriller SPUR IN DEN TOD auf Video tatsächlich als SPUR IN DEN TOD 2 verramscht wurde. Erst *RTL* hatte mit dem ungemein spannenden Thriller ein Einsehen und strahlte ihn schließlich unter dem Titel THE STEPFATHER aus.

Terry O'Quinns Leistungen wurden seinerzeit von der US-Fachpresse hochgelobt. Sein Spiel zwischen Liebe und Wahnsinn beeindruckte Kritiker und Zuschauer gleichermaßen. Weitere Angebote ließen nicht lange auf sich warten. Nur kurze Zeit später war er in dem äußerst erfolgreichen Western YOUNG GUNS in einer Hauptrolle zu sehen; 1989 folgte außerdem die Fortsetzung von THE STEPFATHER, in der O'Quinn erneut brillierte, wenngleich dem Film der große Erfolg des ersten Teils verwehrt blieb. O'Quinns Weg schien weiter aufwärts zu gehen; den Höhepunkt stellte schließlich der von Philip Noyce inszenierte satirische Actionthriller BLINDE WUT dar, in dem Rutger Hauer, 1989 noch ein Superstar, die Hauptrolle spielte. Doch der Film, in dem Terry O'Quinn in der Rolle eines schlitzohrigen Betrügers zu sehen ist, der sich ausgerechnet mit einer mafiaähnlichen Organisation anlegen muß, erlitt an den Kinokassen Schiffbruch. Und mit ihm endete Terry O'Quinns aufsteigende Karriere. Drehbücher für große Kinoproduktionen blieben aus. 1991, zwei Jahre und sieben TV-Filme später, erhielt er zwar eine Rolle in der Megaproduktion THE ROCKETEER, doch die Comicverfilmung, in der O'Quinn in der Rolle des exzentrischen Multimilliardärs Howard Hughes zu sehen war, stellte sich an den Kinokassen als Megaflop heraus.

Was seither folgte, waren Filme wie PSYCHOTERROR IM BÜRO, KILLER IM KREISSAAL oder AUGEN DES TODES, Movies of the Week, zumeist schnell und billig heruntergekurbelte TV-Spielfilme, die in Deutschland schließlich in Reihen wie MOMENTE DES SCHICKSALS ausgestrahlt wurden.

Nach Auftritten in TV-Serien wie JAG, STAR TREK oder auch EARTH 2 schien sich das Kino wieder an Terry O'Quinn zu erinnern. Zu sehen war Terry O'Quinn 1996 unter anderem in dem Thriller ZWIELICHT an der Seite von Richard Gere; in Rob Reiners Anti-Rassismus-Film DAS ATTENTAT spielte er einen Richter.

Mit Blick auf seine Kinoengagements kam es ihm gelegen, in MILLENNIUM nur eine Nebenrolle zu spielen. Daß er im Endeffekt der zweite Nebendarsteller würde, daß seine Rolle zum Ende der Serie wichtiger werden sollte als die von Bill Smitrovich und in gewisser Weise sogar als die von Megan Gallagher, das war zu Beginn der Serie so nicht vorgesehen. Entsprechend fehlt der Figur des Peter Watts noch ein wenig an Tiefe und Konturen. Wer ist Peter Watts? Was sind seine Fähigkeiten? Offenbar ist er ein Organisationstalent. Er verfügt über beste Kontakte zu allen Polizeibehörden, er ist ein Spezialist in Sachen Technik, und offenbar spricht er mehrere

Sprachen fließend (wie zu sehen in der Episode »Maranatha«, in der er für Frank einen Text aus dem Russischen ins Englische übersetzt). Woher er kommt, was seine persönlichen Vorlieben sind, warum er sich der Millennium-Gruppe angeschlossen hat, all das ist unbekannt, da ein solch persönlicher Hintergrund zu Beginn der Serie nicht notwendig erschien. Dies hat sich geändert, und tatsächlich soll seine Rolle in der zweiten Staffel ausgebaut werden.

Bill Smitrovich ist Robert ›Bob‹ Bletcher

Die Rolle des Lieutenant Robert Bletcher war ursprünglich nur für den Pilotfilm der Serie vorgesehen. »Allerdings wurde mir von vornherein gesagt, daß dieser Part zu einer Hauptfigur ausgebaut werden könne«, erzählt Bill Smitrovich, Darsteller Robert Bletchers. Von welchen Faktoren es im Endeffekt abhing, daß seine Rolle ausgebaut wurde, weiß Smitrovich nicht zu berichten. Sein Vertrag wurde schließlich für 17 Episoden ausgestellt.

Bill Smitrovich ist ein bekannter TV-Schauspieler, der auf die Rolle des bodenständigen, ehrlichen Polizisten abonniert zu sein scheint. Kaum eine Krimiserie, in der er nicht schon mindestens einmal als Gaststar in ebenjener Rolle aufgetreten wäre. In der von Michael Mann produzierten exzellenten, in Deutschland leider fast unter Ausschluß der Öffentlichkeit gezeigten Krimiserie CRIME STORY war er sogar zwei Staffeln lang in der Rolle des Detektivs Danny Krychek zu sehen. Und auch das Kino hat ihn als Polizisten entdeckt. 1989 stand er für Jack Sholders Actionfilm RENEGADES vor der Kamera, 1995 spielte er den bodenständigen Polizisten in John Badhams unglaublichem Echtzeitthriller GEGEN DIE ZEIT, wenngleich Smitrovich, wie sich im Verlauf der Handlung herausstellen sollte, in diesem Film ausnahmsweise auf der Seite der Bösen stand. Eine Position, die Smitrovich eigentlich nicht liegt. In GEGEN DIE ZEIT jedoch war es etwas anderes: Gerade weil er so ehrlich und bodenständig wirkt, war es für die Zuschauer ein Schock, daß er, obwohl Polizist, keineswegs Recht und Ordnung vertrat.

Das Bodenständige kommt nicht von ungefähr. Der Vater starb, als Smitrovich gerade 17 Jahre alt war. Für den Jungen aus einfachen Verhältnissen bedeutete dies, plötzlich auf eigenen Beinen stehen zu müssen. Der junge Bill wollte das College besuchen, doch nach dem Tod des Vaters fehlte es an den dazu notwendigen finanziellen Mitteln. Um seinen Traum

dennoch erfüllen zu können, nahm er fast jede Stellung an, die ihm angeboten wurde. »Ich hatte wirklich viele Jobs, aber keiner von ihnen gab mir die Befriedigung, die ich später im Schauspiel finden sollte«, erklärte er unlängst in einem Interview mit der britischen Zeitschrift *Xposé*.

Bill Smitrovich gelang es schließlich, genügend Geld aufzutreiben, um an der Universität von Bridgeport Theater studieren zu können. Nebenher ließ er sich noch zur Hilfskraft für die Betreuung behinderter Kinder ausbilden und arbeitete in sozialen Einrichtungen. Nach seinem Abschluß an der Universität entschloß er sich, zwei weitere Jahre an der Universität von Northampton, Massachusetts, zu studieren, um schließlich eine Stellung als wissenschaftlicher Mitarbeiter an der Universität von Amherst anzutreten. Hier gründete er zusammen mit einigen Kollegen THE NO THEATRE COMPANY. Mit dieser Gruppe tourte er schließlich durch die Neuenglandstaaten, wo sie schon bald einen guten Ruf genoß. Den Höhepunkt ihres Zusammenspiels stellte schließlich ein Engagement an einem Theater in New York dar.

Nach seinem Umzug nach New York erhielt er relativ schnell Arbeit am Theater, jedoch nicht als Schauspieler. Für Arthur Millers Stück THE AMERICAN CLOCK wurde er als assistierender Bühnenmanager engagiert. Es folgte schließlich eine erkleckliche Anzahl an Werbespots, bis er 1982 in dem Film MUGGABLE MARY, STREET COP eine Rolle erhielt. Bereits in diesem Film spielte er den guten, ehrlichen Polizisten, eben jene schon anfangs erwähnte Rolle, auf die er inzwischen festgelegt zu sein scheint. 1985, nachdem er bereits in einer Reihe von Filmen und Serien in kleinen Nebenrollen mitgewirkt hatte, spielte er erstmals eine etwas größere Rolle in einem direkt in Hollywood produzierten Spielfilm: DER WERWOLF VON TARKER MILLS hieß der auf einer Kurzgeschichte von Stephen King basierende Lykanthropenthriller.

In diesem Film sah ihn auch der Produzent Michael Mann, für dessen Serie MIAMI VICE er bereits einmal – in der Rolle eines Polizisten – vor der Kamera gestanden hatte. Mann gefiel Smitrovichs ehrliches Auftreten, und kurzerhand engagierte er ihn für eine seiner ersten Regiearbeiten: RED DRAGON – THE PURSUIT OF HANNIBAL LECTER. RED DRAGON, auch bekannt unter seinem Alternativtitel MANHUNTER, basiert auf einem Roman von Thomas Harris, der auch die Vorlage zu DAS SCHWEIGEN DER LÄMMER geschrieben hat. Auch in RED DRAGON steht die Figur des kannibalistischen Psychologen Hannibal Lecter im Mittelpunkt der Geschichte, Manns Inszenierung besticht aufgrund ihrer düsteren Atmosphäre und braucht sich hinter dem fünffach oscargekrönten SCHWEIGEN DER LÄMMER nicht zu verstecken. Leider kam der Film, in dem Smitrovich wieder einmal einen Polizisten spielte, einige Jahre zu früh in die Kinos. Obwohl er sich stilistisch mühelos in eine Riege mit Filmen wie DAS SCHWEIGEN DER LÄMMER, SIEBEN oder COPYKILL einreihen läßt, blieb diesem durchaus spannenden Thriller der Erfolg an den Kinokassen verwehrt.

Michael Mann setzte seine Zusammenarbeit mit Smitrovich im Anschluß an die Dreharbeiten zu RED DRAGON fort und gab ihm seine erste Hauptrolle: In der brillanten TV-Serie CRIME STORY spielte er zwei Staffeln lang die Rolle des Detective Krychek.

Nach zwei Staffeln verließ er die Serie, da er für ein vielversprechendes, ungewöhnliches TV-Projekt als Hauptdarsteller engagiert worden war. Ein Projekt, das ihn zumindest kurzzeitig aus der Rolle des ewigen TV-Polizisten befreien sollte: LIFE GOES ON hieß die Serie, die unter dem Titel ALLES OKAY, CORKY auch in Deutschland zu sehen war. Smitrovich spielte in der Serie den Vater des mongoloiden, geistig behinderten Jungen Corky. Die Serie verstand sich als ein Bollwerk gegen Vorurteile: Dies schlug sich in den Geschichten nieder, die von gewöhnlichen Alltagserlebnissen berichteten, ohne darauf herumzureiten, daß die Hauptfigur dieser Geschichten, Corky, behindert war. Bill Smitrovich kam bei seiner Verpflichtung natürlich seine Arbeit in der Betreuung geistig behinderter Kinder während seiner Studienzeit zugute. Nicht zuletzt aufgrund seiner Erfahrungen wurde er, trotz seines Images als ewiger Polizist, für eine der Hauptrollen engagiert. Genutzt hat es wenig, denn nach dem Ende der Serie war Smitrovich wieder in diversen TV-Serien in seiner gewohnten Rolle zu sehen. Erneut spielte er einen Polizisten in CHILDREN OF THE DARK – EIN LEBEN IN DUNKELHEIT, der traurigen, wahren Geschichte zweier Mädchen, die unter einer seltenen Sonnenallergie leiden, welche es ihnen unmöglich macht, sich dem Tageslicht auszusetzen. Als seien sie noch nicht genügend vom Leben gestraft worden, machen schließlich Gerüchte über die Kinder die Runde. Gerüchte, die sie als Vampire, als Aussätzige bezeichnen. Die Gerüchte schlagen schließlich in offene Aggressionen um, deren Höhepunkt gar ein Brandanschlag auf ihr Haus darstellt. CHILDREN OF THE DARK war bereits mehrfach auf *Pro 7* zu sehen.

Es folgten weitere TV-Filme. Auch ein Autritt in DEEP SPACE NINE findet sich in Smitrovichs Filmographie, ebenso der Megaflop DAS PHANTOM und der Megahit INDEPENDENCE DAY.

Obwohl es sich ausschließlich um kleine Rollen handelte, konnte Bill Smitrovich von seinen Kinoauftritten und den gelegentlichen Ausflügen zum Theater ein recht zufriedenes Leben führen. Zum Fernsehen wollte er eigentlich nicht mehr zurückkehren, doch dem Angebot Chris Carters konnte er nicht widerstehen. »Ich war vom Drehbuch und seinen intelligenten Charakteren ganz einfach begeistert«, so der stattliche Mime. Dafür war er auch bereit, wieder in die Rolle eines Polizisten zu schlüpfen. 17mal war er schließlich in der Rolle des Lieutenant Robert Bletcher in MILLENNIUM zu sehen, bevor er die Serie wieder verließ, um sich erneut seinen Spielfilm- und Theaterprojekten zu widmen.

Von Jägern, Künstlern, Monstern und Sammlern

Einige Anmerkungen zur Psyche von Serienmördern

»Wenn man Picasso verstehen will, muß man seine Kunst studieren. Wenn man die kriminelle Persönlichkeit verstehen will, muß man ihre Taten, ihre Verbrechen studieren.«

(John Douglas, *Die Seele des Mörders*)

In den letzten Jahren sind unzählige Artikel und Bücher über Serienmörder geschrieben worden. Manche davon haben versucht, in die Psyche dieser Verbrecher einzudringen, andere haben nur die Sensationsstimmung ausgenutzt, die herrschte, als gerade eine neue Mordserie die Menschen in Schrecken versetzte oder ein Serienkiller gefaßt und ihm der Prozeß gemacht wurde. Eines ist ihnen allerdings gemeinsam: Sie haben bewußt oder unbewußt den Typus des Serienverbrechers, der immer wieder vergewaltigt und tötet, in ein Pop-Phänomen, ein archetypisches Monster des ausgehenden 20. Jahrhunderts verwandelt.

Ed Gein, Ted Bundy, Edmund Kemper, Henry Lee Lucas, Dennis Nilsen und Jeffrey Dahmer, ›Jack the Ripper‹, der ›Yorkshire Ripper‹, die ›Hillside Stranglers‹, der ›Boston Strangler‹, der ›Zodiac Killer‹ und der ›Son of Sam‹, sie alle sind zu Legenden und Superstars in der Geschichte des Verbrechens geworden. Sie sind die modernen Verkörperungen des ›schwarzen Mannes‹; nicht umsonst gab es im Deutschland der 20er und 30er Jahre ein makabres Lied über Fritz Haarmann, den ›Werwolf von Hannover‹ und wahrscheinlich berühmtesten deutschen Serienmörder, in dem es hieß: »Warte, warte nur ein Weilchen, / dann kommt Haarmann auch zu dir, / mit dem kleinen Hackebeilchen / klopft er leis' an deine Tür …« In den Serienverbrechern nimmt unsere Angst vor dem Bösen, das ein Teil der menschlichen Existenz ist, eine schreckliche Gestalt an, und gleichzeitig geben sie uns die Möglichkeit, unsere Faszination am Bösen auszuleben, wenn wir mit weitaufgerissenen Augen und einem Gefühl des köstlichen Entsetzens über ihre Taten in Zeitungen und Büchern lesen oder sie in Filmen und Fernsehsendungen sogar ›miterleben‹. Jenseits seiner beinahe mythischen Dimensionen und seiner Stellung in kollektiven Phantasien ist der Serienkiller aber auch ein sehr reales Phänomen, das die Beschäftigung mit dem Verbrechen und dessen Bekämpfung in den letzten knapp 40 Jahren einschneidend verändert hat.

Der entscheidende Aspekt bei der Untersuchung eines Mordes war eigentlich immer das Motiv. Basierend auf der Annahme, daß sich Opfer und Täter kannten, suchte die Polizei – und sucht auch immer noch – erst nach jemandem im Umkreis des Toten, der entweder ein Interesse an dem Tod des Opfers hat oder der von dessen Ableben profitiert. Diese Methode war bis in die 60er Jahre hinein auch äußerst erfolgreich. So wurden 1960 in den gesamten Vereinigten Staaten nicht einmal 500 Morde nicht aufgeklärt, d. h., nur etwa sechs Prozent der Mörder ist es gelungen, der Justiz zu entkommen. 1990 sahen diese Zahlen schon ganz anders aus. Nur 67 Prozent aller Mörder wurden in diesem Jahr gefaßt, und mehr als 7000 Morde blieben unaufgeklärt. In der gleichen Zeit ist die Anzahl der Morde ohne ein direkt erkennbares Motiv extrem angestiegen. Während 1966 640 Menschen ermordet wurden, ohne daß eines der klassischen Motive vorlag, waren es 1989 schon 5096. So sind innerhalb von 30 Jahren Mörder, die ihre Opfer zwar nicht immer wahllos, aber doch eher zufällig oder nach ganz bestimmten persönlichen Kriterien auswählen, bei denen erst der Mord selbst zur näheren bzw. engeren Beziehung zwischen Opfer und Täter führt, zu einem entscheidenden Faktor in den Verbrechensstatistiken, gerade der USA, geworden. Ein großer Teil dieser Morde geht dabei auf das Kon-

Götz George als Fritz Haarmann in DER TOTMACHER.

to von Tätern, die in den 70er Jahren noch alle unter dem Begriff ›Massenmörder‹ gefaßt wurden – ein Terminus, der auf so verschiedene Täter angewendet wurde wie Albert DeSalvo, den ›Boston Strangler‹, der 1962 und 1963 13 Frauen verschiedenen Alters ermordet hat, und Charles Whitman, der am 31. Juli 1966 vom Uhrenturm der Austiner Universität mit einem Gewehr mit Zielfernrohr das Feuer auf die auf dem Campus anwesenden Studenten eröffnete und 16 Menschen tötete. Erst in den 80er Jahren begann man zwischen einzelnen Typen von Mehrfachmördern zu differenzieren. So unterscheidet man heute zwischen Massenmörder, *spree killer* und Serienmörder, deren Charakteristika man nicht genauer und prägnanter definieren kann, als dies Stéphane Bourgoin in seiner Abhandlung über Serienkiller getan hat:

»Der *Massenmörder* tötet vier oder mehr Opfer am selben Ort und im Laufe ein und desselben Geschehens.

Der *spree killer* bringt in einem kurzen Zeitraum mehrere Opfer an verschiedenen Orten um. Diese Verbrechen ergeben sich aus einem einzigen Geschehen, und ihre Abfolge kann sich eine gewisse Zeit hinziehen.

Der *Serienmörder* mordet dreimal oder öfter an unterschiedlichen Orten und mit zeitlichen Abständen, die jeden der Morde zu einem Einzelfall machen. Der Serienmörder kann aber auch durchaus mehrere Opfer auf einmal umbringen.« (Stéphane Bourgoin, *Serienmörder*)

Von diesen drei Typen des Mehrfachmörders ist es der Serienmörder, der in den letzten 15 Jahren nicht nur die Phantasie der Öffentlichkeit am meisten beschäftigt hat, sondern der auch den Ermittlern und Psychiatern der Polizei und des FBI am meisten zu schaffen machte. Dabei ist der Serienmörder alles andere als ein reines Phänomen der letzten 40 Jahre. Selbst ›Jack the Ripper‹, wahrscheinlich einer der berühmtesten Serienkiller aller Zeiten, der 1888 in weniger als drei Monaten fünf Prostituierte im Londoner Rotlichtviertel Whitechapel auf brutale Weise ermordet hat, ist alles andere als der erste Mörder seiner Art. Zwei der bekanntesten Serienmörder des späten Mittelalters und der beginnenden Neuzeit waren der französische Adlige Gilles de Rais und die ungarische Gräfin Elisabeth Bathory, die faszinierenderweise beide Vorbilder für berühmte Vampirgeschichten geworden sind.

Gilles de Rais hat im Hundertjährigen Krieg an der Seite Jeanne d'Arcs gegen die Engländer gekämpft und war maßgeblich an deren Vertreibung aus Frankreich beteiligt. Nach dem Sieg und einer besonderen Auszeichnung durch den französischen König Charles VII. hat er sich auf seine Burg in der Bretagne zurückgezogen und dort begonnen, Jungen aus der Umgebung entführen zu lassen, um sie dann zu mißbrauchen und zu ermorden. Bevor er am 26. Oktober 1440 hingerichtet wurde, hatte er die Ermordung von 140 Kindern und Jugendlichen gestanden. Doch es gibt Vermutungen, daß er bis zu 300 Opfer getötet hat.

Elisabeth Bathory war eine Nachfahrin des berüchtigten Tyrannen und Feldherrn Vlad Tepes, dem direkten Vorbild von Bram Stokers Vampir Graf Dracula. Sie lebte in dem Glauben, daß Bäder im Blut junger Mädchen ihre eigene Jugend und Schönheit bewahren würden. Zehn Jahre lang hat sie diese Bäder genommen, und niemand weiß, wie viele Mädchen und junge Frauen ihrem sadistischen Wahn zum Opfer gefallen sind. Die Zahlen reichen von 40 bis 600. 1612 wurde ihrem Treiben ein Ende gesetzt und sie selbst in ihren Schlafgemächern eingemauert. Dort starb sie dann am 21. August 1614. Von allen realen Persönlichkeiten, die die Autoren von Vampirromanen und -erzählungen zum Vorbild ihrer Fiktionen auserwählt haben, ist die Gräfin Bathory diejenige, die den größten Einfluß hatte.

Der Einfluß, den diese beiden Serienkiller auf die Phantasie der Menschen hatten, der sie über Jahrzehnte und Jahrhunderte zu den Vorbildern von mythischen Horrorfiguren und übernatürlichen Wesen gemacht hat, legt zumindest die Vermutung nahe, daß Sagen und Legenden von Werwölfen, Vampiren und verwandten Wesen der Nacht und des Todes auf jeden Fall zu einem Teil auf die Taten von frühen Serienmördern zurückgehen – Taten, die für die Bevölkerung der mittelalterlichen Städte und Dörfer so unvorstellbar schrecklich waren, daß sie gar nicht anders konnten, als sie nichtmenschlichen und übernatürlichen Manifestationen des Bösen zuzuschreiben.

Doch trotz aller bekannten und nicht bekannten Serienmörder der Geschichte kann man sagen, daß das 20. Jahrhundert so etwas wie das erste große Jahrhundert der Serienkiller ist. Und so wie sich dieses Phänomen zeitlich zu konzentrieren scheint, eben auf die letzten 100 Jahre und noch mehr auf die letzten 30, gibt es auch eine Art von räumlicher Konzentration. Zwar hat jede zivilisierte und hochindustrialisierte Nation ihre Serienmörder, doch in keinem anderen Staat waren bzw. sind noch so viele am Werk wie in den Vereinigten Staaten. Dies hat dazu geführt, daß sich gerade amerikanische Kriminalbeamte und Psychologen mit dem Problem des Serienkillers auseinandergesetzt haben, um Techniken zu entwickeln, die es ermöglichen, diese äußerst schwer zu fassenden Verbrecher zu überführen. Besonders ein Teil der ›Spezialeinheit für Serienverbrechen‹ des FBI, die ihren Sitz in der FBI-Ausbildungszentrale Quantico, Virginia, hat, widmet sich seit Ende der 70er Jahre der Erforschung von Serienmorden und deren Tätern. Die ›Investigative Support Unit‹ (Abteilung zur Unterstützung laufender Ermittlungen), vormals ›Behavioral Science Unit‹ (Abteilung für Verhaltensforschung), ist dabei zur zentralen Stelle für die Analyse von Morden geworden, bei denen lokale Polizeistellen davon ausgehen, daß sie von einem Serientäter verübt wurden, und nun Unterstützung beim FBI suchen.

1978 begannen einige Spezialagenten des FBI und Psychologen, unter anderen John Douglas, der spätere Leiter der ›Investigative Support Unit‹, und Robert Ressler, in Gefängnissen überall in den Vereinigten Staaten Schwerverbrecher zu interviewen. Dabei trafen sie sich nicht nur mit prominenten Serienmördern und -vergewaltigern, sondern auch mit Attentätern, Erpressern und Bankräubern. Die Basis für diese Befragungen bildeten genaueste Informationen über die Verbrechen der zu Befragenden, so daß diese nicht die Möglichkeit bekommen sollten, Fakten und Ereignisse zu verdrehen oder zu verschweigen, um sich selbst in ein besseres Licht zu setzen. Vor dem Hintergrund der ersten paar Dutzend Gespräche entwickelten FBI-Agenten und Psychologen einen

57 Fragen umfassenden Fragebogen, mit dessen Hilfe über die Jahre hinweg weitere FBI-Beamte diese Art der Feldforschung in größerem Maßstab fortsetzen konnten.

Die ersten von Douglas und Ressler geführten Gespräche wurden zur Grundlage für die Erstellung von psychologischen Profilen der Befragten, die zusammengenommen allgemeine Aufschlüsse über die Psyche von Serienverbrechern geben. So ließ sich aus den Gesprächen die Trias »Manipulation, Dominanz, Kontrolle« (Douglas, S.132) als eine entscheidende Motivation der Täter entnehmen. Der gewalttätige Serienverbrecher, der seine Opfer vergewaltigt, tötet und sich gegebenenfalls auch an den Leichen vergeht, hat ein großes Ziel im Moment seiner Tat: Er will über den anderen herrschen, ihn ganz in seiner Gewalt haben, um so ein Gefühl von Macht zu besitzen, das er im normalen Leben nicht kennt. Der Glaube, vollkommen ohnmächtig gegenüber der Gesellschaft zu sein, führt ihn dazu, anderen alles nur Erdenkliche anzutun, um für einen Moment in einer anderen Position zu sein.

Außerdem verbinden verschiedene Umstände ihrer Kindheit und Jugend große Teile aller Serientäter. Die meisten von ihnen kommen aus nicht funktionierenden Ehen, die dann häufig zerbrochen sind. Sie wurden als Kinder oft psychisch und/oder physisch mißhandelt und haben darauf mit ganz bestimmten Phantasien reagiert. Während ein großer Teil aller mißhandelten Kinder sich in der Phantasie Fluchtwelten erschafft, mit denen sie sich einen friedlichen und sicheren Gegenpol zu den Schrecken ihres Zuhauses schaffen, werden die Phantasien von Serienmördern von Gewalt beherrscht. In ihnen verbinden sich meist Vorstellungen von Sexualität und Tod. Diese auf Mißhandlungen und eine obsessive, gewalttätige und morbide Sexualität fixierte Phantasie beherrscht die Kindheit und Jugend sehr vieler Serientäter vollkommen. Sie findet ein Ventil in Grausamkeiten gegen Tiere oder dem unwiderstehlichen Drang zu zündeln. Außerdem neigt ein großer Teil der späteren Serienkiller während der Kindheit ungewöhnlich lange zum Bettnässen.

Ein weiteres psychologisches Merkmal, das viele Serienmörder verbindet, ist die Tatsache, daß ihre Morde in dem Sinne Ersatzhandlungen sind, daß sich die Gewalt, die sie ihren Opfern antun, in ihrer Phantasie gegen eine bestimmte Person in ihrer nächsten Umgebung richtet. Das kann die Mutter, die Ehefrau, die Freundin oder eine andere Person sein, die im Leben des Täters eine dominante Rolle spielt. So richtete sich der Haß des ›Riesen von Santa Cruz‹ Edmund Kemper, der 1972/73 eine Schülerin und fünf Studentinnen, dann seine Mutter und eine ihrer Freundinnen umgebracht hat, ganz gegen seine Mutter, die ihm immer wieder gesagt hatte, er sei minderwertig. Die Morde an den schönen jungen Frauen, die für Kemper all das symbolisierten, was er an der kalifornischen Gesellschaft verabscheute, waren zum einen eine Rache an der Gesellschaft, von der er ausgeschlossen war, zum anderen richteten sie sich ganz gegen seine Mutter, da er mit ihnen das zerstörte, was sie vergötterte. Nachdem er dann seine Mutter getötet hatte, stellte er sich selbst. Er hatte sein Ziel erreicht. Kemper, der mit einem IQ von 145 oder mehr der vielleicht intelligenteste Serienmörder ist, war übrigens der erste Gesprächspartner von Douglas und Ressler, und es sind seine Aussagen, die den entscheidenden Grundstein zum Verständnis der Psyche von Serienkillern geliefert haben.

Ein weiterer Aspekt von Kempers Vorgehen während seiner Mordserie sollte sich als symptomatisch für viele Serienmörder erweisen. Anfang der 70er Jahre besuchte er ständig die Bar, die auch die Polizisten von Santa Cruz frequentierten. Er unterhielt sich mit ihnen, gab ihnen Drinks aus, pflegte quasi freundschaftliche Beziehungen mit ihnen und erfuhr so immer auch von den Fortschritten in den Ermittlungen wegen der Morde, die er begangen hatte. Außerdem verband ihn eine engere Beziehung mit der Tochter des Polizeichefs, in dessen Haus er ein und aus gehen konnte. Dies führte dazu, daß ihm erst einmal niemand vom Santa Cruz Police Department glaubte, als er dort anrief, um seine Morde zu gestehen. Wie Kemper, bemüht sich ein großer Teil der Serienmörder um die

Jeffrey Dahmer – der harmlos aussehende Mann ist einer der bekanntesten Serienkiller Amerikas. In seinem Kühlschrank und seiner Gefriertruhe fanden sich Leichenteile von 17 ermordeten jungen Männern.

Nähe zur Polizei. Sie sind häufig Polizei-Freaks, die sich auch schon einmal dort beworben haben oder in verwandten Berufen, also als Wachmänner oder ›Schwarze Sheriffs‹, gearbeitet haben. Oft fahren sie Autos, die Polizeiwagen ähneln, und meist mischen sie sich in der einen oder anderen Form, als Zeugen, besorgte Ratgeber oder eben Barfreund, in die Ermittlungen der Polizei ein.

Insgesamt haben die Befragungen von Serienmördern und die Erstellung von psychologischen Profilen dazu geführt, daß heute zwei Arten von Tätern unterschieden werden. Je nach Autor werden diese als organisierte und unorganisierte, systematische und chaotische oder aber psychopathische und psychotische Täter bezeichnet. Sieht man von kleineren Unterschieden ab, die sich aus den Ansätzen der einzelnen Autoren ergeben, sind diese drei Begriffs- und Gegensatzpaare quasi als Synonyme zu verstehen.

Der organisierte Serienmörder, der viel schwerer zu fassen ist als sein unorganisierter Gegenpart, zeichnet sich vordergründig durch seine überdurchschnittliche Intelligenz und seine Fähigkeit aus, eine ganz normale, absolut durchschnittliche Fassade aufrechtzuerhalten, zu der meist ein qualifizierter, aber das Potential seiner Fähigkeiten nicht wirklich ausschöpfender Beruf und eine feste Partnerschaft mit einer Frau oder Freundin gehören. Er ist der nette Mann von nebenan, den jeder in seiner Gegend kennt und dem niemand seine Taten zutraut. Er selbst war häufig ein Einzelkind oder gehörte zu den ältesten Geschwistern in seiner Familie, in der er ohne große Disziplin aufwuchs. Seine Verbrechen sind im voraus geplant, und er hat sich während der Ausübung unter Kontrolle, obwohl er während seiner Taten oft unter Alkoholeinfluß steht. Ausgelöst werden seine Taten meist durch einen verstärkten Druck im Privat- oder Berufsleben. Nach der Tat beobachtet er die Arbeit der Polizei entweder über die Medien und deren Berichte oder über direkte Kontakte zu Polizisten. Er ist von seiner Grundhaltung mobil und verläßt häufig nach einer gewissen Zeit seinen Wohnort und beginnt sein Leben an anderer Stelle von neuem. Seine Opfer kennt er meist nicht persönlich, wählt sie aber nach ganz bestimmten Kategorien aus, so daß sie häufig alle ein und derselben angehören. Er sieht sie als eigenständige Individuen und sucht vor und während der Tat das Gespräch mit ihnen, das er aber vollkommen dominieren will, um so seine Macht zu demonstrieren. Er unterwirft das Opfer seinen Phantasien, und in dem Drang, es zu beherrschen, fesselt er es, und es kann auch zu Folterungen kommen, bevor er es endgültig tötet. Die Leiche beseitigt er nach seiner Tat, um eine Entdeckung so schwer wie möglich zu machen, außerdem ist er bemüht, keine Beweise am Tatort zurückzulassen.

Das Profil des unorganisierten Serientäters widerspricht dem des organisierten beinahe in jedem Punkt. Bei einem solchen Mörder handelt es sich meist um einen Menschen von höchstens durchschnittlicher Intelligenz, der sich aber eine gewisse situative Schläue zunutze macht. Er ist meist unsicher im Umgang mit anderen Menschen, eine gewisse soziale Unreife kennzeichnet dabei sein Auftreten. Dieser Persönlichkeitsstruktur entsprechend, hat er nie eine Ausbildung zu Ende gebracht, verrichtet meist niedere Arbeiten und wechselt von einem Gelegenheitsjob zum nächsten. Außerdem hat er sexuelle Probleme, die an sich schon eine längere und engere Beziehung verhindern. Deshalb lebt er allein. In seiner äußerst strengen Familie gehörte er zu den jüngeren Geschwistern, wenn er nicht sogar der Jüngste war. Da er weder einen anspruchsvollen Job noch eine feste Beziehung hat, kann er nicht so leicht unter äußeren Druck geraten, der zum Auslöser für seine Taten würde. Ihn treiben andere Kräfte zum Mord, den er meist sehr spontan in der Nähe seines Wohnorts begeht. Anders als der organisierte Täter ist er ein extremer Gewohnheitsmensch, der auch nach seiner Tat nichts in seinem Leben verändert und so meist auch an ein und demselben Ort bleibt. Wie seine übrige Außenwelt nimmt er auch die Medien und die Berichterstattung über seine Taten meist nicht wahr bzw. interessiert sich nicht dafür. Meist kennt er sein Opfer persönlich, nimmt ihm aber dann während der Tat sämtliche individuellen Züge, um es so auf ein reines Objekt zu reduzieren. Aufgrund seiner kommunikativen Probleme spricht er mit seinem Opfer direkt vor und während der

Tat nicht. Er überwältigt es schnell und überraschend, weil er nur einen vollkommen wehrlosen oder schon toten Menschen beherrschen kann. Deshalb fesselt er das Opfer auch nur in den seltensten Fällen. Sein inneres Chaos spiegelt sich am Ort des Verbrechens wider, der übersät ist mit Spuren, die er dann auch nach dem Mord und den darauffolgenden Handlungen genausowenig wie die Leiche selbst beseitigt. Meist tötet er sein Opfer sehr schnell, nachdem er es überwältigt hat, und vergeht sich danach an der Leiche.

Diese beiden Beschreibungen sind so etwas wie Idealprofile, die Extreme beschreiben, die sich so nicht immer in der Wirklichkeit wiederfinden lassen. Bei den Taten vieler Serienkiller vermischen sich Merkmale des organisierten und des unorganisierten Handelns. Trotzdem können diese beiden Profile als eine Art Vorlage für die praktische Arbeit an einem aktuellen Fall genutzt werden. Sie bilden so etwas wie den Hintergrund, vor dem der *profiler* – ein auf diese Arbeit spezialisierter FBI-Beamter, der meist der ›Investigative Support Unit‹ angehört – sein Täterprofil erstellt, das dann einem ›psychologischen Phantombild‹ gleicht. Bei der Erstellung des Profils kommt es in erster Linie auf die genaue Untersuchung des Tatorts und der Vorgehensweise des Täters an. Der Ermittler muß, um bei dem eingangs zitierten Vergleich von John Douglas zu bleiben, wie der Betrachter eines Gemäldes jedes Detail wahrnehmen und es dann interpretieren, um so anschließend Rückschlüsse auf den Mörder zu ziehen. Ein Teil dieser Arbeit basiert heute auf dem bis jetzt gesammelten Wissen über Serienkiller, ein Teil auf der Fähigkeit des Ermittlers, sich sowohl in den Täter als auch in das Opfer im Augenblick vor und während der Tat versetzen zu können, und ein weiterer, meist sogar entscheidender Teil auf seiner Intuition. Das Profil, das so von FBI-Beamten erstellt wird, ersetzt nicht die normale Polizeiarbeit, sondern unterstützt sie. Mit seiner Hilfe kann der Kreis der Verdächtigen, der im Falle eines scheinbar wahl- und motivlosen Verbrechens meist unüberschaubar groß ist, eingeschränkt werden. Eines dürfen die Polizisten aber nicht außer acht lassen: Auch wenn 77 Prozent der erstellten Profile sich im Anschluß an die Verhaftung als weitgehend exakt erweisen, kann man die Richtigkeit des ›psychologischen Phantombilds‹ nicht von vornherein als absolut voraussetzen.

Eine der entscheidenden Aufgaben eines *profiler* ist es, anhand aller ihm zur Verfügung stehenden Informationen abzuschätzen, ob es sich bei dem Mord um die Tat eines Serienverbrechers handelt, der gerade anfängt zu töten, oder ob er schon mehrere Morde begangen hat oder ob vielleicht ein ›klassischer, im nächsten Umkreis des Opfers zu suchender Mörder‹ die Indizien so manipuliert hat, daß es nach der Tat eines Serienkillers aussieht. Gerade die Unterscheidung, ob eine Tat den Beginn einer Mordserie markiert bzw. noch in deren Anfangsphase gehört oder nicht, liefert einige für die Ermittlung zentrale Anhaltspunkte. Denn auch hier läßt sich die Künstlermetapher von Douglas wieder anwenden. Wie ein Maler oder Literat ist auch der Serienkiller eine Art von ›Autor‹, der ein Werk schafft, das in diesem Fall aus Morden besteht, und wie bei einem Künstler läßt sich auch bei ihm meist eine Entwicklung im Werk feststellen, d. h., er wird sicherer, die Erfahrungen, die er beim Töten macht, werden seine nächste Tat beeinflussen. Dabei wird die Einordnung einer Tat in eine Mordserie, also auch die Frage, ob ein Mord auf das Konto eines Mannes geht, der vielleicht schon wegen anderer Morde gesucht wird, durch verschiedene Aspekte verkompliziert.

Zum einen ist es die Organisation des amerikanischen Justizsystems an sich. Polizeidienststellen, die manchmal nur wenige Meilen voneinander entfernt liegen, arbeiten oft nicht zusammen, da sie ihren Sitz in verschiedenen Bezirken eines Staates haben. Dies ist ein Grund, warum das FBI eine Abteilung mit dem Namen ›National Center for the Analysis of Violent Crime (NCAVC)‹ in Quantico eingerichtet hat, in der mit Hilfe eines eigens dafür entwickelten Computerprogramms, dem ›Violent Criminal Apprehension Program (VCAP)‹, die

Daten über aufgeklärte und unaufgeklärte Morde, Sexualverbrechen, Gewaltverbrechen ohne augenfälliges Motiv, aber auch über verschwundene Personen, die möglicherweise einem Serientäter zum Opfer gefallen sind, sowie über nicht identifizierte Leichen gesammelt und analysiert werden. So wird eine Koordination verschiedener Polizeistellen möglich, und die Spur eines Serienkillers, der durch die Vereinigten Staaten ›reist‹, kann verfolgt werden.

Zum anderen wird die Einordnung eines Verbrechens in eine Serie dadurch erschwert, daß sich innerhalb einer Mordserie meist der Modus operandi (MO) immer wieder ändert. So kann es durchaus vorkommen, daß ein Mörder sich bei seinen Taten ganz verschiedener Waffen bedient, daß einige seiner Taten einem bestimmten Ritual folgen, andere aber nicht. Somit scheidet der MO als Kriterium für eine Einordnung eines Mordes weitgehend aus. Aber John Douglas hat bei seinen Ermittlungen und Analysen festgestellt, daß es bei einer Mordserie doch eine Art von – wenn auch ›unsichtbarem‹ – rotem Faden gibt, den er als die Handschrift *(signature)* des Täters beschreibt. Diese Handschrift ist etwas, das alle Morde eines Serientäters verbindet und dessen er selbst sich gar nicht bewußt sein muß. Sie ist das Leitmotiv in einer Symphonie des Schreckens und kann sich manchmal in der Auswahl der Opfer oder in der Art äußern, wie der Täter seine absolute Macht über sein Opfer inszeniert und es seine Hilflosigkeit spüren läßt.

Ein Teil dieser Handschrift sind auch die ›Souvenirs‹, die der Täter als Andenken an seinen Mord mitnimmt, um die Tat mit ihrer Hilfe gleich einem Film immer wieder auf einer inneren Leinwand abspielen zu können. Diese Souvenirs können Bekleidungs- oder Schmuckstücke, Körperteile oder Haare, aber auch Polaroids oder Videoaufzeichnungen sein. Sie sind die ganz eigene Trophäensammlung eines Jägers, der Jagd auf die ultimative Beute – Menschen – macht. Sie rücken ihn aber zugleich in die Nähe eines Sammlers von gestohlenen Kunstwerken, der über seine Leidenschaft nicht offen sprechen und sich an seiner Sammlung nur allein und im geheimen erfreuen kann. Überhaupt sind Serienkiller Sammler – ganz direkt, wenn sie Andenken an ihre Taten aufheben, und indirekt schon allein durch diese Taten selbst. Sie suchen sich Opfer und sammeln dabei Menschenleben. Ihre Sucht zu töten ist die Sucht des obsessiven Sammlers, der nie genug bekommen kann. Vielleicht sind sie auch die einzigen Menschen, denen es heute noch gelingt, die beiden Formen des vorzivilisierten Lebens, als Jäger und als Sammler, zusammenzubringen. Damit wären sie der archaische Rest in unserer so hoch technologisierten Welt der Zivilisation, die doch nur eine schöne, aber dünne Fassade ist.

Bisher ist hier nur von Männern als Serienmördern die Rede gewesen, was, auch wenn es ganz klar viel weniger weibliche Serientäter gibt (so waren 1990 87 Prozent der in den Statistiken des FBI geführten Serienmörder Männer), doch nicht nur statistische Gründe hat. Obwohl die Klischees von ›der schwarzen Witwe‹, der Frau, die einen Ehemann nach dem anderen aus dem Leben befördert, und ›dem tödlichen Engel‹, der Krankenschwester und Altenpflegerin, die die ihr anvertrauten Menschen meist mit Gift ermordet, ganz bestimmt nicht die volle Wirklichkeit über Serienmörderinnen widerspiegeln, kann man doch sagen, daß sich zumindest bisher noch Serienkillerinnen von ihren männlichen Gegenstücken klar unterscheiden. Natürlich töten nicht alle Frauen sauber und leise mit Gift, aber ihre Taten werden nicht so wie die meisten von Männern durch machtsüchtige Brutalität und sadistische Gewaltphantasien geprägt. Die Ursachen hierfür sind bislang nur unzureichend von Psychologen erklärt worden, die sich meist nur auf das geringe Gewalt- und Sadismuspotential berufen. Allerdings gibt es schon einige Fachleute für gewalttätige Serienverbrechen, die davon ausgehen, daß die Veränderungen in der (amerikanischen) Gesellschaft, die Frauen insgesamt eine andere Position in ihr geben, dazu führen können, daß sich in der Zukunft die Taten von Serienmörderinnen verändern werden und sich denen der Männer annähern.

Neben diesen relativ abgesicherten und schon weitgehend kanonisierten Erkenntnissen zu Serienmördern gibt es auch unzählige Theorien über ihre Taten, die alles andere als anerkannt sind. So werden immer wieder Verbindungen zwischen Serientätern und satanistischen Kulten vermutet. Diese Spekulationen haben Nahrung erhalten zum einen durch die Taten der Manson Family und des ›Night Stalker‹ Richard Ramirez sowie zum anderen durch die Aussagen des ehemaligen Serienkiller-Liebespärchen Henry Lee Lucas und Ottis Toole, die behauptet haben, zum Teil im Auftrag von ›The Hand of Death‹ gemordet zu haben, einer Satanistengruppe, deren Existenz bisher nicht bewiesen werden konnte (und heute spricht nur noch Toole über den wahren Charakter ihrer auch sexuellen Beziehung). Eine andere, gerade im Zusammenhang mit MILLENNIUM interessante Theorie stammt von Michael Anthony Hoffman, einem amerikanischen Autor und Verschwörungstheoretiker. Er geht davon aus, daß viele Taten von Serienmördern, die zufällig und wahllos erscheinen, Teile eines größeren (sexual)magischen Rituals sind. Diese Idee begründet er damit, daß ungewöhnlich viele Opfer von Serienmördern Vor- und Nachnamen haben, die mit dem gleichen Buchstaben anfangen und dadurch mit einer versteckten, magischen Bedeutung aufgeladen sind. Außerdem hat nach Hoffman nicht nur der berüchtigte, niemals gefundene ›Zodiac Killer‹, sondern auch Ted Bundy seine Morde zumindest teilweise in Übereinstimmung mit dem astrologischen Kalender begangen. Als rein zufällig ausgegebene, dafür aber sehr medienwirksame Verbrechen werden sie so zu einem Teil eines Musters, das Hoffman als *Twilight Language* (›Sprache des Zwielichts‹) bezeichnet. Diese *Twilight Language* wirkt in der Form auf das kollektive Unterbewußte der Amerikaner, daß sie subtile, eben nicht bewußt wahrnehmbare Botschaften transportiert, die die Stimmung der Menschen insgesamt beeinflussen und damit vielleicht eine gewisse Apathie oder sogar eine Form von Antipathie gegenüber dem Leben selbst erzeugen. Diese ›Sprache‹ kann dabei Teil einer Art von *mind control* sein, mit der eine Gruppe von schon herrschenden Verschwörern, zu der unter anderen Politiker und Industrielle gehören, die Bevölkerung beeinflußt. Außerdem kommt ihr eine Bedeutung in einem riesigen, Jahrzehnte oder Jahrhunderte umspannenden Ritual zu, das möglicherweise eine Vorbereitung der Apokalypse ist. Auch wenn sich diese Idee niemals beweisen läßt und aller Wahrscheinlichkeit nach nur eine aufregende Fiktion bleiben wird, besitzt sie doch eine ungeheure Faszination – besonders im Moment, da wir durch das näher rückende Ende des Jahrtausends für Verschwörungs- und Apokalypsetheorien an sich schon sehr empfänglich sind. Außerdem bleiben da immer noch die Fakten, die auf einen größeren symbolischen und numerologischen Hintergrund von Verbrechen von Serienmördern hinweisen und die einen auch dann beunruhigen und vor ein ziemliches Rätsel stellen, wenn man nicht an satanistische Verschwörungen auf höchster gesellschaftlicher und politischer Ebene glaubt.

Im Herzen der Finsternis

Serienkiller in Romanen, Filmen und Comics

»Das Urteil der überempfindlichen Massen wird einige von uns niemals daran hindern, Poesie, eine schrecklich vertraute Schönheit, in Gewalt zu entdecken.«

(Poppy Z. Brite)

... Blumen des Bösen ... die Poesie der Gewalt ... die Schönheit von fließendem und trocknendem Blut, von geöffneten Körpern, von dem nach außen gekehrten Inneren ... die Faszination des reinen, durch nichts mehr gehemmten Nihilismus, der vollkommenen Verneinung aller gesellschaftlichen und zivilisatorischen Regeln ... Fiktionen, die erst verstören, dann befreien und schlußendlich erlösen: SE7EN ... MANIAC... NATURAL BORN KILLERS ... HENRY – PORTRAIT OF A SERIAL KILLER ... CRUISING ... AMERICAN PSYCHO ... EXQUISITE CORPSE ... SHADE – THE CHANGING MAN ... um nur ein paar zu nennen.

Vielleicht ist damit schon alles gesagt über Serienkiller in Filmen, in Romanen, in Comics. Was noch bleibt, sind selbst wieder Serien – Serien von Theorien über Serien von Phänomenen ... Serien von Motiven ... und vielleicht am spannendsten: Serien von Blicken – mikroskopisch, die Welt vergessend, sie im Detail wieder entdeckend – auf einzelne Filme, Erzählungen, Comics, vielleicht sogar nur auf einzelne Momente, Szenen ...

Es gibt kein Entkommen

Die Invasion der Serienkiller. Sie hat begonnen in den 90ern, als Thomas Harris' Roman THE SILENCE OF THE LAMBS (dt.: DAS SCHWEIGEN DER LÄMMER) zum Bestseller wurde und Jonathan Demmes gleichnamige Verfilmung 1991 zum Überra-

»Die Schöne und das Biest« in den Zeiten der Serienkiller:
Jody Foster und Anthony Hopkins in DAS SCHWEIGEN DER LÄMMER.

schungshit und '92 zum großen Sieger der Oscar-Verleihung wurde. Seitdem können sich Anhänger von *horror* und *crime fiction* nicht mehr retten vor Romanen und Filmen über Männer und auch Frauen, die immer wieder morden. Den Überblick zu behalten ist unmöglich geworden, da besonders das Fernsehen mit seinen *serial killer movies* der Woche, wenn nicht gar des Tages, und die auf *pulp*-Geschichten spezialisierten Taschenbuchverlage den Markt in den letzten Jahren regelrecht überschwemmen.

Wahrscheinlich war Anfang der 90er Jahre die Zeit im wahrsten Sinne reif für den großen Serienkillerfilm, in dem sich Elemente des Psycho-Thrillers mit denen des Horror-Kinos treffen. Schließlich waren die Fans von Jason, Michael und Freddy inzwischen älter geworden, während gleichzeitig die Geschichten um diese zerstörerischen, gefährlichen Helden der Pubertät immer infantiler wurden. Die, die Mitte der 80er noch im Kreis der Freunde *slasher*-Videos geguckt hatten, gingen nun aufs College und suchten nach anderen Geschichten und Figuren, die ihr gewandeltes Verhältnis zu den dunklen Seiten der menschlichen Natur reflektierten. Damit war die Stunde der Serienkiller, von Hannibal Lecter genauso wie von Jeffrey Dahmer, von Patrick Bateman wie von Henry Lee Lucas, gekommen. Die Saat, die Filme und Romane über die letzten Jahre fast unbemerkt gesät hatten, konnte nun mit SILENCE aufgehen und ihre ersten großen Blüten treiben.

THE SILENCE OF THE LAMBS hat mit seiner Dualität vom guten und bösen, gesellschaftlich akzeptablen und inakzeptablen Serienkiller einen Nerv der Zeit getroffen. Grausige Faszination durch den größten aller *outlaws* und entsetzte Abscheu gegenüber seinen oft bestialischen Taten, dieses siamesische Zwillingspaar der Reaktionen, das unsere Haltung zu den echten Serienmördern kennzeichnet, hier ist es sauber und klinisch getrennt worden. ›Hannibal the Cannibal‹ und ›Buffalo Bill‹, der kultivierte, wortgewandte Verführer, der uns wohlige Schauer des Grauens über den Rücken jagt und uns gleichzeitig für sich einnimmt, und der kranke, mit seinem Leben nicht klarkommende Vietnam-Veteran, dessen Ziele und Phantasien uns abschrecken, ihn in unseren Augen zu einer erbärmlichen Kreatur machen, zwei Figuren, die unsere Sympathien ganz bewußt lenken. Sie nehmen uns die Verwirrung, die Serienmörder, echte genauso wie die erfundenen, bisher in uns hervorgerufen haben. Alles wurde so mit dem zum Kannibalen gewordenen Psychiater einfacher. Nachdem wir uns über seine Flucht gefreut hatten, die Barrieren gefallen waren, konnten wir uns nun auch anderen Serienmördern zuwenden. Der psychosexuelle Killer, der all das auslebt, was die meisten Menschen sich nur in ihren dunkelsten Träumen ausmalen, um es dann sofort wieder in die tiefsten Regionen des Unbewußten zu verbannen, ist als Monster der Phantasie gesellschafts- und damit auch marktfähig geworden. Die Invasion von innen konnte beginnen.

Die letzten wahren Heiden

Die Schnitte, mit denen ›Jack the Ripper‹ die Körper seiner Opfer geöffnet hat, um sie dann auszuweiden, haben mehr als nur ein paar Prostituierte getötet; es waren Schnitte ins Bewußtsein der viktorianischen Gesellschaft. Sie haben den sicheren Glauben an den Sieg der Zivilisation in dem Moment zerstört, als die Industrialisierung den Weg ins 20. Jahrhundert, in eine goldene Zukunft, wies. Es sind Narben entstanden, die noch heute das Angesicht der ›zivilisierten‹ Welt kennzeichnen. Nichts ist wirklich verheilt seit der Zeit vom August bis zum November 1888, den Monaten der Geburtswehen der gesellschaftlichen Moderne ... wie ein Geist verfolgt uns der ›Ripper‹ von Whitechapel bis heute ... sein Schatten hat die Taten und Namen noch viel brutalerer Mörder im Dunkel unseres Gedächtnisses verschwinden lassen. Mit ihm, dessen Identität nie zweifelsfrei geklärt werden konnte, begann all das, was nun über 100 Jahre später seinen Höhepunkt erreicht hat: die dunklen Fiktionen über unsere noch dunkleren Seiten. Pophistorische Daten ... 1904: Die Uraufführung von Wedekinds DIE BÜCHSE DER PANDORA, dem zweiten Teil seiner LULU-Tragödie – die animalische Kindfrau, das ursprünglichste weibliche Wesen des Theaters, fällt Jack, dem Ripper, dem animalischen Mann, zum Opfer ... 1911: Mary Belloc-Lowndes ›Ripper‹-Roman THE LODGER erscheint ... 1926: Der junge Alfred Hitchcock verfilmt diesen Bestseller und hat seinen ersten eigenen Hit. Von nun an ist Jack nicht mehr wegzudenken aus der *serial killer fiction*, und in mehr oder weniger regelmäßigen Abständen entstehen neue Kino- und Fernsehfilme, Romane und Comics, die er inspiriert hat.

Eine faszinierende, eine erschreckende, eine vielsagende Synchronizität ... die Geburt der Moderne und die Geburt des Serienkiller-Mythos fallen zusammen, bedingen sich sogar. Die Defizite der industrialisierten Zivilisation ... der zwar schon säkularisierte Triumph des christlichen Geistes der Domestizierung der ursprünglichen menschlichen Triebe und Kräfte ... das Ankommen in den Städten und damit das Reißen des Bandes zur Natur, des letzten Bandes, das den Menschen mit seinem archaischen Ich noch direkt verbunden hat – dem archaischen Ich, das nun nur noch der ausleben kann, der sich ganz bewußt aus der Gesellschaft und ihren Konventionen ausschließt: der Serienkiller.

Fiktionen, Massenmedien – Strategien der Kompensation des Defizits der Moderne. Für Camille Paglia sind sie Orte des Paganismus, an denen die alten, grundlegenden Motive – Sex und Gewalt – der Rituale der ursprünglichen Gesellschaften noch herrschen. Filme und Romane, Comics und Sensationsberichte als die notwendigen, befreienden letzten Oasen des Heidnischen. In ihnen sind die Serienkiller, der vielgesichtige Jack, der schüchterne Norman Bates, der rasende Leatherface und der charmante Kannibale die letzten echten Heiden, Hohepriester einer archaischen Religion. In ihren Taten zelebrieren sie Rituale von Sex und Tod, die angefüllt sind mit Blut und Sperma, und wir können an ihnen teilhaben, durch sie die ins Unterbewußte verdrängten Seiten unseres Wesen gefahrlos kurze Zeit ausleben.

Höhepunkt grausiger Ästhetik: eine Szene aus DAS SCHWEIGEN DER LÄMMER.

Serial Killer Superstar

M – EINE STADT SUCHT EINEN MÖRDER (1931) und NATURAL BORN KILLERS (1994) – einer der letzten Höhepunkte des deutschen expressionistischen Kinos und ein experimenteller Filmtrip mit Anleihen an die Videoclip-Ästhetik. In dem einen versetzt ein Serienmörder eine ganze Stadt so in Schrecken, daß sich ihre Bevölkerung in einen geifernden, rasenden Lynchmob verwandelt; in dem anderen löst das Serienkiller-Pärchen Mickey und Mallory – eine Comicvariante von Charles Starkweather und Caril Ann Fugate, die schon das Vorbild für das Pärchen in Terence Malicks BADLANDS waren – eine Massenhysterie aus, als seien sie die größten Popstars aller Zeiten. Bilder zweier Gesellschaften, die auf den Serienkiller ihre Ängste und Sehnsüchte projizieren. Im präfaschistischen Deutschland Fritz Langs ist er die Bestie, die gejagt und vernichtet werden muß, das ultimative Fremde, das man nicht verstehen will und deshalb lieber auslöscht. In Oliver Stones Amerika der Massenmedien am Ausgang unseres Jahrtausends sind die Killer dann wilde Rebellen, eine Art von Nachfahren der Pioniere, die nur ihre Freiheit liebten und ständig auf der Suche nach der ultimativen *frontier* waren – zumindest sehen ›Mickey und Mallory‹-Fans dies in ihren Idolen.

Die Serienmörder der 20er und 30er Jahre – Fritz Haarmann, der ›Werwolf von Hannover‹, und Peter Kürten, ›der Vampir von Düsseldorf‹, die ihre Spuren in Peter Lorres Figur in M hinterlassen haben – waren für die damalige Bevölkerung noch reine, zu vernichtende Monster, Verkörperungen des schwarzen Mannes, die nur in makabren Kinderliedern zu Ikonen des Schreckens werden konnten. Die uralte menschliche Faszination durch das Böse schloß sie und ihre Taten noch nicht ein. Erst mit dem Triumphzug des Pop wurden auch die Serienkiller zu Kultfiguren. Die dunklen Triebe und todessehnsüchtigen Phantasien, die seit den 60ern eine Facette des Pop sind, fanden in ihnen den perfekten Ausdruck. So sind sie immer mehr zu Ikonen einer anderen Existenz, eines Lebens der uneingeschränkten Revolte und Negation geworden … die zwei Seiten einer Medaille: In letzter Konsequenz mußten sie, diese Stars der Nacht und des ewigen Dunkels der Seele, einfach zu Objekten für Sammelbilder werden, die bisher eher Baseball- oder American-Football-Stars, diesen strahlenden Idolen der Hoffnung, vorbehalten waren.

M und NBK – Strömungen des Jahrhunderts: Eine grauenerregende Aktivität verwandelt sich in lebensmüde Passivität. Stand bei Lang in den Gesichtern der aufgebrachten Masse noch die reine Mordlust geschrieben, zieren bei Stone Schlagworte wie ›Kill Me‹ die T-Shirts der Fans von M & M. Die prä-faschistische Gesellschaft sucht sich ihre Opfer, den kranken, gequälten und schon von inneren Dämonen gehetzten Mörder; die Gesellschaft der *post-histoire* sucht sich ihre Schlächter und macht sie zu ihren Stars. Das Verhältnis von den Serienkiller-Groupies zu M & M ist ein Spiegelbild des Verhältnisses zwischen Fans und ihren Popstars. Die Masse der Fans, das ist »dieses vielmäulige Schwein, das immer zu ihnen [den Stars] emporglotzt, voller gefühlsduseliger Verehrung« (Julie Burchill). Nicht umsonst hat Keith Richard beim Sehen von GIMME SHELTER in den Gesichtern der Fans beim Altamont-Konzert die Züge von typischen Opfern erkannt. Das Wissen um ihre Macht über Menschen, ihr Auserwähltsein aus der unendlichen Masse der Opfer, die die Menschen sind, verbindet Stars und Serienmörder. Deshalb erlebt Patrick Bateman auch bei dem Besuch eines U2-Konzerts eine Art von Offenbarung und erkennt in Bono einen Seelenverwandten.

Fortsetzung folgt

Die populäre Kunst des 20. Jahrhunderts steht ganz im Zeichen des Seriellen. Auf Roman- und Filmserien folgten Comic- und Radioserien, und zur Krönung kam das Fernsehen. Stabilität ohne Stillstand garantieren uns Serien jedweder Form und damit die Erfüllung einer ureigenen menschlichen Sehnsucht. Die Geschichten innerhalb einer Serie laufen immer gleich ab, und doch gibt es Entwicklungen und Veränderungen, Spielräume für unsere Imagination genauso wie für die ihrer Macher. Doch die größte Sicherheit, die sie uns geben, besteht darin, daß sie kein wirkliches Ende haben. ›Serie‹ – das bedeutet in der *soap opera* genauso wie in den paradigmatischen Formen des Seriellen – dem Horror- und dem Pornofilm – die Gewißheit, daß es immer weitergehen wird. Mit dem Porno- und dem Horrorfilm siegen wir über die Zeit, die keinen Tribut fordert, und über den Tod, der nie endgültig ist.

Leben im Zeitalter des Seriellen – Pop-art: ›*Campbell Soup*‹-Dosen und vielfarbige Marilyns ... das Produkt serieller Produktion als Kunstobjekt, das Kunstwerk in serieller Produktion – Fernsehen: garantierte Kontinuität ... am nächsten Tag oder in der nächsten Woche geht es weiter ... das Neue als Prozeß gradueller Entwicklungen ... auf Zerstörungen folgt Wiederaufbau ... Sicherheit und Geborgenheit in einem Universum, das Ersatzwelt und Vorbild ist – Wirklichkeit: Das Leben ist weder Zyklus noch ruhiger langer Fluß, sondern eine *soap opera* ... Serien von immer gleichen Tätigkeiten, den gleichen kleinen Erfolgen und Rückschlägen ... und irgendwann einmal ist dann einfach die letzte Folge gelaufen.

In den *slasher movies* der 80er Jahre, in den Serien um Michael Myers, Jason und Freddy, laufen diese Aspekte des Seriellen im Leben und in der *pop culture* zusammen. Der Serienkiller an sich hat diese Form der seriellen Wirklichkeit bis ins Letzte verinnerlicht. Die Morde sind seine ganz spezielle Seifenoper des Lebens, Wiederholungen von immer gleichen und sich doch verändernden Ritualen. Sie sind Kontinuität schaffende Produkte und gleichzeitig ein Opus magnum schaffende Kunstwerke. Der Serienkiller der *slasher movies*, dieses Produkt unserer seriellen Phantasien, diese damit eigentlich marginale Figur in der Serienkiller-Fiktion, die nur existiert, um dem Publikum seine *thrills* zu geben, ist zugleich das ultimative Serienkiller-Monster, die Inkarnation des Bösen, gegen die wir im Horrorgenre unsere nicht endenden Kämpfe führen können. In den *slasher movies* werden die Serienkiller nicht nur zu Superstars des Pop-Zeitalters, sondern zu wahren mythischen Figuren mit überlebensgroßen Zügen. Sie sind mit ihren Taten, dem Abschlachten von Jugendlichen, die verzerrten Spielgelbilder von wahren Serienmördern wie Ed Kemper und Ted Bundy und doch reine Kunstfiguren unserer Sehnsüchte nach dem Seriellen, unserer Träume von der Unendlichkeit des Lebens durch die Kraft der Zeit und die Endgültigkeit des Todes negierende Wiederholung der immer gleichen Handlungen.

Ein amerikanisches Monster

Plainfield, Wisconsin, 16. November 1957. Ein unscheinbarer, in der kleinen Stadt von allen geschätzter Mann wird verhaftet. Er steht unter dem dringenden Verdacht, Bernice Worden, die Besitzerin eines kleinen ortsansässigen Geschäfts, ermordet zu haben. Die Durchsuchung seines Farmhauses bringt Unvorstellbares zum Vorschein. Bernices Leiche hängt wie ein ausgeweideter Hirsch an einem Haken im Schuppen. Ihr Herz wird genauso wie verstreute Teile von anderen Leichen im Haus gefunden – einem Haus, dessen Möbel teilweise aus Knochen und Haut gefertigt worden sind. Mit diesen Entdeckungen war in den Köpfen der Menschen ein ureigenes amerikanisches Monster geboren: Ed Gein.

Die Folgen dieser Entdeckungen sind nur noch mit denen der Morde von ›Jack the Ripper‹ zu vergleichen. Wurde in Whitechapel der Mythos des Serienkillers an sich geboren, so war Plainfield der Geburtsort seiner endgültigen Amerikanisierung. Bis weit in die 50er Jahre hinein wurde die amerikanische Horrorfiktion von der europäischen *gothic*-Tradition und deren amerikanischen Variationen in den Werken von Edgar Allan Poe und H. P. Lovecraft bestimmt, erst mit Ed

Gein begann eine Verschiebung hin zu einem Monster des amerikanischen Alltags, einer menschlichen Inkarnation des Schreckens, die jedermanns Nachbar hätte sein können. Die Berichte über die Funde in Geins Farmhaus, die in Magazinen wie *Life* veröffentlicht wurden, gleichen Steinen, die ins Wasser des kollektiven Bewußtseins geworfen wurden und nun ihre Wellen schlugen. Robert Blochs Roman PSYCHO und dessen Verfilmung, Tobe Hoopers TEXAS CHAINSAW MASSACRE, Jeff Gillens und Alan Ormsbys DERANGED, Thomas Harris' THE SILENCE OF THE LAMBS und Jonathan Demmes Verfilmung – sie alle sind inspiriert von dem Nekrophilen Ed Gein, der nach dem Tod seiner von ihm vergötterten Mutter zunächst begann, Frauenleichen aus ihren Gräbern zu holen, und später dazu überging, Frauen für seine Zwecke zu töten.

Wahrscheinlich waren es gar nicht einmal seine Taten, die Ed Gein zum amerikanischen Archetypen unter den Serienkillern werden ließen. Auch wenn sie die Tabus Nekrophilie und Kannibalismus berührten, waren sie doch noch lange nicht so unvorstellbar wie die eines anderen, früheren Kannibalen: Albert Fish, dem im März 1935 der Prozeß gemacht wurde und der relativ unbekannt geblieben ist. Es war vielmehr der Zeitpunkt ihrer Entdeckung, die Ed Gein in einem Maße wie später vielleicht nur noch Charles Manson zur Überfigur in düsteren, von Tod und Schmerz geprägten Pop-Phantasien gemacht hat. Die Wahrheit über den netten, schüchternen Nachbarn Gein traf Amerika in einem Moment der Sicherheit. Sie fiel in die ruhigen, beinahe idyllischen 50er Jahre und kündigte massiv das Ende aller falschen Träume von einer noch existierenden Unschuld an. Der Wahnsinn Geins, der ihn in eine geschlossene Anstalt und nicht in die Todeszelle brachte, hat wie die Taten von ›Jack the Ripper‹ ein gesellschaftliches Trauma hinterlassen, auf dem die späteren Autoren und Regisseure aufbauen konnten. Es hat ihn neben Jack zum Urvater der fiktiven Serienkiller der letzten zehn, 15 Jahre gemacht, Zeiten, in denen der Traum von Unschuld schon längst in einen Alptraum aus Wahnsinn, Mord und Leid umgekippt war.

Die Profiler

Zu Beginn der 80er Jahre versetzte eine Mordserie an schwarzen Kindern Atlanta in Schrecken. Die Morde führten zu einer der größten Polizeiaktionen in der amerikanischen Geschichte, und sie brachten einen Mann in das Zentrum der öffentlichen Aufmerksamkeit, der einige Jahre zuvor begonnen hatte, seine Ermittlungen auf das Verstehen und Einschätzen von Serienmördern zu konzentrieren: den FBI-Agenten John Douglas. Douglas war einer der ersten *profiler* des FBI, deren Aufgabe es ist, die Umstände eines Mordes zu analysieren, um so durch Deduktion und Intuition ein psychologisches Profil des Täters zu erstellen. Der Rummel um die Morde in Atlanta hat diese neue Methode kriminalistischer Arbeit bekannt gemacht und dabei eine veränderte Ausgangssituation für Serienkiller-Fiktionen geschaffen. Von nun an sind die Jäger von Serienkillern nicht mehr normale Polizisten, die wie Al Pacino in William Friedkins CRUISING verdeckt ermitteln, sondern hochspezialisierte Experten wie die Figuren von Thomas Harris oder Thomas Dusenberry in James Ellroys SILENT TERROR (aka KILLER ON THE ROAD [dt.: STILLER SCHRECKEN]).

Die Nähe von Killer und Polizist, die schon CRUISING und Richard Tuggles TIGHTROPE (dt.: DER WOLF HETZT DIE MEUTE) erforscht haben, wird zu einer offenen Seelenverwandtschaft. Figuren wie Frank Black und seine Kollegen bei der *Millennium Group* in MILLENNIUM, wie das FBI-Team in der Serie PROFILER, wie Dusenberry oder Jack Crawford und Will Graham bei Thomas Harris sind die ultimativen Jäger, Nachfahren von Arthur Conan Doyles Sherlock Holmes und James Fenimore Coopers Hawkeye. Ihre Instinkte, die denen der Serienkiller gleichen, stellen sie in den Dienst der Gesellschaft, doch trotzdem bleiben sie genauso wie die Mörder selbst Außenseiter. Ihr Leben ist ein Drahtseilakt, der sie langsam aushöhlt und zerstört. Ihre Reisen in die Psyche der Serienverbrecher, deren Handlungen sie vorausahnen wollen, sind auch Trips in das Dunkel ihrer eigenen Seele und in das schwarze, alles verachtende Nichts, das der Kern unserer Existenz ist und dessen Dunkel in SILENT TERROR Dusenberry einfach verschluckt.

Will Graham, FBI-Agent a. D., der aufgrund einer Mordserie, bei der ein Killer immer in einer Vollmondnacht ganze Familien auslöscht, von seinem früheren Chef Jack Crawford zurückgeholt worden ist, schläft während eines Fluges vollkommen übermüdet beim Blättern in seinen Notizen ein. Er träumt von seiner Familie, seiner Frau und deren Sohn. Doch plötzlich sehen wir nicht mehr die beiden und ihren Hund, sondern die Fotos von einer brutal ermordeten Familie. Dann ertönt ein entsetzter Schrei, und wir merken, daß Will diese Bilder von Tod und Auslöschung nicht geträumt hat, sondern daß wir sie mit dem Blick eines kleinen, neben Will im Flugzeug sitzenden Jungen gesehen haben. In diesem einen Augenblick, in dem die Bilder einer glücklichen Familie im Kopf Grahams in die einer getöteten überzugehen scheinen, wird uns bewußt, wie nahe Figuren wie Graham am Abgrund leben. Auch wenn dies nur ein Montagetrick ist, so gewährt Michael Mann uns hier in MANHUNTER, seiner Verfilmung von Thomas Harris' RED DRAGON, einen Einblick in den Kopf der *profiler*, in denen diese Bilder nebeneinanderliegen.

Family values und der Wert der Familie

Einmal auf seiner amerikanischen Odyssee der Gewalt dringt Henry in das Haus einer Familie ein und tötet sie komplett. In diesem Augenblick nähert er sich den auf Familien spezialisierten Killern Francis Dolarhyde aus MANHUNTER und Charles Reese aus William Friedkins RAMPAGE an. Sein Haß auf die Menschen, der alle seine Handlungen in John MacNaughtons HENRY – PORTRAIT OF A SERIAL KILLER antreibt, entlädt sich hier in einer symbolischen Tat. Die Auslöschung ganzer Familien ist ein Angriff direkt ins Herz der amerikanischen Gesellschaft der 80er Jahre. Die Rückbesinnung auf die kleinste gesellschaftliche Einheit, die Amerika von Grund auf erneuern sollte, der konservative Terror der von Politikern und Predigern propagierten *family values* (Familienwerte) sind das Angriffsziel von Henry, Francis und Charles. Die Morde werden zum *statement*, zum perfekten Ausdruck der Negation aller gesellschaftlichen Werte und Konventionen, die die Serienkiller zum Prinzip ihres Lebens gemacht haben. Sie sind auch Vorstöße in das Innerste der Menschen, das Heim, das die aus der Mittelschicht kommenden Opfer der Killer versucht haben, in eine Festung gegen all das Böse auf den Straßen zu verwandeln. Mit den Morden geben sie der Gesellschaft zu verstehen, daß so etwas wie absolute Sicherheit nicht existiert. So treffen ihre Taten gleich doppelt. Sie zerstören in einem symbolischen Akt einen Kern der Gesellschaft und damit auch sie selbst, zugleich rauben sie allen anderen ihre Illusionen. Ihre Morde an Familien machen die Serienkiller zu reinen Anarchisten, deren Ziel das Chaos ist. Der vollkommene Nihilismus, der sie leitet, soll die ganze Gesellschaft erfassen.

Die Serienkiller in HENRY, MANHUNTER und RAMPAGE attackieren die Gesellschaft, von der sie sich abgesondert haben, von außen, versuchen ihr den Boden zu entziehen. Der Mann, der sich in Joseph Rubens THE STEPFATHER (dt.: KILL, DADDY, KILL!) Jerry Blake nennt, ist eine Stütze dieser Gesellschaft. Er verkauft den amerikanischen Traum von Sicherheit in einem glücklichen Heim in Form von Immobilien und Versicherungen und glaubt an die Bedeutung der Familie, an ihre Funktion innerhalb des großen Ganzen und an die Werte, die sie vermitteln kann. Deshalb sucht er Anschluß an alleinstehende Frauen, Witwen oder Geschiedene mit Kindern, denen ein Mann fehlt und die Hilfe suchen, um ihre Familie zusammenzuhalten. Doch wenn dann Schwierigkeiten auftauchen, seine rigiden Vorstellungen von familiärem Zusammenleben in Frage gestellt werden, reagiert er darauf, indem er seine ›Ersatz‹-Familie umbringt. Für Jerry Blake sind dies Morde im Dienste der Gesellschaft … er vernichtet die, die in sein konservatives Bild eines Norman-Rockwell-Amerika nicht hineinpassen … seine Mission ist nicht die Erschaffung eines Reichs des Nihilismus, sondern dessen Eindämmung, die Vernichtung des Subversiven. Er ist der Biedermann als Todesengel einer Gesellschaft, die sich selbst von innen zerstört … und THE STEPFATHER ist Joseph Rubens kleines subversives Meisterwerk – ein Film ganz im Geist von Henry, Francis und Charles.

Killing on TV

Geschichten einer unheiligen Allianz: Wayne Gale und M & M, das Fernsehteam und Benoit … NBK und C'EST ARRIVÉ PRÈS DE CHEZ VOUS (dt.: MANN BEISST HUND). Die Sucht nach Aufmerksamkeit, nach Berühmtheit um jeden Preis und die Sucht nach Sensationen, nach immer unvorstellbareren Stories machen Serienkiller und Fernsehmacher zu den idealen Partnern. Jeder von ihnen liefert dem anderen das, wonach dieser sich am meisten sehnt, und die Masse bekommt das, was sie will, was sie verdient … doch ganz so einfach ist das gar nicht. Immer wenn das Kino von den Verbindungen zwischen *true crime shows* und Serienkillern erzählt, wird es seltsam moralisch. Einmal ist der Reporter gleich der Teufel, ein anderes Mal wird das Fernsehteam zunächst zu Komplizen des Killers und schließlich selbst zu Mördern. Die Welt reduziert sich auf ganz einfache Erklärungsmuster. – Das eine: Die Sensationsgier der Medien macht Mörder zu Stars und die Welt zur Hölle … Das andere: Wer sich mit dem Bösen abgibt, kann nur selbst böse werden.

NBK und C'EST – Strategien einer Zähmung. Die Urgewalt der Liebe, die sich gegen die Liebenden selbst, aber auch gegen die Gesellschaft richten kann, nimmt in Mickey und Mallory Gestalt an … Romeo & Juliet *meet* Bonnie & Clyde. Die Liebe wird zum Amoklauf gegen die Gesellschaft, zum Sprengsatz in einer lieblosen Welt, zum archaischen Störfaktor in der zivilisierten Domestizierung der Gefühle und Leidenschaften. Der Keim des Wahnsinns, des alles vergessenden Blutrausches ist schon in uns und wird nicht erst von den Medien gesät – auch wenn dies Oliver Stone vielleicht lieber wäre.

Die schreckliche Banalität des Tötens. Benoit ist der Serienkiller als Vertreter, ein echter Jedermann, der zu jedem Mord noch den passenden, aus Kalendersprüchen zusammengebastelten Monolog hält – eine gerade in ihrer Durchschnittlichkeit erschreckende Figur, die uns davon erzählen könnte, daß Töten wirklich nichts Besonderes ist. Doch das Regie- und Autorenteam von C'EST, Remy Belvaux, André Bonzel und Benoit Poelvoorde, macht Benoit durch seinen Einfluß auf das Fernsehteam zum dämonischen Verführer, zur Inkarnation des Bösen, das wie ein Virus ist. In den halbdokumentarischen Bildern, die sich an die besorgten Linken und Intellektuellen richten, die schon immer wußten, daß mit dem Fernsehen endgültig der Untergang des Abendlandes begonnen hat, und deren vorgefertigte Meinung von C'EST bedient wird, verliert Benoit seine Banalität und damit aber auch seine Bedeutung.

Bobby und Sidney verbindet ein ganz besonderes Band. Zunächst ist alles für den arbeitslosen Schauspieler Bobby Mahon nur ein Job. Er spielt in der Reality-TV-Show ›Crimetime‹ die Taten eines brutalen Frauenmörders nach und wird dadurch zum Star. Auch Sidney, der Mörder, bewundert ihn und nimmt Kontakt auf zu Bobby, für den die Rolle immer mehr zur Realität wird. Anders als NBK und C'EST verdeckt in George Sluizers unterschätztem und mißachtetem CRIMETIME der Angriff auf die Medien nicht die Figuren. Der einsame, Augen sammelnde Mörder findet in Bobby den Sohn, den er nie hatte, einen Erben für sein blutiges Testament und eine verwandte Seele. Und Bobby selbst entdeckt den Killer in sich. Sein Spiel befreit das Verdrängte, das in den tiefsten Regionen des Unterbewußten Begrabene. Er wird zum Bindeglied zwischen uns und der verlorenen Seele Sidney und beschreitet dabei einen Weg, auf dem ihm jeder von uns folgen könnte.

Lovers in Arms

Destination: Love. Eine verschneite Straße in Wisconsin, eine Schwulenbar in New Orleans – Orte des Schicksals. An dem einen treffen sich Martin Michael Plunkett und Ross Anderson, an dem anderen Andrew Compton und Jay Byrne ... sinnstiftende Begegnungen ... Zielpunkte des Lebens ... Anfänge von Liebesgeschichten.

Die Suche nach Liebe. Sie ist das verborgene Zentrum vieler *serial killer stories*. Sie treibt den mißgestalteten Francis Dolarhyde genauso wie ›Buffalo Bill‹, den seine Homosexualität nicht akzeptierenden Stuart Richards in CRUISING genauso wie den Messias des Todes Eugene Hunt in Kathryn Bigelows BLUE STEEL, den MANIAC genauso wie den STEPFATHER. Sie sind Enttäuschte, Zurückgewiesene, deren Sehnsucht nach Liebe in Haß auf alle umgeschlagen ist. Manchmal töten sie Fremde, manchmal die, von denen sie nicht geliebt werden. Manche von ihnen geben sich wie Martin Michael Plunkett und Ross Anderson in SILENT TERROR vollkommen kalt, als seien sie an Liebe und Gefühlen gar nicht interessiert; andere wie Andrew Compton und Jay Byrne in Poppy Z. Brites EXQUISITE CORPSE suchen so verzweifelt nach Liebe, daß sie töten, um wenigstens eine Zeitlang nicht allein zu sein. Nur untereinander – scheinen uns SILENT TERROR und EXQUISITE CORPSE zu sagen – können sie wahre Liebe finden.

Dunkle Hymnen auf die Liebe erzählen James Ellroy und Poppy Z. Brite mit ihren Romanen. Mitten in einem Strudel aus Gewalt und Tod, Schmerz und Verzweiflung finden sich in ihnen zwei Männer, die nicht mehr an die Liebe geglaubt haben, für die das Töten zum Ersatz geworden ist, die wie Compton nur noch für Leichen Gefühle entwickeln können. Ihre Begegnungen bringen sie zurück in eine Welt, von der sie sich ausgeschlossen fühlten und die sie bewußt verlassen haben. Ihre Liebe füreinander macht diese unverwundbaren Maschinen des Todes wieder zu Menschen. Sie werden verletzlich. So beendet Martin nach der Verhaftung von Ross seine Odyssee durch Amerika mit einem aus Rachegelüsten geborenen Massaker und stellt sich dann selbst ... und Jay läßt all seine Vorsicht außer acht, um Andrew seine Liebe zu beweisen, und besiegelt so sein Schicksal.

Obwohl in SILENT TERROR die Liebe mit einem Verrat endet (... ein Sieg von Ellroys Zynismus, vielleicht auch ein Versuch, den Leser wieder etwas zu beruhigen und so seine Haltung zu den Serienmördern zu vereinfachen ...), ist sie doch der einzige Lichtblick in einer schwarzen Welt. Was hier nur angedeutet wird, hat Poppy Z. Brite etwa zehn Jahre später ausgeführt. Der Serienkiller-Roman als dunkel-romantische Phantasie, als alptraumhafter Traum von der Liebe am Ende des zweiten Jahrtausends. Eine unendliche Zärtlichkeit liegt in Andrews und Jays Brutalität. Ihre Liebe transzendiert ihre gemeinsamen Taten. Die Morde, die sie zusammen begehen, sind Opferungen auf Amors Altar. Wie Mickey und Mallorys Liebe, deren Teil und zugleich deren Ausdruck die Gewalt ist, gleicht auch die Andrews und Jays einem dionysischen Rausch, einer Rückgewinnung der ursprünglichen, heidnischen Kraft der Liebe, die das Christentum 2000 Jahre lang versucht hat zu zähmen.

Tabubrüche

Das Kino der Serienkiller ist immer auch ein Kino der Grausamkeit gewesen. Es ist lange Zeit – wenn es überhaupt Bestandteil der großen Hollywood-Produktionen war – das Abseitige im *mainstream* geblieben. Seine Geschichten gehen an Grenzen und über sie hinaus. Sie sind Provokationen, die sich wenig um Regeln und noch weniger um den sogenannten guten Geschmack scheren. So hat 1937 Louis B. Mayer den in seinem Studio gedrehten NIGHT MUST FALL, der zu den ersten amerikanischen Filmen über einen Serienmörder gehört, quasi unterdrückt und eine größere Kinoauswertung erst einmal verhindert. Auch danach haben Filme über Mordserien immer wieder für Aufsehen gesorgt und den Umgang mit Gewalt und Tod im Hollywood-Kino der großen Studios neu definiert: der Mord unter der Dusche in PSYCHO, die Bluträusche Stuart Richards in CRUISING, die Taten von Hannibal Lecter in THE SILENCE OF THE LAMBS, die Vergewaltigungsmorde in Kathryn Bigelows STRANGE DAYS – sie alle haben Maßstäbe gesetzt, die Grenzen weiter nach vorne getrieben.

Aber das Kino der Serienkiller ist auch eines des formalen, narrativen Tabubruchs. Die Ungeheuerlichkeit der Geschichten kann manchmal neue Formen des Erzählens fordern, Brüche mit alten Konventionen, die Regisseure ihren Bedürfnissen dann genauso opfern wie die Mörder das Leben eines anderen. Der Mord an Marion Crane in PSYCHO hat Kinogeschichte geschrieben – nicht nur aufgrund der Choreographie seiner Schnitte, vielmehr weil hier zum erstenmal im Hollywood-Kino eine Figur, die etwa eine halbe Stunde lang als Identifikationsfigur für den Zuschauer aufgebaut wurde, zum Opfer wird. Hitchcock bricht hier mit allen Sehgewohnheiten, führt uns unsere eigene Sterblichkeit, unsere Opferrolle, vor Augen. Die Stiche des Messers, die erst in unseren Köpfen ihr Ziel treffen, zerfetzten einen Körper und zugleich die Erwartungen des Zuschauers, und mit dem Blut spülte Hitchcock auch die von Erzählkonventionen ausgehende Sicherheit den Abfluß hinunter.

17 Jahre früher hatte schon ein anderer Hollywood-Serienkiller-Film mit dem klassischen Erzählverlauf gebrochen und damals noch mit einem Mißerfolg dafür bezahlt. THE LEOPARD MAN, Jacques Tourneurs und Val Lewtons Verfilmung von Cornell Woolrichs Roman BLACK ALIBI, war für 1943 nicht nur außergewöhnlich hart (wer einmal die Szene gesehen hat, in der das Blut eines jungen vor der Haustür getöteten Mädchens unter dem Türspalt ins Haus fließt, wird sie nie wieder vergessen), er zerstückelt auch seine große Geschichte in kleine *stories* und verliert gleich mehrmals seine Hauptfiguren scheinbar aus den Augen. Tourneur und Lewton führen hier zweimal junge Frauen ein, schenken ihnen beinahe eine ganze Rolle des Films und machen uns so mit ihren Sehnsüchten

und Ängsten vertraut, um sie dann brutal töten zu lassen. In der Zerplitterung der Handlung, der Vernachlässigung des zentralen Paares, der Episodenhaftigkeit der Struktur entsteht ein Abbild der Wirklichkeit, ein Porträt einer Welt, in der Serienmörder umgehen und jeder, besonders die Unschuldigen, zum Opfer werden kann. THE LEOPARD MAN ist schwärzester *film noir*, direkt aus der Hölle kommend, die wir selbst sind, Kino des Blutes und der Tränen, der Panik und des Wahnsinns, der Schuld und des Schmerzes.

Filme wie THE LEOPARD MAN und PSYCHO, PEEPING TOM und HENRY sind Pioniertaten. Sie haben die gleiche archaische und zerstörerische Kraft wie die Taten der Mörder in sich. Ihre Regisseure sind filmische Anarchisten, Subversive, die die bestehenden Regeln des Kinos einfach unterwandern und dabei die Karten neu mischen.

Sterbende Blicke

Mark Lewis ist ein Regisseur des Todes, ein Virtuose der Angst; seine Kamera ist Folterwerkzeug und Waffe zugleich. Er bannt das Unfaßbare auf Zelluloid, den Terror, die Verzweiflung, die mal stumme, mal schreiende Panik in den letzten Sekunden des Lebens. Während sich das am Stativ befestigte tödliche Stilett den Opfern immer mehr nähert, wirft – Quadrierung des Schreckens – ein über der Kamera befestigter Zerrspiegel ihr Entsetzen auf sie zurück, zwingt sie, sich selbst beim Sterben zuzusehen.

Mark Lewis ist ein kleines, verängstigtes Kind, Versuchsobjekt seines sadistischen Vaters, eines berühmten Psychologen. Dessen Studien über das Wesen der Angst basieren auf Film- und Tonbandaufnahmen von Mark in Momenten des Schreckens. Mark hat sich nie befreien können aus der Gewalt des Vaters, und nun setzt er die Versuche fort, treibt sie ins Extrem. Er ist Opfer geblieben und Täter geworden. Sein Geld verdient er als Kameraassistent in einem Filmstudio und als Fotograf von *dirty pictures* … die zwei Seiten seines Lebens:

ewiger Assistent seines Vaters auch noch nach dessen Tod, sein eigener Herr nur als sadistischer Täter ... auch die zwei Seiten seiner Filme: objektive Versuchsprotokolle und reinste Pornographie des Todes – zwei Seiten, die Michael Powell, der Regisseur von PEEPING TOM, nur zeigt, aber niemals kommentiert. Dies hat seine eigene glanzvolle Karriere ruiniert.

In dem Jahr, in dem Hitchcock mit PSYCHO ein erzählerisches Tabu gebrochen hat, was ihm Publikum und Kritik – wenn auch zögerlich – nicht nur verziehen haben, sondern hoch anrechneten, brach Powell mit dem verlogenen moralischen Tabu, daß man Mörder zumindest filmisch verurteilen muß, und zog damit einen fast unvorstellbaren Haß auf sich. »PEEPING TOM ist vor allem der Film eines Cineasten. Was die englischen Kritiker ›schockierte‹, ist, daß ich die Personen mit einem unschuldigen Auge sah, einfach so. Sie wollten natürlich, daß ich ein Urteil fällte; dessen habe ich mich enthalten.« (Michael Powell)

Vielleicht ging die Verstörung aber noch viel weiter, noch viel tiefer. PEEPING TOM ist eine Elegie über das Wesen des Kinos, über die unbeteiligte Grausamkeit der Kamera, deren Objektiv das kälteste aller Augen ist. Er führt uns das schonungslos vor, was wir insgeheim alle wissen: Ins Kino gehen heißt auch, dem Tod bei der Arbeit zuzusehen. Die Kälte des Zelluloids ist die der Serienkiller.

Die Welt ist ein Film

In einer kleinen Stadt irgendwo in Amerika. Eine Schülerin, die gerade alles für einen Videoabend mit ihrem Freund vorbereitet, erhält einen anonymen Anruf. Ein perfides Spiel beginnt, bei dem ihr der Anrufer unter anderem Fragen zu *slasher movies* stellt – der bei falschen Antworten fällig werdende Einsatz ist das Leben ihres Freundes und ihr eigenes. Am Ende dieser *tour de force* des Schreckens wird seine Leiche neben dem Pool liegen und ihre von einem Baum herunterhängen. Es ist eine Nacht des Wahnsinns, aber auch der Methode, nach der der kleine idyllische Ort nicht mehr der gleiche ist. Die Wirklichkeit hat sich in das Drehbuch eines *splatter* und *slasher movie* verwandelt. Auf dessen Höhepunkt wird eine Gruppe von Jugendlichen von zwei Serienkillern, *slashers*, dezimiert, während sie sich HALLOWEEN ansieht. Der Satz »Es ist nur ein Film«, diese Selbstversicherung des Zuschauers, wird zu: Es ist ein Film. Das Leben funktioniert in diesem Moment nach den Regeln der Fiktion, die mächtiger als die Realität geworden ist. Dabei sind die beiden jugendlichen Mörder in Wes Cravens SCREAM nicht die Produkte von verrohenden, falsche Vorbilder liefernden Fiktionen. Sie sind Serienkiller, die schon einmal – ohne Filmbildern zu folgen – vergewaltigt und gemordet haben. Sie verwischen die an sich schon unklar gewordenen Grenzen zwischen Serienkiller-Realität und -Fiktion noch ein bißchen weiter.

Vielleicht sollten wir SCREAM auch als eine erschreckende Vision einer Rache, die eigentlich nur eine Umdrehung von Voraussetzungen ist, lesen. Die Industrie der Popkultur hat den Serienkiller zu einer Ikone gemacht und gleichzeitig in *slasher movies* ›ausgebeutet‹, nun beuten die Killer die Filme aus und stellen dabei das Verhältnis von Realität und Fiktion auf den Kopf. Es könnte aber auch sein, daß es gar nichts auf den Kopf zu stellen gibt, wenn tatsächlich – wie einer der Mörder sagt – »die Welt ein Film ist«.

Dieses unsichere, verunsichernde »Wer bin ich?«

Die Geschichte eines langsamen Verlustes von Identität, eine Geschichte in Andeutungen – auch eine Geschichte von Identitätskonstruktion, eine Geschichte in drastischen Bildern. Wie auf zwei aus unterschiedlichen Richtungen kommenden Bahnen bewegen sich der Polizist Steve Burns und der Killer Stuart Richards in William Friedkins CRUISING langsam aufeinander zu.

Die Geschichte des jungen, mit seiner Freundin zusammenlebenden Cops, der von seinen Bossen *undercover* geschickt wird, der in das Milieu der New Yorker Lederschwulen eintauchen und einen brutalen Serienmörder finden soll, ist eine der immer weiter gehenden Verunsicherungen. In Momenten, die mehr andeuten als offenlegen, erzählt Friedkin vom systematischen Zerbrechen einer scheinbar gefestigten Welt. Der heterosexuelle Steve Burns verliert immer mehr die Beziehung zu seiner Freundin, wird immer aggressiver, als müßte er sich dadurch versichern, daß er nicht schwul ist. Der Polizist Steve Burns verschwindet immer mehr in einer Welt, in der es das Schwarz und Weiß von Verbrechen versus Gesetz nicht gibt, in der Gewalt seinen Reiz hat.

Parallel dazu streifen wir durch den Blick der subjektiven Kamera mit den Augen des Mörders durch die New Yorker Lederszene. Wir begleiten ihn bei seinem *cruising*, das eine Suche ist nach Opfern. Mit ihm betreten wir die Pornokabine in den Hinterräumen eines S/M-Clubs und folgen mit seinen Augen den Messerstichen, mit denen er seinen Begleiter umbringt. Dann wird das Bild von Blut überschwemmt, die Welt verschwindet im Rot. Die Wurzeln seiner Taten liegen in der Beziehung zum Vater, der ihn überschattet und den er haßt. Mit den Morden konstruiert er sein Ich, seine Persönlichkeit.

Irgendwann kreuzen sich ihre Bahnen, und Burns bringt Richards zur Strecke; doch die Morde gehen weiter. Auch wenn wir es nicht sehen, gibt es doch keinen Zweifel daran, daß nun Steve zum Mörder geworden ist … eine neue Identitätskonstruktion hat begonnen. Die Strategie der doppelten Verstörung, die Parallelisierung von Identitätsverlust durch ein Leben in der Präsenz des Verdrängten und von Identitätsfindung durch Gewalt, zeigt ihre Wirkung. Die Fragen nach dem, wer man ist und was in einem schlummert, lassen sich nicht mehr so leicht und sicher beantworten. Die Rückkehr des Unterdrückten ist etwas, womit man immer rechnen muß.

Der Serienkiller in uns

Die Verunsicherung, die CRUISING auslösen will, ist in Peter Milligans Comicserie SHADE. THE CHANGING MAN einer Gewißheit gewichen. Jeder von uns könnte im Laufe seines Lebens zum Mörder, auch zum Serienmörder, werden. Die Impulse, die diese rücksichtslos ausleben, existieren auch in uns. Daran besteht für den englischen Comicautor kein Zweifel. SHADE, sein bisheriges Opus magnum (die Serie umfaßt 70 Hefte, von denen bisher nur vier in Deutschland in einem Sammelband erschienen sind), ist Ausdruck dieses düsteren Wissens und gleichzeitig ein Spiel mit den daraus resultierenden Konsequenzen.

SHADE beschreibt eine Odyssee durch das Amerika der frühen 90er Jahre, ein Land, das von seiner Popkultur nicht mehr zu trennen ist, ein Land, das mehr wirklichkeitgewordene Fiktion als echte Realität ist. Zwei derer, die sich auf diese Odyssee begeben, sind Kathy George und der von dem Planeten Meta stammende Shade. Freundschaft und Liebe verbinden die beiden, aber auch ein dunkleres Band existiert zwischen ihnen. Bei seiner Ankunft auf der Erde hat Shade den Körper des gerade hingerichteten Troy Grenzer übernommen, des Mörders, der Kathys Eltern auf dem Gewissen hat. Und auch wenn Troy eigentlich tot ist, lebt doch ein Teil von ihm in Shade weiter, ein Teil, der zu gewissen Zeiten sogar die Macht hat, die Kontrolle über seinen alten Körper zurückzugewinnen. Die Auseinandersetzungen mit Troy, dem Fremdkörper in ihm, führen Shade in einer der Geschichten im wahrsten Sinne in sein innerstes Inneres. Das Unterbewußtsein nimmt hier Gestalt als Gefängnis an, in das wir all unsere dunklen, gefährlichen Triebe einsperren. Es ist ein Hochsicherheitstrakt des zivilisierten Ichs, eine Kerkerhöhle, die in den Bildern des Zeichners Chris Bachalo sogar eine entfernte Ähnlichkeit hat mit dem Zellenblock aus Jonathan Demmes THE SILENCE OF THE LAMBS. Dorthin verbannt der Superheld Shade Troy, den mörderischen Teil seines Ichs, doch eine 100prozentige Garantie der Kontrolle gibt ihm auch das nicht.

Es ist das Wissen um die andere Seite seiner Persönlichkeit, die Shade zu einem nicht geringen Teil antreibt. Und Milligan hat in dieser Figur des zerrissenen Superhelden mehr als nur ein Bild für unsere ›Dr. Jekyll und Mr. Hyde‹-Mentalität, die ein Teil der Conditio humana ist, gefunden. Die Mythen der Popkultur, um die SHADE kreist, erklären sich selbst. Das Wechselspiel von Mythos und Wirklichkeit wird offensichtlich in Milligans Geschichten und Bachalos Zeichnungen.

Jeder kann zum Opfer werden

Die Kehrseite der verdrängten zerstörerischen Triebe, der Killermentalität: der bewußte oder unbewußte Hang zur Selbstzerstörung, die Opfermentalität. Frannie ist der Inbegriff der modernen ›emanzipierten‹ Frau. Anfang bis Mitte 30, geschieden, gut aussehend, lebt sie allein in einer kleinen Wohnung in New York. Sie unterrichtet *creative writing* am College und arbeitet selbst an einer Studie über Regionalsprachen und *slang*-Formen in der Stadt und dem Staat New York. Ein voyeuristisches Erlebnis in einem Hinterzimmer einer Bar – sie beobachtet, wie eine Rothaarige einem Mann mit einer markanten Tätowierung am Handgelenk einen *blow job* gibt – erfaßt sie gleich einem Strudel und zieht sie in eine Welt der Obsessionen und nur noch leicht verhohlenen sexuellen Gewalt. Ein paar Tage später erscheint ein Polizist der Mordkommission bei ihr. Von ihm erfährt sie, daß die Rothaarige brutal ermordet wurde und daß sie möglicherweise eine Zeugin sei, da sie in der gleichen Bar wie das Opfer gesehen wurde. Am Handgelenk des Polizisten erkennt sie relativ schnell das Tattoo wieder, sagt aber nichts. Trotzdem läßt sie sich auf eine Affäre mit ihm ein und gerät dabei immer mehr in den Bannkreis des Mörders.

Susanna Moores Roman IN THE CUT (dt.: AUFSCHNEIDER) ist eine Provokation. In der Ich-Form erzählt, beschreibt er den Weg einer selbstbewußten Frau in den Tod durch die Hände eines Serienkillers. Frannies Entscheidungen sind irrational, als hätte sie die Gefahr regelrecht gesucht. Sie läßt sich immer weiter in dem Strudel treiben, der sie erfaßt hat, obwohl sie sich unterbewußt ihrer Situation schon klar ist und ihren Liebhaber, ohne es sich selbst einzugestehen, als Mörder verdächtigt. Ihre Leidenschaften machen sie blind, und als sie ihren Verdacht äußert, macht sie den entscheidenden Fehler.

Susanna Moore wagt hier die Auseinandersetzung mit dem aus dem öffentlichen Bewußtsein weitgehend verdrängten, von feministischer Seite teils tabuisierten Thema des weiblichen Masochismus. Doch ihr Roman ist mehr als nur die Chronik einer verhängnisvollen Affäre, in die sich Frannie aus selbstzerstörerischen Impulsen stürzt. Er ist eine Expedition in die versteckten masochistischen Seiten unserer Psyche, ein Versuch der Klärung des Rätsels, warum wir – und auch das gilt prinzipiell wieder für jeden von uns – so leicht zu Opfern werden können. So wie der Serienkiller schlummert auch das Opfer in uns als Teil unseres archaischen, unterbewußten Ichs.

Let's come together

Irgendwo im Herzen Amerikas, in einem kleinen Motel in der kleinen Provinz findet sie statt, die *Cereal Convention*, die – wenn man es wörtlich ins Deutsche übersetzt – Tagung für Hersteller von Frühstücksgetreideflocken. Doch eine solche Übersetzung ist nur eine falsche Fährte, die die perfide Tarnung der Tagenden sprachlich zementiert. *Cereal* klingt im Amerikanischen beinahe wie *serial*. Was also wirklich in diesem Motel stattfindet, ist etwas Einmaliges, eine erschreckende, faszinierende Fiktion: eine Tagung der *serial killers*, ein Zusammentreffen der bekanntesten oder berüchtigtsten Serienmörder Amerikas. Hier können sie, die *collectors*, die Sammler, wie sie sich selbst nennen, sich kennenlernen, Erfahrungen austauschen, sich entspannen bei Filmen wie DON'T LOOK NOW (dt.: WENN DIE GONDELN TRAUER TRAGEN), THE COLLECTOR (dt.: DER FÄNGER), MANHUNTER, IN COLD BLOOD (dt.: KALTBLÜTIG) oder COMPULSION (dt.: DER ZWANG ZUM BÖSEN) und sich weiterbilden bei Podiumsdiskussionen über die richtige Beseitigung von Leichen, über die Rolle von Frauen in dieser Männerpassion, über die Anwendung von Unzurechnungsfähigkeitsklauseln im Fall ihrer Verhaftung sowie über die religiösen Aspekte ihrer Tätigkeit.

Die Grenzen zwischen Wahnsinn und Normalität existieren hier nicht mehr. Die grundsätzliche Idee der Tagung, alle erreichbaren Serienmörder an einem Ort zu versammeln, die ein Traum des veranstaltenden Serienkillers war, ist höllischer Irrsinn. Die Methode, die hinter ihrer Organisation steht, ist Ausdruck der reinen Normalität, zu der der Wahnsinn längst geworden ist. In Aufbau und Ablauf unterscheidet sich *Cereal Convention* nicht von einer tatsächlichen Tagung für Hersteller von Frühstücksgetreideflocken, und wahrscheinlich unterscheiden sich selbst ihre Teilnehmer nicht so sehr von denen anderer *conventions*.

Vielleicht die letzte Konsequenz unserer Besessenheit, unserer obsessiven Beschäftigung mit Serienkillern und ihren Taten: die Normalität holt das Grauen ein; ein Alptraum wird Realität. Die *Cereal Convention* in Neil Gaimans SANDMAN-Comics als eine der ultimativen Phantasien über die Bedeutung der Serienkiller in der Popkultur, grausige Satire und schrecklich komischer Horror. Dämonisierung und Banalisierung des in Serie tötenden Menschen, des archaischen Sammlers und Jägers in unserer modernen Gesellschaft, hier werden sie eins. Die Rückblicke auf die Taten der Tagenden sind erschreckend: Die Grausamkeit der Morde macht sie zu menschlichen Monstern; die gegenwärtigen Blicke auf ihr Verhalten bei der Tagung sind aber genauso erschreckend: Die Banalität ihres Auftretens, ihre tiefsitzende Durchschnittlichkeit macht sie zu monströs-alltäglichen Menschen.

Ein Messias des Mordens

Ein Hannibal Lecter des *white trash* ist Daryll Lee Cullum, ein Serienkiller, der im Hochsicherheitstrakt von San Quentin sitzt. Er ist der Prototyp des Stars unter psychosexuellen Mördern. Ein Mann, der wie eine noch schmierigere, animalischere Version der Kino- und Popstars der 50er Jahre wirkt. Das hat ihn zum Traum aller Mädchen und jungen Frauen gemacht, die ihre Probleme in der Welt nicht allein bewältigen können, all der Caril Ann Fugates und Mallorys, die ihren Charlie Starkweather oder ihren Mickey suchen. Von ihnen erhält er Unmengen Liebesbriefe und Heiratserklärungen. Aber nicht nur Darylls *white trash sex appeal* wirkt wie ein Magnet. Er übt eine Faszination aus, die weit über die Backfischträume verlorener Mädchen von einem wilden Leben und noch wilderem Sex hinausgeht. Er ist ein dunkler Messias, ein Fischer von Seelen, dem all die verlorenen amerikanischen Jungen, die die forensische Psychologin Dr. Helen Hudson mit dem Titel ihres Buches OUR SONS, OUR KILLERS meint, gerne folgen und dienen möchten. Auch sie schreiben ihm Briefe, die sie mit Namen wie Peter Kürten oder einfach nur Jack unterzeichnen. In ihnen huldigen sie ihrem Meister, lobpreisen ihn und dienen sich ihm dabei an.

Einer von Darylls Jüngern, der unscheinbare Peter Foley, der sich in seinen Briefen Peter Kürten nennt und den die Öffentlichkeit als ›Copycat Killer‹ kennt, hat etwas von einem postmodernen Aktionskünstler. Seine Morde sind Kunstwerke der Gewalt, exakte Reproduktionen von Verbrechen, die Albert De Salvo, Bianchi und Buono, David Berkowitz, Jeffrey Dahmer, Ted Bundy begangen haben. Sein Meisterwerk soll der Mord werden, den sein Messias nicht vollenden konnte, der an der Psychologin und Spezialistin für Serienkiller Dr. Helen Hudson.

Jon Amiels COPYCAT (dt.: COPYKILL) ist selbst auch ein grandioser *copycat*-Film. Eine postmoderne Serienkiller-Fiktion, die die mythischen Motive ihrer Vorgänger zusammen-

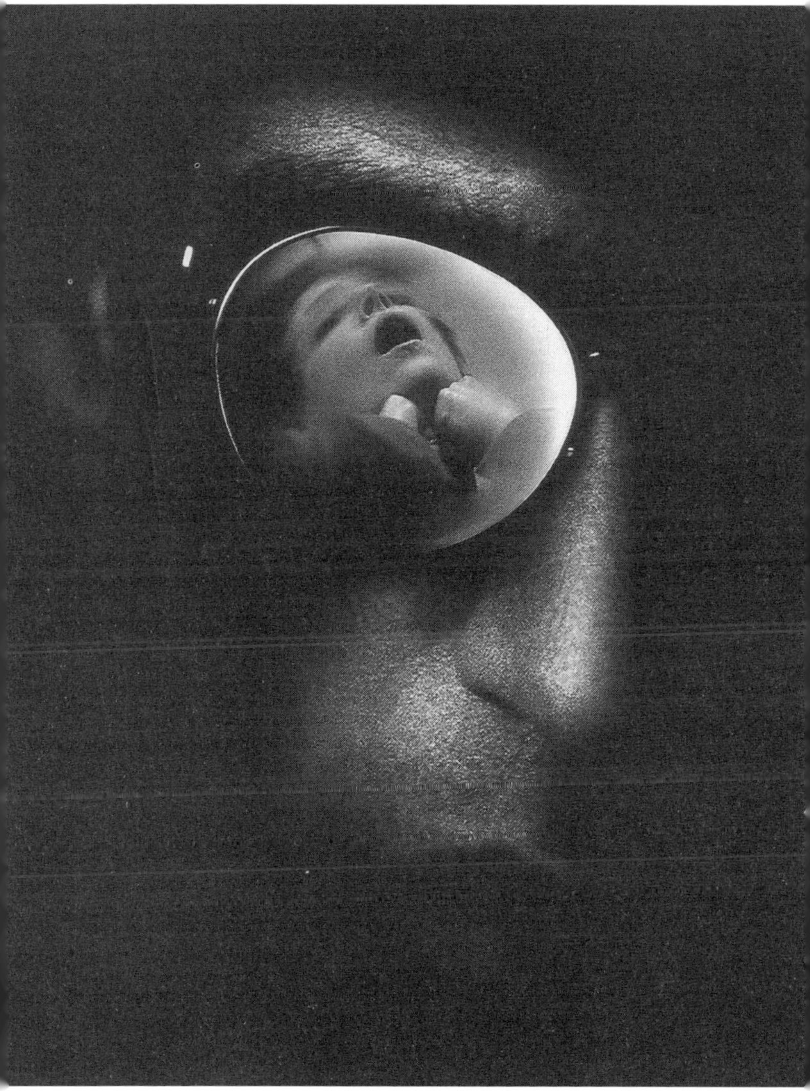

Ein direkter Blick in die Gedankenwelt eines brillanten Killers (hier zu sehen auf dem COPYKILL-Filmplakat).

bringt, zur endgültigen Vision vom Serienkiller als alltäglichem Anti-Christus und zerstörendem Schöpfer-Künstler verbindet. Foley ist der Warhol unter den multiplen Mördern, ein Pop-art-Künstler des seriellen Tötens, der sich eine Zeile aus dem Police-Song *Murder by Numbers* zur Leitlinie gemacht hat: »You can turn murder into art …« Daryll Lee Cullum dagegen ist der Bote des kommenden Untergangs der Gesellschaft, nicht als intellektueller Prophet, der Legion werden will, sondern als messianisches Produkt des gesellschaftlichen Status quo der Zerstörung. Jede seiner Handlungen, jedes seiner Worte sagt nur eins: John Doe, die letzten Tage sind längst angebrochen!

Der Preis der Reinigung

»Das Manhattan-Markennamen-Massaker« nennt Claudius Seidl einen Text über Bret Easton Ellis' Roman AMERICAN PSYCHO. Eine Verschiebung deutet sich an. Patrick Bateman, der *american psycho*, tötet zwar Menschen, schlachtet sie regelrecht ab und frönt seinen sadistischen Neigungen in bislang unvorstellbarer Art in den literarischen Zirkeln der beginnenden 90er Jahre. Aber sein Schöpfer Bret Easton Ellis hatte ein anderes Ziel, ein anderes Opfer als die Frauen und Männer, die von Bateman gefoltert, zerrissen und zerlegt werden, im Visier. Die Massakrierung der Markennamen, die Vernichtung einer Lebensform, die Auslöschung eines Jahrzehnts, davon träumte Easton Ellis, als er mit Patrick Bateman ein Monster ohne Eigenschaften, einen Menschen ohne Identität jenseits von Marken und Morden schuf.

Patrick Bateman ist der Mann seines Jahrzehnts. Er ist all das, was unzählige sein wollten – reich, gebildet, erfolgreich, kultiviert, unabhängig, jung. Sein Job an der Wall Street bedeutet Prestige und noch mehr Geld; seine Wohnung und seine Kleidung, ein eklektisches Ensemble von Markenstücken, signalisieren, daß er es geschafft hat; seine Freunde und Freundinnen gehören alle zu der gleichen Clique der Jungen und (Erfolg-)Reichen, die alle die gleichen Jobs, die gleich eingerichteten Apartments haben und die gleichen Modedesigner bevorzugen. Gemeinsam ergeben sie eine stromlinienförmige, gesichtslose Masse, in der jeder mit jedem verwechselt wird. Nur seine Morde reißen Patrick Bateman aus dieser uniformierten Welt der Oberflächlichkeit, der von einem glitzernden Schein überzogenen Leere heraus, geben ihm eine Identität jenseits der Äußerlichkeiten.

Der Ton Patrick Batemans ändert sich nie in AMERICAN PSYCHO, seine Sprache bleibt immer gleich unbeteiligt, ob er nun die Markennamen seiner Kleidungsstücke, seiner Toilettenartikel oder seiner elektrischen Geräte aufzählt, ob er über die Musik von Genesis, Huey Lewis and the News oder Whitney Houston ›philosophiert‹, oder ob er einen seiner Morde bis ins kleinste bestialische Detail beschreibt. Damit wird sie zur eigentlichen Waffe Bret Easton Ellis'. Die Sprache der Greuel, die Aufzählung von Waffen und Folterwerkzeugen, von Farben und Formen von Wunden zerstört alle anderen Worte, ob sie nun Designermode und Markenartikel bezeichnen oder in der affirmativen Sprache der Werbung und Musikmagazine Musiker und ihre Songs beschreiben. AMERICAN PSYCHO ist ein Roman als sprachliches Purgatorium, als unsere Gedanken und Ideale reinigen wollendes Fegefeuer. Für Bateman, den Verlorenen, der nur noch weitermachen kann, mag es am Ende keinen Ausgang geben aus Ellis' Danteschem New York, er wird für immer im siebten Kreis der Hölle bleiben, doch wir sollen gereinigt, befreit von den 80ern diesen Roman weglegen. Die Hölle hat sich vor unseren Blicken aufgetan, das Fegefeuer ist durchschritten – alles kann noch einmal von neuem beginnen.

Der Geschmack von Menschenfleisch

»[...] Entgegen allen Klischees glaube ich, daß die Medien jede Glorifizierung von Mördern und Gewalt *ängstlich vermeiden*. Die amerikanische Nachrichtensendung ›Inside Edition‹

hat ein Interview mit Jeffrey Dahmer ausgestrahlt. Sie wollten gute Einschaltquoten haben und wußten genau, daß ein enormer Teil ihres Publikums an Dahmers ›Enthüllungen‹ ein großes Interesse hatte. Aber ihr Reporter fühlte sich verpflichtet, ihm moralische, nichts enthüllende Fragen zu stellen, anstatt sich nach Dingen zu erkundigen, die wirklich jeder wissen wollte – zum Beispiel natürlich: ›Wie hat es geschmeckt?‹« (Poppy Z. Brite)

Die Skrupel der Medien, die Heiligkeit einiger letzter Tabus, dieses moralische Zögern, sie schaffen einen allerletzten weißen Fleck auf der Landkarte der menschlichen Obsessionen, eine Terra incognita, die nur Künstler, Schriftsteller noch eher als Filmemacher, erforschen können. Romane wie AMERICAN PSYCHO und IN THE CUT, Filme wie MANIAC oder HENRY sind die Berichte von diesen Reisen auf die Nachtseite unserer Psyche. Doch der Roman, der bisher vielleicht am weitesten in das Herz der Finsternis der menschlichen Existenz vordringt, ist Poppy Z. Brites EXQUISITE CORPSE (der bezeichnenderweise auch noch nicht in Deutschland erschienen ist).

Moral und moralische Bewertung machen das Leben vielleicht einfacher, sie können Sicherheit und Geborgenheit und ein Gefühl der Überlegenheit geben, die Auseinandersetzungen mit dem Fremden und Bedrohlichen überflüssig machen, aber dem wirklichen Wesen der Welt und unserer Rolle in ihr wird man mit ihnen nie beikommen können. Das Leben eines Serienkillers findet in einem absolut moralfreien Raum statt, und nur wenn wir uns unter Aufgabe aller moralischen Vorstellungen und aller Ambitionen zu urteilen in ihn begeben, werden wir vielleicht die Chance haben, einen Serienmörder und seine Taten zu verstehen.

In einem solchen Universum ohne Moral spielt EXQUISITE CORPSE. In ihm bewegen sich die beiden schwulen Serienkiller, der Engländer Andrew Compton und der Amerikaner Jay Byrne, genauso wie der junge masochistische Tran und der AIDS-kranke Poet Luke Ransom. Es ist ein aus dem Geist des strahlenden Nihilismus und der wundervollen Melancholie geborenes Universum der Einsamkeit und Verzweiflung, der Liebe und des Sadismus, der Schmerzen und des Todes. Es gibt keinen Bezugspunkt mehr in einer anderen, ›normalen‹ Welt, weil sie eben gar nicht existiert und niemals existiert hat, außer in den Vorstellungen einiger selbstgerechter Moralisten und Lügner.

Compton und Byrne sind fiktive, poetische Entwürfe von Dennis Nilsen und Jeffrey Dahmer, Versuche, diesen seelenverwandten Einsamen, die die Medien zu mörderischen Monstern gemacht haben, ihre Menschlichkeit zurückzugeben, die ihre Taten eben nicht ausschließt. EXQUISITE CORPSE ist eine Liebesgeschichte in Nekrophilie und Kannibalismus, eine Hymne auf jede Art des Lebens in einer Welt des Todes. Dabei sind uns die ›Täter‹ Andrew und Jay genauso nahe wie Tran und Luke. Manchmal glaubt man sogar, beim Lesen fast den Geschmack von Menschenfleisch auf der Zunge zu haben, und was das bedeutet, kann jeder nur für sich allein entscheiden.

Die unfaßbare Schönheit des Schrecklichen

Er nennt sich John Doe und hat sich damit selbst den Namen gegeben, der sonst nur für noch nicht identifizierte männliche Leichen verwendet wird. Die ›John Does‹ der Leichenhallen sind nur noch leere Hüllen; ihre Vergangenheit, ihre Identität haben sie zusammen mit ihrem Leben verloren … ›John Doe‹ könnte jeder sein, und jeder kann zu ›John Doe‹ werden. Ein Mann ohne Vergangenheit und Identität ist auch der, der sich noch im Leben John Doe nennt. Er will ein moderner Jedermann sein, Vorbild für all die anderen, die unsere Welt nicht mehr ertragen und das Gericht über sie bringen wollen. Um sich herum sieht er nur noch Verfall und Verkommenheit, Krankheit und Korruption, Leben, die beherrscht werden von Maßlosigkeit, Habsucht, Trägheit, Stolz, Neid, Lust, Zorn, die ganz im Zeichen der sieben Todsünden stehen. Deswegen hat er sieben Menschen ausgesucht, die in symbolischen Akten den Tod, den ihre Sünde in seinen Augen mit sich bringt, sterben sollen. Seine Morde sind Inszenierungen der Hölle, aktionistische Installationen aus Fleisch und Blut in Räumen, die Museen der Strafe und des Todes sind.

SE7EN ist ein Film der schleichenden Apokalypse, ein verstörendes Menetekel vom nahenden Ende, eine Führung durch die Hölle, die wir in jeder Großstadt finden können und vor der wir in der Wirklichkeit unsere Augen verschließen. Erst in der Stilisierung der Kunst, nach dem Verlust ihrer Gewöhnlichkeit wird diese Unterwelt faszinierend, dann können wir uns in ihr verlieren. Die Ästhetik des Schrecklichen, sie erfaßt uns beim Betrachten der Bilder von Breughel, Goya und Bacon, beim Lesen der Texte von Dante, Milton und Shakespeare, beim Sehen von David Finchers Höllenvision.

John Doe ist ein Künstler, seine Morde sind Werke von intensivster innerer Ästhetik, die uns eine schmerzliche Schönheit im Häßlichen entdecken lassen. Die Opfer der Sünden Maßlosigkeit, Habsucht, Trägheit, Stolz und Lust arrangiert er in ihren Räumen, die wie Spiegel ihres Lebens und Sterbens wirken, als Skulpturen des Todes. Sie sind Exponate in der Ausstellung der höllischen Wirklichkeit. David Fincher und sein Kameramann Darius Khondji fangen sie in Bildern ein, die getaucht sind in Dunkel, das nur von einzelnen schmerzenden Lichtstrahlen erhellt wird, die mehr andeuten als zeigen, uns diese Kunstwerke im Kopf nachbilden lassen. Nur ganz selten werden sie direkt wie in dem Moment, in dem die vermeintliche Leiche des der Trägheit Schuldigen wieder zum Leben erwacht. Die Poesie der Gewalt liegt hier gerade im Indirekten, in unserer eigenen Vertrautheit mit ihr, die uns die wahrgenommenen Splitter zu einem ästhetischen Gesamtkunstwerk zusammensetzen und ergänzen läßt.

Aber es gibt auch noch die Notizbücher von John Doe, diese aus Texten und Bildern, Fotos und wissenschaftlichen Abbildungen, Diagrammen und Reproduktionen von Kunstwerken zusammengefügten dunklen Poesiealben, die Fotos, die er vor und während seiner Taten macht, und die Fotos, mit denen Polizeifotografen das Geschehen an den einzelnen Tatorten festhalten, verewigen und noch einmal weiter ästhetisieren. Außer einzelnen Fotos und verstreuten Seiten sieht man von all dem im Film fast gar nichts. Aber das Material existiert und wurde auf der amerikanischen Laser-Disc Special Edition von SE7EN zu großen Teilen veröffentlicht. So kann man sich nun die Serien von Fotos ansehen, in denen John Doe das langsame Sterben des ›Trägheit-Opfers‹ einfängt, das Leben der Prostituierten dokumentiert, die der Sünde der Lust schuldig ist, und in denen die Details der äußerst realistischen Tatorte festgehalten sind. Meist sind es schmutzig-realistische, aber trotzdem stilisierte Bilder, die an Fotos von Verbrechen erinnern sollen, welche noch aus der Zeit der Jahrhundertwende stammen. Jedes dieser Fotos, die teilweise bewußt mit Kameras aufgenommen wurden, die verzerrte, unscharfe Bilder liefern, die zum Teil auch mit Doppelbelichtungen arbeiten, ist für sich genommen wieder ein Kunstwerk, ganz direkter Ausdruck der Poesie der Gewalt. Die Fotoserie, die Melodie McDaniel von der Folterung des Anwalts gemacht hat, gleicht dabei einem Gedicht in Bildern, einer Elegie über die schreckliche Schönheit von Schmerz und Tod.

PS

Post scriptum – wörtlich: nach dem Geschriebenen, aber auch: seit dem Text ... Bezeichnung für das Vergessene, nachträglich Angehängte, das längst schon gesagt hätte sein sollen. Und tatsächlich hätte mit den Hinweisen auf die SE7EN-Fotos wirklich Schluß, Ende, Finis sein sollen, und irgendwie war es das auch ... doch dann eine zufällige (?) Entdeckung: ein perfektes Epitaph für diese Ideen, die eben schon ein anderer vor über fünf Jahren gedacht hat:

»Hannibal Lecter – Die Sucht nach Thrill und Gewalt, der Ekel an der Ödnis der demokratischen Stagnation und Korrumpierung, der Wunsch, jenseits der Norm dem Leben ein Stück von dem großen Fest wiederzugeben, macht den Serial

Killer zum Heldentypus Nummer eins der neunziger Jahre, nicht nur in USA, bald auch bei uns. Wenn man dann (im Gegensatz zu HENRY – PORTRAIT OF A SERIAL KILLER) das Monster noch mit Intellekt, Bildung und Charme, sogar mit einem gewissen Sex-Appeal ausstattet, ist eine Ikone geschaffen. Die Mädels werden feucht im Kino – und die Jungs üben Hannibals Grimassen vor dem Spiegel ein.« (Helmut Krausser)

Kein Ende …

General Credits

Lance Henriksen als Frank Black
Megan Gallagher als Catherine Black
Brittany Tiplady als Jordan Black
Terry O'Quinn als Peter Watts
Bill Smitrovich als Lieutenant Robert ›Bob‹ Bletcher
CCH Pounder als Cheryl Andrews
Stephen James Lang als Detective Giebelhouse

Producer/Creator: Chris Carter
Musik: Mark Snow

MLM 100:
Supervising Producer: John Peter Kousakis
Co-Executive Producer: David Nutter
Kamera: Peter Wunstorf
Production Designer: Gary Wissner

MLM 101–121:
Editors: Stephen Mark, George Richard Potter, Chris Willingham A. C. E.
Production Designer: Sheila Haley (MLM 101–111), Mark Freeborn (MLM 112–121)
Kamera: Robert McLachlan
Associate Producer: Jon-Michael Preece
Consulting Producer: Ted Mann
Consulting Producers: James Wong & Glen Morgan (MLM 101–113)
Co-Producer: Ken Dennis
Co-Producer: Chip Johannessen
Co-Producer: Frank Spotnitz
Co-Producer: Robert Moresco (MLM 114–121)
Co-Executive Producer: Jorge Zamacona (MLM 101–112)
Co-Executive Producer: Ken Horton
Co-Executive Producer: John Peter Kousakis
Creative Consultant: Walon Green (MLM 118–121)

Die Episoden

MLM-100 »Der Jüngste Tag« (Pilot aka The Frenchman)

Erstausstrahlung USA: 25.10.1996
Drehbuch: Chris Carter
Regie: David Nutter
Gaststars: Terry O'Quinn (Peter Watts), Don Mackay (Jack Meredith), Mike Puttonen (Pathologe Massey), Jared Blancard (junger Mann im Ruby Tip), Jim Thorburn (Mann im Sarg), Kimm Wakefield (junge Frau), John Destry (Autofahrer auf der Brücke), Liza Huget (Krankenschwester), Jim Filippone (Hubschrauberpilot)

Inhalt: Eine Peep-Show, irgendwo in einer dunklen und engen Straße im Zentrum von Seattle – ein Ort verlorener Illusionen und vorgetäuschter Leidenschaft, brennender Einsamkeit und schal gewordener Träume. Wer hier arbeitet, braucht das Geld wirklich, und wer hier hinkommt, ist ganz unten angelangt. Einer der Besucher hält, während er den Frauen beim Tanzen zusieht, ihnen Zettel mit Gedichten in französischer Sprache hin. Er sucht sich eine der Tänzerinnen aus und bezahlt beim Manager für eine private Vorstellung. Während sie tanzt und ihn verbal anmacht, zitiert er Passagen aus einem Gedicht von W. B. Yeats, der Offenbarung des Johannes und den Prophezeiungen des Nostradamus. Dabei hat er Visionen und sieht Blut die Wände herunterlaufen, Blut, das die Tänzerin bald zu ertränken scheint …

Vor zehn Jahren hatte Frank Black Seattle verlassen und war nach Washington, D. C., gegangen, wo er einen Job als *profiler* beim FBI übernommen hatte. Nachdem er in den vorzeitigen Ruhestand getreten ist, kehrt er nun mit seiner Frau Catherine und seiner kleinen, fünf Jahre alten Tochter Jordan in seine Heimatstadt zurück. Er hat ein Haus in einem ruhigen Vorort gekauft, es gelb anstreichen lassen und hofft, hier in Frieden mit seiner Familie leben zu können. Doch schon kurz nach seiner Ankunft in Seattle liest er in einer Zeitung von einem brutalen Mord an einer Peep-Show-Tänzerin. Daraufhin wendet er sich an einen Bekannten aus seinen Tagen bei der Polizei von Seattle, Lieutenant Bob Bletcher von der Mordkommission, und bittet ihn um genauere Informationen. Er bietet seinem ehemaligen Partner seine Unterstützung in diesem Fall an, der ganz in das Schema der Verbrechen paßt, die er beim FBI bearbeitet hat. Als er die noch in einen Leichensack eingepackte Tote betrachtet, hat Frank Visionen von dem Mord. Er sagt Bob, daß der Täter vollkommen außer Kontrolle ist und wieder zuschlagen wird, und offeriert ihm ganz offen die Hilfe der *Millennium Group*, einer hervorragend ausgerüsteten Gruppe von ehemaligen Polizisten, FBI-Agenten und Angehörigen anderer Justizorgane, der er seit seinem Ruhestand auch angehört. Nach seinem Besuch bei Bletcher geht Frank in die Peep-Show, um dort selbst zu ermitteln. Im Gespräch mit einer der Tänzerinnen erfährt er von dem seltsamen Besucher, für den die Tote an ihrem letzten Abend getanzt hat, und von einer in der Wand der Kabine angebrachten Videokamera, die jeden Kunden filmt, der sich in dieser Kabine aufhält. Während der Unterhaltung hat Frank erneut Visionen, die schon auf den nächsten Mord hindeuten.

Der Mörder streift durch ein kleines Waldstück am Rand der Stadt, einem Treffpunkt von Homosexuellen und Strichern. Wie schon in der Peep-Show, beginnt er auch hier zu halluzinieren. Die Männer, die er sieht, haben zugenähte Augen und Münder. Als er wegfahren will, kommt ein junger Mann an seinen Wagen und steigt ein …

Am nächsten Morgen erhält Frank einen Anruf von Bob Bletcher, der ihn bittet, zu dem Fundort einer vollkommen verbrannten Leiche zu kommen. Als er Bletcher trifft, hat er erneut Visionen, die ihn und die Polizisten zu einem an einem Fluß vergrabenen leeren Sarg führen, in dem eine Zeitlang ein Mensch gefangengehalten worden sein muß. In den Sarg ist das französische Wort ›Peste‹ (Pest) eingeritzt. Frank ist überzeugt, daß ein und derselbe Mann für den Tod der Tänzerin und des bis zur Unkenntlichkeit verbrannten Mannes verantwortlich ist. Bob, der nicht verstehen kann, woher Frank all das weiß, drängt auf Antworten, denen sich Black aber entzieht. Als Frank nach Hause kommt, wartet schon Peter Watts, ein anderes Mitglied der *Millennium Group*, auf ihn.

Ein Foto in der Tageszeitung, auf dem Frank ein Graffiti, das Wort ›Peste‹, auf einem Brückenträger entdeckt, führt ihn in das genau an dieser Brücke gelegene Waldstück, in dem der Mörder sein letztes Opfer gefunden hat. Während Frank durch das Unterholz geht, sieht er die anderen Männer genauso, wie sie der Killer in der Nacht zuvor gesehen hat. Diese Visionen führen ihn quasi direkt zu dem Mörder, der in Frank instinktiv seinen Gegenspieler entdeckt und sofort davonläuft. Frank folgt ihm, kann ihn aber nicht fassen. In der Zwischenzeit ist die Videokassette aus der Kabine in der Peep-Show bei Frank angekommen. Nach mehrmaligem Ansehen gelingt es Frank, die Texte, die der Mörder rezitiert hat, zu erkennen. Mit diesem Material geht er zu Bob Bletcher und erstellt ihm ein Profil des Täters. Der Mörder ist besessen von dem Gedanken, daß die Apokalypse kommt. Seine sexuelle Verunsicherung, seine Gleichgültigkeit gegenüber Frauen und seine homosexuellen Neigungen verursachen Schuldgefühle, die er mit seinen Taten bekämpft. Er will die von Sünde verseuchte Stadt durch die Morde reinigen. Bletchers Team reagiert auf Franks Ausführungen ablehnend, hält sie für konstruierte Hirngespinste. Nur Bob selbst glaubt, daß sein früherer Partner recht haben könnte, und bittet ihn noch einmal, ihm zu erklären, wie er zu seinem Wissen kommt. Diesmal ist Frank einverstanden. Er spricht über seine Gabe, die gleichzeitig der größte Fluch ist, die Fähigkeit, in den Kopf des Täters vorzudringen, in die tiefsten Abgründe zu sehen, von denen wir uns sonst wegdrehen. Er kann in seinen Gedanken das werden, wovor wir die größte Angst haben. Aber diese Gabe hat ihn selbst kurz vor einen Zusammenbruch gebracht; und als er dann anonym Polaroids seiner Familie geschickt bekam, eine verschlüsselte Morddrohung, hat er seinen Job beim FBI aufgegeben und sich dafür entschieden, nach Seattle zu ziehen, in der Hoffnung, daß seine Familie hier sicherer sei. Nach seiner Kündigung trat die *Millennium Group* an ihn mit dem Angebot heran, ihm beim Umgang mit seiner Fähigkeit zu helfen und ihm die Möglichkeit zu geben, sie weiterhin zum Nutzen der Menschen einzusetzen.

Als Frank nach Hause kommt, erfährt er, daß seine Frau und seine Tochter im Krankenhaus sind, weil Jordan ohnmächtig geworden ist. Zusammen mit Catherine wacht er am Krankenbett des Mädchens. Als eine Schwester ihr Blut abnimmt, wird Frank klar, wie das Ritual abläuft, das der Killer an seinen Opfern vollzieht. Er entführt sie, nimmt ihnen Blut ab, begräbt sie lebendig und läßt das Blut untersuchen. Von den Ergebnissen des Bluttests hängt dann wiederum seine weitere Vorgehensweise ab. Obwohl Frank eigentlich bei seiner Tochter bleiben möchte, geht er mit diesen neuen Vermutungen zu Bletcher, und eine weitere Suche an dem Fluß, an dem schon der erste Sarg gefunden wurde, beginnt. Tatsächlich entdecken Bletcher und er einen Sarg, in dem neben einem noch lebenden Mann mit zugenähten Augenlidern und Lippen ein abgetrennter Frauenkopf liegt.

Schließlich erfährt Frank, daß der Täter im Labor der Polizei als Techniker arbeitet. Als er ihn stellen will, dreht der Mörder durch und greift Frank an. Kurz bevor er Frank töten kann, erschießt der dazugeeilte Bob Bletcher ihn. Als Frank daraufhin nach Hause kommt, findet er in der Post einen Brief ohne Absender, der Polaroidfotos von Catherine und Jordan enthält.

Kommentar: Pilotfolgen von neuen Serien sind immer eine etwas heikle Geschichte. Haben sie Spielfilmlänge, sind sie meist einfach zu lang, strecken ihre Story unnötig und lassen einen leicht gelangweilt zurück. Haben sie dagegen normale Serienlänge, müssen sie eigentlich beinahe Unmögliches lei-

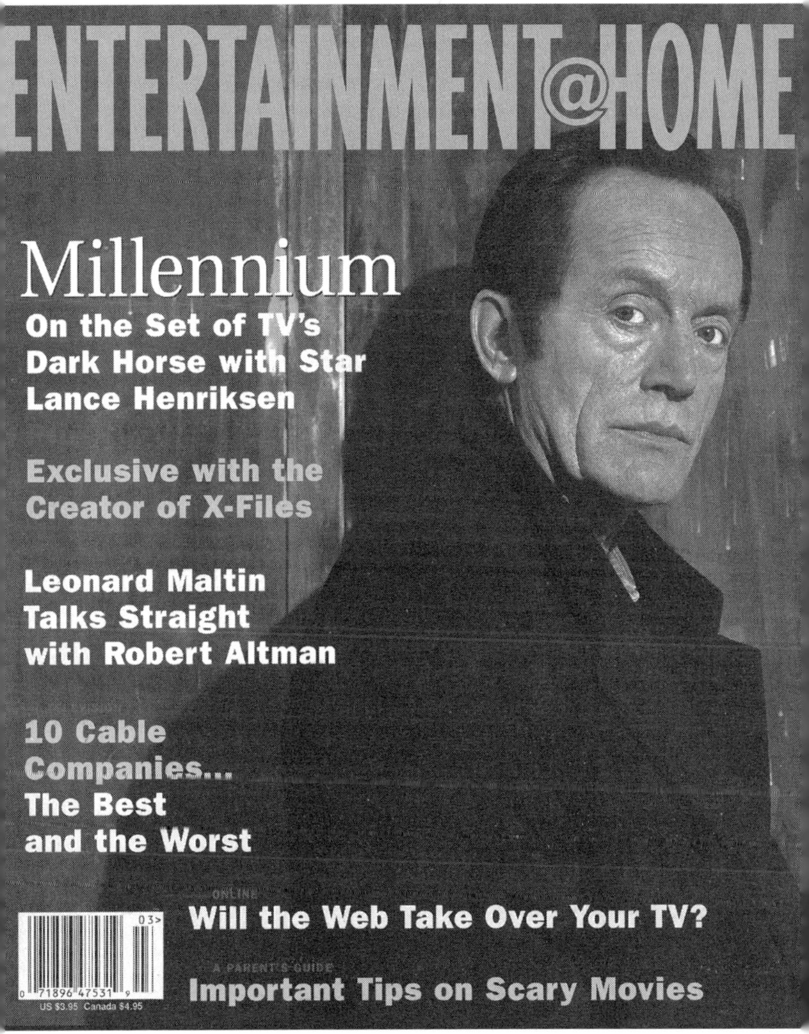

In einem Interview mit der Zeitschrift *Entertainment@Home* charakterisierte Chris Carter seine neue Schöpfung so: »Ich glaube nicht einmal, daß es eine brutale Serie ist.« Hm … Ob er wirklich mal eine Episode gesehen hat?

sten und in 45 Minuten eine interessante, unsere Neugier weckende Geschichte erzählen, ihre Hauptfiguren einführen und die für die gesamte Serie typische Stimmung umreißen. Chris Carter ist dies nun drei Jahre nach der ersten Episode der X-FILES mit »The Frenchman« (wie die erste Folge in Elizabeth Hands *novelization* heißt), dem Pilotfilm von MILLENNIUM, zum zweitenmal fast perfekt gelungen.

Serienmörder und die Apokalypse – auf beide Themen reagieren wir beinahe ähnlich. Sie stürzen uns zur Zeit in einen Zwiespalt zwischen Abscheu und Faszination, Angst und Sehnsucht. Deshalb lassen sie sich auch so gut miteinander verbinden wie in SE7EN und COPYCAT oder eben in MILLENNIUM. Sie sind die Leitmotive der Serie, die schon hier in der ersten Folge untrennbar miteinander verbunden sind. Der Killer, der Yeats, die Offenbarung und Nostradamus zitiert, erinnert dabei ganz deutlich an David Finchers John Doe. Nur bekämpft er nicht die Sünde und bestraft die Sünder, er will die ›große Pest‹ (Nostradamus) besiegen und richtet deshalb die Kranken und Elenden. Außerdem glaubt der hier namenlos bleibende Mörder – anders als John Doe, der Nachfolger sucht, um so den Menschen vor Augen zu führen, daß das Ende eine Erlösung, der Untergang ein Sieg wäre –, daß das Ende schon da ist, die Prophezeiungen von Johannes und Nostradamus, die Fiktionen der Dichter schon wahr geworden sind. Auch wenn es nie direkt angesprochen wird, lassen die Wortwahl des Killers, seine Anspielungen auf die ›große Pest‹, eine alles vernichtende Seuche, die Auswahl derer, die er entführt, Stripperinnen und Stricher, und sein Vorgehen, das Abnehmen und Testen des Bluts, eigentlich nur einen Schluß zu: Er will die töten, die AIDS-infiziert sind. Selbst wenn Carter, der hier bei dieser in mehrfachem Sinn programmatischen Episode das Drehbuch geschrieben hat, dies nur andeutet, reichen diese Ahnungen schon aus, um uns erkennen zu lassen, daß MILLENNIUM eine der kompromißlosesten und härtesten amerikanischen Fernsehserien der letzten Jahre ist. Die Brutalität des Mörders, der seine Opfer erst tagelang lebendig begräbt, um sie dann gegebenenfalls einen Flammentod sterben zu lassen, der in seinen Augen das Feuer der Hölle vorwegnimmt, trägt dazu ein übriges bei.

Atmosphärisch etablieren hier Carter und sein Regisseur David Nutter einen Kontrast zwischen der Außenwelt und der kleinen vorstädtischen Welt, in der Frank Black mit seiner Familie wohnt. Der Pilotfilm wird wie auch die meisten folgenden Episoden von dunklen, tristen Farbtönen, von Braun und Grau, stumpfem Grün und alles verschluckendem Schwarz dominiert. Erhellt werden die *settings* meist nur von künstlichem oder ganz blassem natürlichem Licht. Dabei entstehen Effekte, die an eine Schwarzweißfotografie in Farbe erinnern und damit einen weiteren klaren Bezug zu David Finchers SE7EN herstellen. Nur in den Szenen, die in Frank Blacks Heim spielen, weichen diese schmutzigen, einem jede Hoffnung nehmenden Farben leuchtenden Farbtönen, dem strahlenden Rot von Franks Auto, dem satten Grün des Rasens vor dem fast kitschigen Gelb des Hauses. Das Heim seiner Familie ist eine Oase des warmen Lichts und der kräftigen Farben in einer Welt der Tristesse, seine Familie an sich ist schon so etwas wie der Keim der Rettung in einem der Verdammnis bereits anheimgegebenen Universum. So werden von der ersten Folge an zwei ungleich große Pole geschaffen, die Wirklichkeit außerhalb und innerhalb von Franks Heim. Dabei ist seine winzige Oase immer bedroht. Darauf weisen ganz deutlich die Polaroids hin, die Frank am Schluß des Pilotfilms per Post erhält und die zugleich auf einen großen, die ganze Staffel umspannenden Handlungsbogen hinweisen.

Frank Black ähnelt von allen *profiler*-Figuren aus Romanen und Filmen am meisten Thomas Harris' Will Graham, der, nachdem er den Kannibalen und Serienmörder Hannibal Lecter zur Strecke gebracht hatte, einen heftigen Zusammenbruch erlebte und sich deshalb aus seinem Job beim FBI zurückzog und dann am Beginn von RED DRAGON von seinem früheren Chef Jack Crawford wieder zurückgeholt wird. Es gibt sogar eine sehr direkte Anspielung auf Harris' Figur, wenn

Detective Giebelhouse sagt, daß Frank doch der FBI-Agent gewesen sei, der Leon Cole Piggett, einen Serienkiller, der seine Opfer verspeiste, überführt habe. Auch Franks Gabe, die sich in Form von Visionen, in denen er mit den Augen der Mörder sehen kann, manifestiert, erinnert deutlich an Grahams Fähigkeit, in den Kopf eines Mörders einzudringen, dessen Gedanken zu erkennen und dessen Handlungen vorauszuahnen. Nur erhält diese Gabe der Empathie, die die Grundvoraussetzung für die Arbeit eines *profiler* ist, hier durch die Art der Visionen – durch die Tatsache, daß Frank sich die Leiche des ersten Opfers nicht einmal ansehen muß und trotzdem die Details des Verbrechens kennt – eine fast mystische, übernatürliche Dimension. Dieses Gefühl, daß Frank über eine Fähigkeit verfügt, die eigentlich jenseits unserer menschlichen Fähigkeiten liegt, wird noch verstärkt durch seine eigenen Äußerungen: »Ich verschmelze mit dem Bösen, werde eins mit dem Grauen, was uns nur in den Abgründen unserer Seele möglich ist.« Diese Erklärung, die Frank nach mehrmaligem Drängen seinem früheren Partner Bob Bletcher gibt, ist Antwort und Rätsel zugleich. Denn seine Worte, die in der Originalfassung (in ihr sagt Frank an dieser Stelle: »I become capability. I become *the horror* – what we know we can become only in our *heart of darkness*.«) deutlich auf Joseph Conrads Erzählung »The Heart of Darkness« verweisen, bleiben weitgehend mysteriös, und jeder muß sie selbst für sich in eine vorstellbare und nachvollziehbare Erklärung umwandeln. Diese Äußerung stammt aus einem Gespräch zwischen Bob und Frank, das in der Garage des Polizeigebäudes stattfindet, direkt nachdem Frank Bletcher und seinen Leuten sein Täterprofil vorgestellt hat. Es ist eine der zentralen Szenen dieses Pilotfilms, da sie beide Funktionen einer solchen ersten Folge erfüllt. Sie gibt Erklärungen und schafft dabei zugleich Ansätze für neue Fragen, die unser Interesse für weitere Episoden wecken. Wir bekommen eine Deutung von Franks Fähigkeit, die ihm aber nichts von der ihn umgebenden Aura des Geheimnisvollen nimmt. Eine solche Aura umgibt nicht nur ihn, sondern auch die *Millennium Group*, über die wir in dieser ersten Folge kaum etwas erfahren. Sie erinnert zwar an tatsächlich existierende, private Unternehmen wie die *Academy Group* (auf die Chris Carter immer wieder als Vorbild für die *Millennium Group* verweist), in denen ehemalige FBI-Agenten, Polizisten, Psychologen und Anwälte arbeiten, die dann von lokalen Ermittlern, Gerichten oder auch Privatpersonen zu einem Fall als Berater und Sachverständige hinzugerufen werden können. Doch Ziele und Aufgabenstellung der *Millennium Group* gehen offensichtlich weit über die solcher Firmen hinaus.

Chris Carter und David Nutter schaffen die düstere Atmosphäre dieser ersten Folge allerdings nicht nur über die Taten des Mörders, die dunklen und tristen Bilder und die Schauplätze der Geschichte. Ein zentrales Element ist hier, wie auch in allen weiteren Folgen, die Musik. Wie bei den X-FILES stammt der Original-Soundtrack zu MILLENNIUM von Mark Snow, dessen Motive und *cues* hier noch dunkler und bedrückender wirken. Eine ungeheure Trauer scheint in ihnen mitzuschwingen, eine Melancholie angesichts einer Welt, die langsam zugrunde geht. Ihre Töne beschwören Bilder in unseren Köpfen herauf von Dingen, die eigentlich nur Frank Black sehen kann. Hier in »The Frenchman« und in einigen anderen Episoden wird Snows Soundtrack noch durch Songs ergänzt, die einzelne Szenen begleiten und meist ganz an *locations* gebunden sind (beispielsweise die Country-Musik in der Trucker-Bar in »Broken World«). Dies gilt auch in dieser Folge, in der alle Szenen in der Peep-Show mit Songs, zu denen die Frauen tanzen, unterlegt sind. Aber die Auswahl der Stücke – »More Human than Human« von White Zombie (CD: Astro Creep 2000), das auch schon einmal in einer X-FILES-Folge verwendet wurde, »Piggy« von Nine Inch Nails (CD: The Downward Spiral) und »Roads« von Portishead (CD: Dummy) – legt die Vermutung nahe, daß es sich bei ihnen um mehr als nur um Hintergrundmusik handelt. So unterschiedlich diese drei Stücke sind, sie alle verbindet wieder eine sehr dunkle Grundstimmung, die einem weiteren atmosphärischen Puzzleteilchen gleicht, das die Welt definiert, in der MILLENNIUM angesiedelt ist – eine Welt der Gewalt und der Verzweiflung, des Verfalls und der Angst, eine Welt am Ende des zweiten Jahrtausends, vielleicht aber auch am Ende der Zeit an sich.

Ganz entscheidend für die Stimmung sind auch die Dialoge, die einen ganz eigenen, im Fernsehen nahezu einmaligen Ton haben. Beispielhaft kann hierfür folgender Auszug aus der Unterhaltung zwischen Frank Black und der Stripperin Tuesday stehen:

Frank: »Irgendwelche Fans? Irgendwelche Freaks?«

Tuesday: »Falls es Ihnen nicht aufgefallen ist, die Kunden hier sind nicht gerade ein Abbild moralischer Rechtschaffenheit. Sie würden applaudieren, aber dafür braucht man beide Hände.«

Frank: »Können Sie sich einen Grund vorstellen, aus dem heraus jemand sie getötet haben könnte?«

Tuesday: »Einen Grund? Männer brauchen keine Gründe … alles, was sie brauchen, ist eine Entschuldigung.«

Eine ungeheure Bitterkeit schwingt in den Worten der Tänzerin mit, ein resignierter Zynismus, der von dem Verlust des Glaubens an das Gute oder an *happy endings* erzählt. Sie – und nicht nur sie in dieser Serie – scheint die Welt schon fast aufgegeben zu haben. Auch das macht Frank, der noch fühlen kann und für den die Frage nach dem Grund, dem möglichen Motiv, ganz selbstverständlich ist, hier zu einem Fremden in einem fremden Land, zu einem, der eben noch nicht aufgegeben hat und noch kämpft – um unser Leben und unsere Welt.

Die Serie beginnt – und Frank Black alias Lance Henriksen findet sich in einem Alptraum wieder, wie ihn nie ein Fernseh-Freak zuvor miterleben durfte.

MLM-101 »Gehenna« (Gehenna)

Erstausstrahlung USA: 1.11.1996
Drehbuch: Chris Carter
Regie: David Nutter
Gaststars: Terry O'Quinn (Peter Watts), Don Mackay (Jack Meredith), Chris Ellis (Penseyres), Robin Gammell (Mike Atkins), Sam Khouth (Dylan, ›Bob Smith‹), Stephen Holmes (Eedo Bolow), Don McWilliams (der ›dunkle Prinz‹), George Josef (Bolows Vater), Nina Persachi (Bolows Mutter), Henry Watson (Detective), Chris Bradford (Fahrer)
Songs: »Insane in the Brain«, »I Wanna Get High«, »Hits from the Bong« von Cypress Hill (CD: ›Black Sunday‹)

»I smell blood and an era of prominent madmen.«

(Ich schmecke Blut und die Aura berühmter Wirrköpfe.)

W. H. Auden

Inhalt: Eine Gruppe auffallend ordentlicher junger Männer fährt in dunklen BMWs durch die Nacht von San Francisco. In einer düsteren Straße kauft ihr Anführer, der ›dunkle Prinz‹, LSD. Während der Fahrt zu einer verlassenen Großreinigung nötigen die Männer Eedo, ein Mitglied der Gruppe, dieses einzunehmen. In dem desolaten Industriegebiet angekommen, ängstigen die Männer den mittlerweile halluzinierenden Eedo; einer von ihnen, Dylan, gibt ihm verstohlen den Tip, besser davonzulaufen. Der völlig desorientierte Mann flüchtet sich in eine der ausgebrannten Ruinen. Dort sieht er ein geflügeltes, klauen- und reißzahnbewehrtes Wesen, das sich auf ihn stürzt.

Peter Watts von der Millennium-Gruppe ruft Frank Black nach San Francisco. Angehörige eines Gärtnerclubs beobachteten dort, wie über Wochen hinweg große Mengen von Asche in den Rosenbeeten eines Parks deponiert wurden. Sie verständigten die Polizei, als sie in der Asche ein menschliches Ohr entdeckten. Am Fundort sieht Frank in einer Vision, wie

Eedo bei lebendigem Leib verbrennt, wobei das Wesen diesen beobachtet und sich an seinen Schmerzen weidet.

Die gerichtsmedizinische Untersuchung ergibt, daß die 39 Pfund Asche wahrscheinlich beim Verbrennen sieben erwachsener Männer unter extrem hoher Temperatur entstanden sind. Neben Spuren von LSD findet sich in dem Ohr auch eine Chemikalie, welche die Ermittler zu der ausgebrannten Großreinigung führt, wo Frank in einer Pfütze rostigen Wassers menschliche Zähne findet.

Den Ermittlern schließt sich nun auch Mike Watkins an, ein weiteres Mitglied der Millennium-Gruppe, der für Frank die beunruhigenden Polaroidaufnahmen seiner Familie untersuchte, welche offensichtlich von einem Unbekannten verfolgt wird.

Anhand der Zähne kann einer der Toten als der tschetschenische Einwanderer Eedo Bolow identifiziert werden. Seine Eltern meldeten Eedo vor einem halben Jahr als vermißt, nachdem er sich einer Gruppe Telemarketing betreibender Yuppies mit aufwendigem Lebensstil angeschlossen hatte und daraufhin verschwunden war. Ein Brief, in dem er sich von seinen Eltern lossagt, läßt darauf schließen, daß es sich bei der Telemarketing-Agentur um den Deckmantel eines aggressiv gewinnorientierten apokalyptischen Todeskultes handelt. Dieser droht, seine ungläubigen Gefolgsleute in den Feuern von Gehenna zu verbrennen.

In einem dunklen Großraumbüro sind zahlreiche identisch gekleidete junge Männer, die sich alle ›Bob Smith‹ nennen, dabei, am Telefon Haarpflegeprodukte zu verkaufen. Sie erledigen ihren Job Automaten gleich, immer wieder dieselben Worte sprechend, unter dem manipulativen Einfluß der Parolen des Kultes, die in ständigem Wechsel auf eine Leinwand projiziert werden. Unter ihnen befindet sich gedankenverloren der Kollege Eedos, der diesen zu warnen versucht hatte. Wie eine Kontrolle des dunklen Prinzen ergibt, ist auch er ein ungläubiger Abtrünniger, der die Werte der Bruderschaft durch zu geringen Umsatz verrät. Kurz darauf findet er sich unter dem Einfluß von LSD in der Industrieruine wieder, wo er von Frank aufgegriffen wird, der den Ort überwacht hat.

Frank Black versucht den völlig verängstigten Dylan, der sich auch jetzt noch ›Bob Smith‹ nennt, in der Polizeistation zu beruhigen. Er erklärt ihm, hier sicher zu sein. Doch Dylan ist von der Allgegenwärtigkeit des Kultes überzeugt, der seinen Anhängern verspricht, sie im Austausch für blinden Gehorsam den Weltuntergang überleben zu lassen. Die Allmacht des Wesens an der Spitze scheint sich zu bestätigen, als Frank hilflos dabei zusehen muß, wie ›Bob Smith‹ vor Angst stirbt.

Zurück in Seattle, stößt Frank im Internet auf den Eintrag einer Holding namens *Gehenna International*, eines Chemiekonzerns, der auch über eine Niederlassung in San Francisco verfügt. Er teilt dies Mike Atkins mit, der in San Francisco herausfand, daß sich an ›Bobs‹ Kleidung Spuren eines Insektizids fanden, das bei der Herstellung von Sarin-Gas Verwendung findet. Mike macht sich sofort zu dem Firmensitz auf, doch aufgrund einer dunklen Ahnung schickt ihm Frank ein Polizeiaufgebot hinterher.

Mike stößt bei *Gehenna International* neben der Telefonzentrale auch auf ein umfangreiches Arsenal von Schuß- und biologischen Waffen, die dem Kult dazu dienen sollen, den Jüngsten Tag vorzuverlegen. Hinter einer Tür mit einem Fenster stößt er auf einen Raum, dessen Boden völlig mit Asche und Knochen bedeckt ist – einen Industrie-Mikrowellenherd, in den er eingeschlossen wird. Als ein Mann die Anlage in Betrieb setzt, stürmt das von Frank alarmierte SWAT-Kommando das Lagerhaus. In letzter Sekunde wird der bereits schwer verbrannte Mike gerettet, der Führer des Kultes wird festgenommen.

Kommentar: Ursprung und Natur des Bösen sind in »Gehenna« mehrmals Gegenstand der Diskussion, sowohl zwischen Frank Black und seiner Frau Catherine, als auch zwischen ihm und seinem Kollegen Mike Atkins. Catherine und Mike nehmen dabei die Position der Aufklärung ein. Die klinische Sozialarbeiterin Catherine muß jeden Tag beobachten, wie aus mißbrauchten Kindern mißbrauchende Erwachsene werden, sie glaubt, daß Wissenschaft und Psychologie eine klarere Vorstellung von der Genesis des Bösen zeichnen können als biblische Konzepte. Mike lehnt übernatürliche Erklärungen für das Böse kategorisch ab. Auf Franks Beschreibung von dem Gesicht des Tieres in seinen Visionen erwidert er, schon oft in das Antlitz des Bösen geschaut zu haben, daß es immer das Gesicht eines Mannes war – ein menschliches Gesicht – und daß seiner Erfahrung nach das Böse in einem kalten Herzen und einem schwachen Geist geboren wird. Frank vertritt demgegenüber ein okkult geprägtes christliches Weltbild. Diese gegensätzlichen Positionen erinnern an jene der Protagonisten der älteren Schwesterserie von MILLENNIUM, AKTE X, dem ›Gläubigen‹ Fox Mulder und der ›Skeptikerin‹ Dana Scully. Ebenso wie es AKTE X seit nunmehr vier Jahren versteht, den Zuschauer über die wahren Hintergründe der Handlung im unklaren zu lassen, bleibt es bei MILLENNIUM vorerst offen, ob es sich bei den geschilderten Verbrechen um unzusammmenhängende Taten geisteskranker Einzeltäter oder eine koordinierte übernatürliche Verschwörung gigantischen Ausmaßes handelt. Doch genau wie AKTE X die Sichtweise Fox Mulders favorisiert, nimmt MILLENNIUM Frank Blacks Position ein, aus dessen Perspektive die Welt für den Zuschauer gezeigt und erklärt wird.

Und es kann kein Zweifel darüber herrschen, was Frank glaubt, etwa wenn er gegenüber Mike den Verdacht äußert, daß nicht irgendwer, sondern irgend *etwas* Macht über das Leben Eedos gewonnen hat, oder wenn er sich in der letzten Szene gezwungen sieht, das Polizeirevier, in dem der Führer des Kultes festgehalten wird, zu verlassen, als er erkannt zu haben glaubt, wer sich hinter diesem wirklich verbirgt. Ausgesprochen wird es in der Szene, wenn Frank Catherine gegenüber beinahe nostalgisch bemerkt, daß das biblische Konzept vom Einfluß des Teufels heutzutage seine Verbreitung scheinbar vollständig eingebüßt hat. Wenn man den Einfluß der AKTE X auf den UFO-Glauben zugrunde legt, könnte sich MILLENNI-

UM zu einer äußerst effektiven Propagandasendung des christlichen Fundamentalismus entwickeln.
Die 60er waren das Jahrzehnt der Gegenkultur und der Revolution. Von Amerika ausgehend, begannen vorwiegend junge Menschen gegen alle Erscheinungen von Autorität und die bestehenden Gesellschaftsformen aufzubegehren, welche sie für die unzähligen sozialen Mißstände, die Zerstörung der Erde, die sexuelle Repression und den Krieg in Vietnam verantwortlich machten. Als Vorausbedingung für eine Veränderung der Gesellschaft galt die Transformation des Individuums. Und so begannen selbstgewählte Außenseiter aller Art in großem Stil mit psychedelischen Drogen, freier Liebe, östlichem Mystizismus, Magie und neuen Formen des Zusammenlebens zu experimentieren. In der Mitte der 60er war die Revolution gegen die Lebensfeindlichkeit der Technokratie zur Massenbewegung geworden, zum Mekka von Hippies und der *Flower Power*-Bewegung wurde San Francisco, und dieses Image konnte die Stadt bis heute fremdenverkehrswirksam aufrechterhalten.

Doch bereits am Ende der Sixties begannen dunkle Dissonanzen die *good vibrations* der kalifornischen Westküste empfindlich zu stören. Das San Franciscoer Hippieviertel Haight Ashbury platzte aus allen Nähten, *free love* ließ den Tripper wie eine Seuche grassieren, Marihuana und LSD wurden als meistkonsumierte Drogen von Speed und Heroin verdrängt, welche ihre Benutzer früher oder später umbrachten, während sich die Dealer im Kampf um Kunden und Reviere gegenseitig töteten. Die religiöse Vielfalt der neuen Hexen und Heiden, Yogis und *Jesus People* wurde durch Satanisten und Schwarzmagier ergänzt, Gewalt und Armut bestimmten das Bild des Haight. Wie Arthur Lyons bemerkte, trugen nun nicht mehr alle, die nach San Francisco kamen, Blumen in ihrem Haar. Einige, wie Charles Manson und seine Family, kamen in schwarzen Bussen.

Und so ist es nicht nur ironisch zu verstehen, daß der Todeskonzern *Gehenna International* ausgerechnet San Francisco wählt, um die Hölle auf Erden zu errichten. Zieren Löschpapier-LSD meist Darstellungen wie Buddha oder die Friedenstaube, das Peace-Zeichen oder das Yin und Yang, die bewußtseinserweiternde Reisen in den inneren Kosmos und paradiesische Visionen von Utopia versprechen, laden in »Gehenna« Totenschädel, Bomben und das Symbol für Radioaktivität ultimativ zum Trip in künstliche Höllen ein. Als der dunkle Prinz seinen Glaubensbrüdern das *acid* mit den Worten: »Tickets für die Horrorshow« übergibt, spielen für ihn Harmonie und Transzendenz vermutlich eine ähnliche Rolle wie für die Konsumenten von *Moloko Synthemesk* in CLOCKWORK ORANGE. Die Mitglieder des lokalen Gärtnerclubs müssen schließlich feststellen, als sie zwischen ihren Rosen einen ähnlich verstörenden Fund wie Jeffrey Beaumont in BLUE VELVET machen, daß die Blumen San Franciscos ihre Kraft mittlerweile aus der Asche von bei lebendigem Leib verbrannten Menschen beziehen.

Der Kult aus »Gehenna« scheint von mehreren Sekten inspiriert. Das in der Folge auch ausdrücklich genannte wichtigste Vorbild ist die japanische AUM-Shinrikyo-(›AUM-Höchste-Wahrheit‹)Sekte, die äußerst schnell den Weg in die Popkultur fand (siehe auch den ›Time Machine Go‹-*story arc* von Grant Morissons Strip »The Invisibles«/DC, Vol. II, # 5–7). Ihr blinder Führer Shoko Asahara sah sich als wiedergeborener König des mythischen Shambala, der in einer endzeitlichen Schlacht die Ungläubigen vernichtet, dem wahren Buddhismus zur Blüte verhilft und eine Ära des Weltfriedens anbrechen läßt. Er lehrte, daß ein Mensch sein Karma durch das Töten eines anderen verbessern könne, da er sein Opfer somit von den Qualen des täglichen Lebens und dem unvermeidlichen Ansammeln eines schlechten Karmas erlöse, was dem Mörder gleichwie dem Ermordeten zugute komme. Obwohl die Vereinigung erst 1986 gegründet wurde, konnte sie sich innerhalb kürzester Zeit etablieren und sogar in den USA, der GUS und Deutschland Mitglieder gewinnen. Asaharas Gefolgsleute erwirtschafteten eine Milliarde Dollar, womit er Waffen erwarb und Fabriken betrieb, die biologische Kampfstoffe und Psychopharmaka wie Barbiturate und Wahrheitsseren produzierten. Er plante einen Krieg gegen die japanische Polizei, an dessen Ende er die Regierung zu übernehmen gedachte. Er befahl seinen Anhängern die Produktion von 1000 automatischen Gewehren und einer Million Schuß Munition. Asahara erwog weiterhin die Möglichkeit, mit Hilfe eines von AUM angeheuerten russischen Nuklearphysikers eine Atombombe zu bauen, und versuchte, auf dem schwarzen Markt das Ebola-Virus zu erwerben. Er war fest dazu entschlossen, im Alleingang Armageddon heraufzubeschwören. Also ließ er eine Fabrik bauen, in der Mitglieder der Sekte 70 Tonnen des von den Nazis entwickelten Nervengases Sarin herstellten. Nach Anschlägen auf die U-Bahnen von Matsumoto 1994 und Tokio 1995, bei denen 18 Menschen getötet und mehrere tausend verletzt wurden und erkrankten, nahm man Asahara und zahlreiche Mitglieder von AUM fest und stellte sie vor Gericht. Die Sekte wurde auch angeklagt, neben den U-Bahn-Morden Gegner und frühere Mitglieder von AUM sowie deren Anwälte entführt und hingerichtet zu haben, wobei Shoko Asahara selbst zugesehen haben soll. Die Kultisten verwendeten vermutlich eine Industrie-Mikrowelle, um ihre Opfer loszuwerden.

Die Glaubenssätze des Todeskultes aus »Gehenna« scheinen zum Teil auch von der ›Church of Scientology‹ übernommen zu sein, etwa wenn es um den Zusammenhang von finanziellem Umsatz, materiellem Besitz, daraus resultierender Macht und dem Auserwähltsein geht.

Die Slogans, die in der Telemarketing-Agentur des Vierten Reiters projiziert werden, welche übrigens an eine ganz ähnliche Telefonzentrale erinnert, die in Michael Tolkins THE RAPTURE (dt.: DUNKLE ERLEUCHTUNG) Arbeitsplatz von Mitgliedern eines apokalyptischen Kultes ist, könnten durchaus von irren Werbestrategen auf der Lohnliste des großen Bruders stammen. Parolen wie ›CREATE DESIRE‹ (Wecke Verlangen),

Shoko Asahara, Gründer der AUM-Sekte.

›EVERYBODY WANTS BEAUTIFUL HAIR‹ (Jeder möchte schönes Haar), ›FACILITATE ENVY‹ (Erleichtere Neid) und ›WORK WILL SET YOU FREE‹ (Arbeit macht frei) illustrieren zynisch die Austauschbarkeit von religiösen, politischen und verkaufspsychologischen Slogans.

Gehenna [Kirchenlatein, über das Griechische aus dem Hebräischen: Ge Hinnom ›Tal Hinnoms‹] ist die neutestamentarische Bezeichnung der Feuerhölle, wo die Bösen, die nicht in des Lammes ›Buch des Lebens‹ verzeichnet sind, nach dem

Endgericht ewige Qual erleiden werden. Die Gehenna, auch ›der zweite Tod‹ genannt, wird traditionell als Feuersee aus brennendem Schwefel dargestellt, dem laut den Offenbarungen des Johannes am Ende des Jüngsten Tages auch der Teufel, seine gefallenen Engel, die Unterwelt und der Tod selbst übergeben werden. Das steinige, wasserlose Tal Hinnoms oder Ben-Hinnom-Tal begrenzt die Stadt Jerusalem im Südwesten. Der später auch Mordtal genannte Ort galt als eine Stätte des Fluches. Das Zweite Buch der Könige berichtet davon, wie König Joschija das Tofet, eine heidnische Kultstätte im Tal der Söhne Hinnoms, ›unrein‹ machte, »damit niemand mehr seinen Sohn oder seine Tochter für den Moloch durchs Feuer gehen ließ«. In biblischen Quellen und älteren Geschichtstexten wird Moloch als eine finstere punische Gottheit beschrieben, der man grausame Menschenopfer darbrachte, indem man Kinder durch das Maul einer aus Eisen gefertigten riesigen Statue Molochs warf, in deren hohlem Inneren ein Feuer loderte. Darum wird der Name auch im übertragenen Sinne für alles gebraucht, was Menschen gefühllos verschlingt, so etwa den ›Moloch Großstadt‹. Neuzeitliche Archäologen gehen mittlerweile davon aus, daß es sich bei ›Moloch‹ nicht um den Namen eines Gottes handelte, sondern daß die Karthager damit vermutlich das Opfer bezeichneten, das ihrer Hauptgottheit Baal-Chammon gebracht wurde, bei dem man Kinder auf die ausgestreckten Hände seines Götzenbildes legte, von wo aus sie in eine Feuergrube stürzten.

MLM-102 »Heute hier, morgen tot« (Dead Letters)

Erstausstrahlung USA: 8.11.1996
Drehbuch: Glen Morgan and James Wong
Regie: Thomas J. Wright
Gaststars: Chris Ellis (Penseyres), Ron Halder (Killer), James Morrison (Jim Horn), Garvin Cross (Patient), Anthony Harrison (Detective Jenkins), Lisa R. Vultaggio (Janice Sterling),

Rob Morton (Lewis), Maria Louisa Figura (Cindy Horn), Cooper Olsen (T. C.), Michelle Hart (Marjorie Holden) Fulvio Cecere (Sicherheitsmann), Andrew Laurenson (Clown), Allison Warren (Officer Sarah Stevens), Ken Shimizu (C.S.T.-Mitglied)

»For the thing I greatly feared has come upon me.
And what I dreaded has happened to me,
I am not at ease, nor am I quiet;
I have no rest, for trouble comes.«

(Was mich erschreckte,
das kam über mich.
Wovor mir bangte, das traf mich auch.
Noch hatte ich nicht Frieden, nicht Rast,
nicht Ruhe, fiel neues Ungemach mich an.)

Hiob 3, 25. 26

Inhalt: Verängstigt von einem Alptraum, weckt Jordan ihren Vater. Als Frank gerade anfangen will, sie zu beruhigen, zeigt sein Beeper eine Meldung der *Millennium Group* an. Ein Mord in einem Tierasyl in Portland, Oregon, hat die Polizei veranlaßt, sich an die Gruppe zu wenden. Als Frank am Tatort ankommt, hat er zunächst zwei ganz kurze Visionen, in denen er Buchstaben auf einem Streifen sieht, der eine durchsichtige Folie sein könnte. Daraufhin sucht er erfolglos bei der Leiche nach einer Botschaft des Mörders, trotzdem ist er fest davon überzeugt, daß dies kein einzelnes Verbrechen, sondern der Auftakt einer Mordserie ist.

Wieder in Seattle, trifft Frank sich mit Penseyres, einem anderen Mitglied der *Millennium Group*, das sich gegen eine Beteiligung der Gruppe an der Untersuchung des Mordes in Portland ausspricht. Aber Frank bleibt hart und vertritt weiterhin seine Auffassung, daß der Mörder sogar relativ schnell wieder zuschlagen wird. Daraufhin bekommt er von Penseyres den Auftrag, sich in Portland mit dem Polizisten Jim Horn zu treffen, bei dem die *Millennium Group* überlegt, ihn in ihren Kreis aufzunehmen.

Frank Black und Jim Horn treffen sich zum erstenmal in Horns Büro, und es herrscht von vornherein eine gewisse Spannung zwischen den beiden. Horn besitzt zwar außerordentliche Fähigkeiten als *profiler*, steht aber im Moment aufgrund der Scheidung von seiner Frau unter enormem privatem Druck, der ihn auf alles und jeden gereizt und aggressiv reagieren läßt. Bei einer gemeinsamen Besichtigung des Tatorts kommt es zur ersten verbalen Auseinandersetzung zwischen ihm und Frank, die durch die Meldung eines weiteren Mordes unterbrochen wird. Eine Frau ist in der Portland-Zweigstelle von UPS zerstückelt worden. Diesmal entdeckt Frank auch eine Botschaft, die auf ein menschliches Haar geschrieben wurde: »Hair today … gone tomorrow« (»Heute Haar … morgen tot« wäre die wörtliche Übersetzung dieses Wortspiels, dessen erster Teil aber auch auf die Redewendung »Here today« [»Heute hier«] abzielt). Durch diese Mitteilung kann sich Frank zum erstenmal ein genaueres Bild von dem Mörder machen, einem Mann, der – wie Frank glaubt – mit den Morden gegen seine eigene Bedeutungslosigkeit in einer kalten Welt ankämpfen will.

Da Horn immer größere Schwierigkeiten hat, sein Leben unter Kontrolle zu halten, lädt Frank ihn und seinen zweijährigen Sohn für ein Wochenende nach Seattle ein. Doch Jim ist so in seinen Vorstellungen, in denen er seine nächsten Angehörigen als Opfer eines Mörders sieht, gefangen, daß es Frank nur annähernd gelingt, ihm etwas von seiner Anspannung zu nehmen.

Kurz danach ermordet der Killer eine dritte Frau, eine Krankenschwester, in der Garage eines Krankenhauses. Er läßt ein zerbrochenes Brillenglas und eine weitere Nachricht, »Nothing ventured, nothing gained« (»Nichts riskiert, nichts gewonnen«), zurück. Die Botschaft ist eine offene Herausforderung, auf die Frank mit einer Falle reagiert. Er gibt an die Medien Informationen heraus, denen zufolge die Polizei davon ausgeht, daß es sich um einen wenig intelligenten Mörder handle, der das Wort ›ventured‹ falsch geschrieben habe.

Frank hofft, ihn damit aus der Deckung zu locken. Er ist sich sicher, daß der Mörder auf der für die Krankenschwester gehaltenen Gedenkfeier vor dem Hospital erscheint. Frank, Jim und einige weitere Polizisten überwachen die Veranstaltung, doch ihnen fällt dabei niemand weiter auf. Als später am Abend doch noch ein Mann auftaucht, verliert Horn zum erstenmal die Kontrolle und beginnt auf ihn einzuschlagen. Frank geht dazwischen und stellt fest, daß es sich bei dem Mann um einen Unschuldigen, einen Patienten des Krankenhauses, handelt. Als Frank sich die Gedenkstelle genauer ansieht, entdeckt er ein kleines Ansteckkreuz, auf das das Wort ›ventured‹ graviert worden ist.

Die Auswertung der Videoaufzeichnungen ergibt fünf Verdächtige, auf die das erstellte Täterprofil paßt. Phantombilder werden verteilt, und eine Optikerin erkennt einen der fünf Männer als einen Kunden wieder, der ein Brillenglas hat erneuern lassen. Außerdem haben die Ermittlungen ergeben, daß der Täter einen orangefarbenen Kleinlieferwagen fährt, in dem er aller Wahrscheinlichkeit nach seine Opfer zerstückelt. Bei dem Gespräch mit der Optikerin hat Frank erneut eine Vision, die ihm sagt, daß diese junge Frau, Janice, das nächste Opfer sein wird. Deshalb will er eine sie spielende Polizistin als Lockvogel in einer erneuten Falle für den Killer benutzen.

Jim Horn steht immer kürzer vor einer Explosion seiner für ihn selbst nicht mehr kontrollierbaren Gefühle und Impulse, deshalb entschuldigt er sich bei Frank und wird von diesem nach Hause geschickt. Er fährt zwar weg, um dann aber umzukehren und dem Mörder mit einer vorgetäuschten Reifenpanne selbst eine Falle zu stellen. Tatsächlich gelingt es ihm, den Killer auf dem Weg zu seinem Opfer abzufangen. Er fängt an, ihn systematisch zu Tode zu prügeln, wird aber von Frank aufgehalten. Für diesen Moment, in dem er endgültig die Kontrolle über sich verliert, muß Horn mit dem Verlust seines Jobs bezahlen. Und selbst der Killer wäre beinahe noch freigekommen, weil das Beweismaterial, das in seinem Van gefunden wird, aufgrund von Horns Handlungen vor Gericht nicht zugelassen wird; aber die Polizei hat noch anderes Material im Haus des Mörders entdeckt, das wahrscheinlich zur Verurteilung ausreichen wird.

Kommentar: Im Garten des Hauses der Blacks. Eine als Märchenprinzessin verkleidete Jordan feiert mit ihren ausgelassenen Freunden ihren Geburtstag. Einige von ihnen spielen ›Reise nach Jerusalem‹, und Catherine hat die Rolle als Spielleiterin übernommen. Als sie ›Stop‹ gesagt hat, beginnt sie sich suchend umzusehen und ruft: »Wo ist Jordan?« Sie wird ungeduldiger und wiederholt ihr Rufen. Doch Jordan steht mit anderen Kindern direkt vor ihr, aber sie kann sie einfach nicht sehen. Als sie anfängt, sich von der Gruppe der Kinder wegzudrehen, entdeckt Jordan plötzlich einen Clown in einem typischen, bunten Kostüm, aber mit einem schwarzgeschminkten Mund. Szenenwechsel. Jordan geht durch das ins Dunkel der Nacht gehüllte Haus. Als sie ins Eßzimmer kommt, hört sie Schritte und sieht mit einemmal eine rote Metallwendeltreppe, die ihr Vater herunterkommt. Sie ruft mehrmals nach ihm, doch er reagiert nicht. Die Wendeltreppe scheint plötzlich in einem leeren Raum zu schweben, und es sieht so aus, als führe sie immer tiefer hinunter – bis ins Unendliche. Frank geht sie ungerührt weiter hinunter. Dann hört Jordan ein Lachen und dreht sich um. Da ist wieder der Clown, und die Gesetze der Schwerkraft scheinen nicht mehr zu gelten. Die Welt steht im wahrsten Sinne des Wortes auf dem Kopf. Der Clown, dessen Kopf falsch rum auf seinem Hals sitzt, lacht sie an und beginnt, mit den Händen auf dem zur Decke gewordenen Boden zu trommeln. Jordan schreit entsetzt auf.

Alpträume – von der Sorte, die uns in der Nacht um den Schlaf bringen und uns, auch wenn wir wach sind, nicht verlassen, weil sie die Realität sind. Von ihnen und davon, wie wir mit ihnen fertig werden, handelt »Heute hier, morgen tot«, ein erster wirklicher, sehr früher Höhepunkt von MILLENNIUM. Der Alptraum Jordans ist reiner filmischer Surrealismus,

Nachtmahr-Fernsehen, dessen Bilder uns die ganze Folge über nicht verlassen werden. Glen Morgan und James Wong sind bekannt geworden als Autoren einiger der beliebtesten X-FILES-Folgen und haben nach dem mäßigen Erfolg der ersten Staffel nun die Aufgabe übernommen, das Konzept von MILLENNIUM für die zweite *season* noch einmal völlig zu überarbeiten. Hier in ihrer ersten Episode entwerfen sie ein Bild von der Welt als dauerhafter Alptraum, der einen langsam zerfrißt. Es beginnt mit den phantastischen Schrecken der Nacht, in denen die ureigenen Ängste der Kinder sich Bahn brechen. Dann setzt sich die Stimmung fort mit einem Gefühl von der Kälte der Welt, in der der einzelne vielleicht wirklich nicht mehr ist als ein unzustellbarer Brief, der in irgendeinem dunklen, trostlosen Raum eines Postgebäudes auf seine Vernichtung wartet. Und schließlich führt einen »Heute hier, morgen tot« in den Wahnsinn der Gewalt, der sich zu entziehen manchmal so ungeheuer schwer sein kann. Das surrealistische Moment von Alpträumen spielt die Folge grandios noch einmal in den Augenblicken aus, in denen Jim Horn in jedem Menschen den Verdächtigen, in jedem Auto einen orangefarbenen VW-Bus sieht.

»Heute hier, morgen tot«, das ist die Geschichte dreier Männer, deren Wege sich kreuzen und die so in einem Alptraum gefangen sind. Nur einer von ihnen, Frank Black, besitzt dabei die Kraft, noch zwischen Traum und Wirklichkeit, zwischen seinem Leben und dem der anderen zu unterscheiden. Der namenlose Killer haßt die Welt, die ihn nicht liebt. Da ihn niemand wahrzunehmen scheint, wählt er die Sprache der Gewalt, um auf sich aufmerksam zu machen. Und Jim Horn ist an einem Punkt angekommen, an dem er die Kontrolle über sein Leben und seine eigene kleine Welt verliert. Alles bricht zusammen, die Alpträume eines anderen, des Mörders, werden seine eigenen, und so läßt ihn die Beschäftigung mit Gewalt selbst zur Gewalt greifen. Es ist ein pessimistischer Entwurf der Welt, in dem uns nur Frank noch ein bißchen Hoffnung macht. Seine Figur, die im Pilotfilm einer

Art von faszinierendem Rätsel gleicht, gewinnt hier Konturen. Man erfährt, daß er selbst auch einmal da war, wo Jim Horn jetzt angekommen ist, und den Zusammenbruch schon erlebt hat. In Horn scheint sich nun seine eigene Biographie zu wiederholen, deswegen strahlt Lance Henriksen, immer wenn er mit Horn zusammen ist, eine solche wortlose Traurigkeit aus, deswegen versucht er immer wieder, ihn zu ›retten‹. Die Probleme des anderen liefern Black eine Geschichte und dem Zuschauer Bilder, die diese erfahrbar macht.

Lange Zeit hält »Heute hier, morgen tot« die Identität des Mörders, sein Gesicht, im Dunkeln. Dadurch bekommt die Folge noch eine besondere Spannung. Immer deutet sich an, daß auch Horn selbst der Mörder sein könnte. Das Profil, das er erstellt, paßt perfekt auf ihn selbst, und seine Instabilität läßt den Zuschauer in der ersten Hälfte der Episode mehr als nur einmal befürchten, daß Black hier mit einem Killer arbeiten muß. In dieser Hinsicht erinnert die Folge deutlich an Filme wie Richard Tuggles TIGHTROPE (dt.: DER WOLF HETZT DIE MEUTE) oder Bruce Robinsons JENNIFER 8, in dem Lance Henriksen eine kleinere Rolle hatte – auch in ihnen ist der in einer Mordserie ermittelnde Polizist eine Zeitlang selbst mehr als verdächtig. Da Horn nicht der Killer ist, schließen Morgan und Wong mit ihrer Figur des an seiner Arbeit zugrunde gehenden *profiler* ganz klar an Charaktere wie Will Graham aus MANHUNTER oder Thomas Dusenberry aus James Ellroys SILENT TERROR (dt.: STILLER SCHRECKEN) an.

Die Figur des namenlos bleibenden Killers wirkt wie ein Konglomerat realer Serienmörder. So erinnern gleich mehrere Aspekte des ersten Mordes an einen am 12. Oktober 1979 in der New Yorker Bronx begangenen Mord. Wie der Killer in »Heute hier, morgen tot« hat auch dieser Mörder das Gesicht der Toten verdeckt, damit er es nicht betrachten mußte. Außerdem mußte er wie der Namenlose gegen seinen Willen seine Notdurft am Tatort verrichten und hat den Kot nachher bedeckt. Währenddessen erinnert die Vorgehensweise des Namenlosen bei seinem dritten Opfer – als er so tut, als sei er hilflos – ganz deutlich an Ted Bundy, der auch mit vorgetäuschten Behinderungen an die Hilfsbereitschaft junger Frauen appelliert hat, um sie dann überraschend zu überwältigen. Selbst sein Auto, ein alter orangefarbener VW-Bus, gilt in Ermittlerkreisen des FBI als ein äußerst beliebtes Fahrzeug unter den Serienmördern der 70er und 80er Jahre.

MLM-103 »Dein Reich komme« (Kingdom Come)

Erstausstrahlung USA: 29.11.1996
Drehbuch: Jorge Zamacona
Regie: Winrich Kolbe
Gaststars: Michael Zelniker (Galen Calloway), Lindsay Crouse (Ardis Cohen), Laurie Murdoch (Pater Schultz), Arnie Walters (Pater Silas Brown), Terence Kelly (Detective Kerney), Ed Harrington (Marcus Crane), Wanda Wilkinson (Schwester Beatrice), Tom McBeath (Detective Romero), Jan Burrell (Jill Harned), Peter Haworth (Reverend Jack Harned), Brad Wattum (Reverend), Alan Lehros (Jonathan Matewon), Roger Allford (Golfspieler), Ralph J. Alderman (Motel-Manager)

»And there will be such
intense darkness
That one can feel it.«

(… auf daß es so finster werde
[…], daß man's greifen mag.)

2. Mose 10, 21

Inhalt: Die Adventszeit hat gerade begonnen. In einer katholischen Kirche in Tacoma, Washington, probt einer der Gemeindepriester, Pater Schultz, mit dem Kirchenchor, während der Jesuit, Pater Silas, im Beichtstuhl einigen Menschen die Beichte abnimmt. Einer der Beichtenden, Galen Calloway, benimmt sich mehr als seltsam. Mit seinen Äußerungen kehrt er das Beichtritual um, so daß der Priester in die Rolle des

Sünders gerät. Weil er den Beichtstuhl abrupt verläßt, folgt ihm Pater Silas. Als der Geistliche vor der Kirche auf ein Auto mit laufendem Motor, in dem er Calloway vermutet, zugeht, wird er von hinten mit einer Eisenstange niedergeschlagen. Calloway fesselt ihn mit Ketten an einen Pfahl und errichtet eine Art von Scheiterhaufen vor der Kirche, auf dem er Pater Silas bei lebendigem Leib verbrennt, während in der Kirche weiter der Chor probt, der erst von den Schmerzensschreien Silas' unterbrochen wird.

Am nächsten Morgen. Das Frühstück der Blacks wird unterbrochen von einem Geräusch aus dem Wohnzimmer. Ein Vogel ist gegen die große Scheibe geflogen und hat sich dabei schwer verletzt. Während Jordan von Catherine wissen will, ob der Vogel wieder gesund wird oder sterben muß, erhält Frank einen Anruf. Ardis Cohen, eine weitere Mitarbeiterin der *Millennium Group*, bittet ihn, zu der Kirche in Tacoma zu kommen, vor der am vorherigen Abend Pater Silas verbrannt wurde. Ardis Cohen und Frank hatten schon vor vier Jahren, 1992, als sie beide noch beim FBI waren, an einer Mordserie gearbeitet, bei der drei Geistliche auf die gleiche Art getötet wurden und die dann einfach aufhörte, ohne daß der Täter gefunden wurde. Als Frank sich den Tatort genauer ansieht, erkennt er, daß Pater Silas bei seiner Verbrennung einen Sanbenito, einen schwarzen Umhang, getragen hat, in dem im Mittelalter Häretiker auf den Scheiterhaufen geschickt wurden. Wie schon vor vier Jahren erfolgte die Verbrennung ganz nach dem Vorbild der Inquisition. Allerdings unterscheidet sich das Ritual hier in einem Punkt von den früheren. Der Geistliche hatte eine spanische Münze im Mund, als er starb.

Wenig später ertränkt Galen Calloway einen protestantischen Geistlichen aus Cheyenne, Wyoming, in einem Tümpel auf einem Golfplatz. Auch dieser Mord folgt wieder ganz dem Vorbild eines mittelalterlichen Bestrafungsrituals, mit dem Angehörige der Inquisition Menschen getötet haben, die als Ketzer angeklagt und verurteilt wurden, und bestätigt damit Franks Theorie, daß der Mörder ganz bewußt, aus persönlichen Gründen, diese Foltern nachstellt. Im Magen des Geistlichen wird das Hochzeitsband eines Mannes entdeckt. Bei der systematischen Durchsuchung des Wassers findet Frank den an einem weiteren Hochzeitsband hängenden Verlobungsring einer Frau, in den die Initialen ›J. M. M.‹ eingraviert worden sind. Diese Initialen führen Frank, Ardis und die Polizei zu einem Exhäftling, der ein paar Tage zuvor aus Tacoma nach Cheyenne gekommen ist und nun in einem Motel wohnt. Als Frank ihm gegenübersteht, weiß er sofort, daß dieser Mann nicht der Täter ist.

Etwa zur gleichen Zeit bricht Galen Calloway in das Archiv einer Kirche in Rockford, Illinois, ein. Dabei wird er von der Sekretärin der Gemeinde überrascht, die er niederschlägt. Er stiehlt die Taufregister mehrerer Jahrgänge und läßt eine spanische Münze in dem Chaos, das er in dem Büro angerichtet hat, und – entgegen seinem sonst sehr vorsichtigen Vorgehen – einige blutige Fingerabdrücke zurück. Als sich herausstellt, daß die Abdrücke unvollständig sind und von Fingern stammen, die in irgendeiner Form verstümmelt wurden, hat Frank eine entscheidende Vision, bei der sich ihm Calloways eigentliche Motivation offenbart. Er nimmt an, daß der Täter, ein religiöser Mensch, bei einem Brand, bei dem er sich auch die Verletzungen an den Händen zugezogen hat, einen schweren, emotional nicht zu verarbeitenden Verlust erlitten hat, der der Auslöser für die Mordserie ist. Seine Taten sind symbolische Akte, mit denen er in seinen Vorstellungen nicht die Geistlichen, sondern den Glauben an sich tötet. Außerdem kommt Frank zu dem Schluß, daß der Mörder aus Rockford oder der Umgebung stammt und in dem Archiv nach Papieren, die ihn ganz direkt betreffen, gesucht hat. Auch wenn Frank mit seiner Vermutung, daß ein Geistlicher aus Rockford das nächste Opfer sein wird, richtig liegt, gelingt es ihm nicht mehr, das Leben von Reverend Harned zu retten, den Calloway, wiederum den Regeln der Inquisition folgend, brutal foltert und tötet. Bei der Leiche hat Frank eine erneute Vision, in der er sieht, wie eine Frau und ein junges Mädchen in den Flammen eines Feuers sterben. Daraufhin läßt er die Polizei von Rockford in ihren Akten nach einem Mann suchen, der seine Familie bei einem Brand verloren hat. Die Durchsicht der Akten liefert Frank und Ardis den Namen von Galen Calloway, der als Religionslehrer an einer katholischen Schule unterrichtet hat, bevor er 1989 seine Frau und seine sechsjährige Tochter bei einem Brand verloren hat, den er selbst nur knapp überlebte. Vor vier Jahren, als die erste Mordserie abriß, wurde er zu fünf Jahren Gefängnis verurteilt, weil er in betrunkenem Zustand einen Menschen überfahren hatte. Jetzt ist er seit kurzer Zeit wieder auf Bewährung frei. Frank ist davon überzeugt, daß er wieder zuschlagen wird, und zwar entweder in der Kirche, in der die Trauerfeier für seine Frau stattfand, oder in der, in welcher seine Tochter getauft wurde.

Noch am selben Abend stürmt Calloway mit einer Pistole bewaffnet und an seinem Körper befestigten Dynamit eine Kirche, in der gerade eine Messe abgehalten wird. Er nimmt die gesamte Gemeinde und ihren Pfarrer als Geiseln. Während sich draußen ein Sondereinsatzkommando darauf vorbereitet, Calloway im Sturm zu überwältigen, hält er drinnen eine Predigt über die Machtlosigkeit Gottes und die Lügen der Kirche. Frank glaubt, daß er mit Calloway verhandeln und so ein mögliches Blutbad verhindern kann. Als in der Kirche ein Schuß fällt – Calloway hat den Pfarrer in einem Moment blanker Wut angeschossen –, entscheidet sich Frank dafür, in die Kirche zu gehen und ganz direkt mit Calloway zu sprechen. In dem Gespräch mit Calloway führt er ihm seine Situation vor Augen, die Unmöglichkeit des Vorhabens, den Glauben zu töten. In seiner Verzweiflung versucht Calloway sich selbst zu erschießen, scheitert dabei aber und wird von der Polizei überwältigt. Wieder zu Hause, spricht Frank mit Catherine über den Fall und darüber, wie sie Jordan die Bedeutung des Todes erklären können. Beide sind sich dabei einig, daß sie trotz all der Dinge, die sie erlebt haben und noch immer täglich erleben, nicht ihren Glauben verloren haben.

Kommentar: Irgendwann in den 80er Jahren begann in den Industrienationen ein zu diesem Zeitpunkt überraschender Trend, die Hinwendung zu einer neuen Religiosität. Nach Jahrzehnten, in denen die Wahrheit über die Greuel des Faschismus und die Schrecken des Zweiten Weltkriegs Nietzsches ›Gott ist tot‹ zum Bekenntnis der meisten gemacht hatte und an die Stelle von Spiritualität Rationalität getreten war, gewann der Glaube wieder an Bedeutung. Und je näher das Ende des zweiten Jahrtausends gerückt und die Zukunftsungewißheit immer größer geworden ist, desto häufiger hat die Suche nach dem Sinn unserer Existenz die Menschen zu den alten und neuen Religionen geführt. Wie eine immanente Geschichte dieser Entwicklung, die auch gerade in der Popkultur ihre Spuren hinterlassen hat, wirken heute Anne Rices VAMPIRE CHRONICLES, die fünf Romane über den Vampir Lestat und seine Weggefährten. Sie beginnen als eine Auflehnung gegen die christlichen Religionen aus dem Geiste des Existentialismus und enden mit einem Roman, den Anne Rice Gott gewidmet hat. Mit der Rückwendung zum Glauben ist auch die Frage verschwunden, ob es angesichts des Bösen in der Welt, angesichts sinnlosen Sterbens überhaupt einen Gott geben kann. An ihre Stelle ist die Frage danach getreten, wie wir uns zu einem Gott stellen, der uns geschaffen und dann allein gelassen hat. Sie steht hinter so unterschiedlichen Werken wie Michael Tolkins Debütfilm THE RAPTURE und Garth Ennis' ungeheuer populärer Comicserie ›Preacher‹. Auch die MILLENNIUM-Episode »Dein Reich komme« ist ganz deutlich von ihr beeinflußt, obwohl sie diese Frage unter einem vollkommen anderen Blickwinkel betrachtet. THE RAPTURE, die Geschichte einer spirituellen Suche nach Gott, die damit endet, daß die Suchende Gottes Liebe ausschlägt, und ›Preacher‹, die von Gewalt und Wahnsinn geprägte Odyssee eines abtrünnigen Priesters, der den aus dem Himmel verschwundenen Gott sucht, um ihn für seine Untätigkeit zur Rechenschaft zu ziehen, verbindet bei all ihren Unterschieden doch eins. Sie sind heftige, provozierende Anklagen gegen Gott. Während in ihnen Wut die treibende emotionale Kraft ist, herrscht in »Dein Reich komme« eine für MILLENNIUM vielleicht typische Melancholie vor, die sich mit einer ganz eigenartigen, im Konzept der Serie zunächst fast unverständlichen Hoffnung verbindet. Nicht Gott, sondern der Glaube als Kraft an sich steht dabei im Zentrum der Überlegungen des Drehbuchautors Jorge Zamacona.

Von ihrer Grundsituation her erinnert die Folge teilweise sehr stark an den von Garth Ennis geschriebenen und von Warren Pleece gezeichneten englischen Comic ›True Faith‹, der 1989 entstanden und dann auch aufgrund einer kurzen, aber heftigen Zensurdebatte zu einer Kultgeschichte geworden ist. Wie »Dein Reich komme« erzählt auch ›True Faith‹ von einem Mann, der bei einem Schicksalsschlag seine Frau und sein Kind verloren hat. Er beginnt daraufhin, Kirchen anzuzünden und Priester zu töten. Mit diesen Taten will er Gott provozieren, ihn zwingen, sich zu offenbaren, damit er ihn dann auch töten kann. Genauso wie in ›True Faith‹ richtet sich in »Dein Reich komme« die Gewalt gegen religiöse Institutionen, gegen Priester, die die Mittler zwischen Gott und uns Menschen sind, und genauso wie dort hat sie auch hier ein weiter reichendes, indirektes Ziel. Nur will Galen Calloway nicht Gott töten, sondern seinen eigenen, christlichen Glauben, der ihn fast sein ganzes Leben lang angetrieben hat, ausrotten. Die Idee, die hinter seinen Taten steht, ist die einer Auslöschung durch Umkehrung. Jahrzehntelang hat der christliche Glaube sein Leben bestimmt, ihm einen Sinn gegeben, doch mit dem Feuertod seiner Familie ist die Verzweiflung gekommen. Von da an wollte er nicht mehr glauben, weil das, was er erlebt hatte, scheinbar nicht zu vereinbaren ist mit dem im Christentum vorherrschenden Bild eines gütigen, liebenden Gottes.

Er kehrt Rituale der christlichen Religion um, macht sie so zur Waffe gegen die, die sie erschaffen haben. Er entwirft in seinen Gedanken eine Antireligion, in der aus Weiß Schwarz und aus Schwarz Weiß wird. Deshalb predigt er vor der verängstigten Gemeinde nicht vom Himmel, sondern von der Hölle, nicht von Vergebung und Liebe, sondern von ihrer Abwesenheit. Deshalb tötet er Geistliche mit den Mitteln der Inquisition, so als seien sie Ketzer. Natürlich wird er mit seinem vorgeblichen Glauben an die Übermacht der Hölle, an die Wirkungslosigkeit der Liebe selbst zum Häretiker, zu einem von denen, die in ihren Überzeugungen von entscheidenden Dogmen der christlichen Lehre abweichen, die die Gemeinschaft der Kirche verlassen und damit zum Ketzer werden. Doch die Frage, wer ein Häretiker ist und wer nicht, war schon immer eine des jeweiligen Standpunkts. Dies wird in der Handlung von »Dein Reich komme« offensichtlich, die die brutale Absurdität von Begriffen wie ›Ketzer‹ und ›Häretiker‹ entlarvt.

Calloways Taten sollen das Fundament eines Antiglaubens bilden, der seinen christlichen Glauben und alle Hoffnungen, die mit ihm verbunden sind, in ihm auslöschen soll. Daß Zamacona Calloway genau daran scheitern läßt, macht »Dein Reich komme« zu einem einzigen Glaubensbekenntnis, der hoffnungsvollsten Episode der ersten Staffel. Der Glaube an Gott und christliche Vorstellungen von der Errettung der Menschen sind hier stärker als alles andere. Dies muß nicht nur Calloway, sondern zuerst einmal Frank Black selbst erkennen. Sein Schlußbekenntnis, daß er immer noch seinen Glauben besitzt, ist eine seiner ganz wenigen Äußerungen in der ersten Staffel, mit denen er zu spirituellen Fragen direkt Stellung bezieht. Sie gibt uns eine zweite Erklärung dafür, woher er die Kraft nimmt, weiterzumachen.

MLM-104 »Der Richter« (The Judge)

Erstausstrahlung USA: 15.11.1996
Drehbuch: Ted Mann
Regie: Randy Zisk
Gaststars: Marshall Bell (der Richter), John Hawkes (Bardale), Chris Ellis (Penseyres), Stephen James Lang (Detective

Teeple), CCH Pounder (Cheryl Andrews), Michael Puttonen (Pathologe Massey), David Fredericks (Jonathan Mellen), Kirsten Williamson (Postangestellte), J. R. Bourne (Carl Nearman), Donna White (Annie Tisman), Eva DeViveiros (Assistant D. A. Aquila), Kate Robbins (Marilyn), Beverly Elliot (Terry), Gabe Khouth (Paketbote)

»... the visible world seems formed in love,
the invisible spheres were formed in fright.«

(... die sichtbare Welt scheint aus Liebe gemacht,
die unsichtbaren Sphären aus angstvoller Nacht.)

Herman Melville, 1819–1891

Inhalt: Ein Mann namens Carl Nearman, der – wie sich später herausstellen wird – ein mehrfach verurteilter Straftäter ist, betritt die Imbißecke einer Bowlinghalle. Er gibt seine Bestellung auf und beobachtet die ganze Zeit über einen Mann an einem anderen Tisch. Dabei scheint sein Blick auf dessen Zunge fixiert zu sein. Als dieser Mann, der ehemalige Polizist Jonathan Mellen, seine Rechnung bezahlt, verschwindet Nearman unbemerkt. Als Mellen zu seinem Auto kommt, wartet Nearman schon auf ihn und schlägt den Ex-Cop mit einer Bowlingkugel nieder. Dann zieht er ein Messer.

Ein paar Tage später erhält Annie Tisman, eine vollkommen durchschnittliche Frau, die ein ganz normales, ruhiges Leben als Witwe führt, ein Paket, in dem sich eine abgeschnittene menschliche Zunge befindet. Bob Bletcher zieht Frank Black zu diesem Fall hinzu und teilt ihm mit, daß es in den letzten vier Jahren schon drei ähnliche Fälle gegeben habe. Immer wurden Körperteile, meist Finger, die von noch lebenden Menschen amputiert wurden, an ganz normale Bürger Seattles geschickt. Es gibt keinerlei Verbindungen zwischen den einzelnen Empfängern, und – was Bletcher und sein Team noch mehr beunruhigt – es wurden nie die Leichen derer gefunden, von denen die verschickten Gliedmaßen stammen. In der Hoffnung, daß eine spezielle Untersuchung der

Zunge entscheidende Hinweise auf die Verbrechen, bei denen sich Brutalität mit einem ungewöhnlichen Maß an Überlegung und Planung verbindet, liefern könnte, zieht Frank die Pathologin der *Millennium Group*, Cheryl Andrews, hinzu. Ihre Untersuchung ergibt, daß sich das Vorgehen des Mörders in einem zentralen Punkt geändert hat. Zum erstenmal wurde das Körperteil post mortem, also nach der Ermordung des Opfers, amputiert.

Ein Mann steht am Ausgang einer dunklen Seitenstraße und wartet. Ein Bus der Strafvollzugsbehörde hält in der Nähe des Mannes, und Bardale, ein gerade aus dem Gefängnis entlassener Gewohnheitsverbrecher, steigt aus, geht über die Straße und betritt eine Bar, die ein Treffpunkt von ehemaligen Straftätern ist. Der Mann, der dies alles beobachtet hat, folgt ihm in die Bar, setzt sich neben Bardale an die Theke und spricht ihn an. Er nennt sich selbst ›der Richter‹ und scheint so ziemlich alles über Bardale zu wissen. Er bietet dem Exsträfling einen Job an und verspricht ihm, dafür zu sorgen, daß er nie mehr im Gefängnis landen wird. Seine Aufgabe wird es sein, als Henker die Urteilssprüche auszuführen, die ›der Richter‹ verkündet. Sein erster Job ist die Beseitigung Carl Nearmans, der vor ihm der Handlanger des Vigilanten war und der bei der Vollstreckung des Urteils an Jonathan Mellen geschlampt hatte.

Die nur unzureichend versteckte Leiche Mellens wird von zwei Spaziergängerinnen in einem Waldstück entdeckt. Als Frank in die Pathologie kommt, sieht er dort auch die Überreste Nearmans, der scheinbar in betrunkenem Zustand von einem Zug überfahren wurde. Die Leiche des Mörders löst eine Vision bei Frank aus, die eine klare Verbindung zwischen Nearman und Mellen schafft. Weitere forensische Untersuchungen, die auf Franks Drängen durchgeführt werden, bestätigen seine Vision. Inzwischen hat Frank von Catherine erfahren, daß der Ehemann von Annie Tisman vor zwölf Jahren wegen eines Raubüberfalls zu einer Gefängnisstrafe verurteilt wurde. Er hat dann mit der Begründung, daß die Verurteilung auf einer Falschaussage eines Zeugen basierte, Berufung eingelegt, wurde aber vor der erneuten Verhandlung im Gefängnis von einem anderen Häftling getötet. Es stellt sich heraus, daß Mellen falsch ausgesagt hatte und damit für den Tod Tismans verantwortlich war. Frank kommt zu dem Schluß, daß die Verstümmelungen und Morde die Taten eines ganz besonderen Vigilanten sind, der als Drahtzieher hinter Nearman steht, der als impulsiver, wenig intelligenter Gewohnheitsverbrecher niemals allein diese Verbrechen geplant und ausgeführt haben könnte.

In der Zwischenzeit hat ›der Richter‹ sich eines neuen Falls angenommen. Ein Mann namens Biggs, ein skrupelloser Hausbesitzer, der nur seinen Profit im Auge hat und keine Reparaturen an seinen Mietshäusern vornehmen lassen will, ist indirekt schuld am Tod einer alten Dame. Bardale bekommt nun den Auftrag, Biggs ein Bein unterhalb des Knies zu amputieren, während sich dieser bei vollem Bewußtsein befindet. Eine Arbeiterin der Post, die Pakete auf Bomben durchleuchtet, entdeckt den abgetrennten Teil des Beins in einem Karton. Spuren im Paket lassen Rückschlüsse auf den Ort der Amputation zu, und so findet die Polizei Biggs relativ schnell, aber dennoch zu spät; er ist an seiner Wunde verblutet.

Frank nimmt an, daß der Vigilant seine Henker immer unter ehemaligen Straftätern rekrutiert. Dies führt ihn und Bletcher in die Bar, in der ›der Richter‹ Bardale angesprochen hat. Frank entdeckt Bardale, dem es aber gelingt zu verschwinden. Da er allerdings das Auto ›des Richters‹ zurückläßt, kann die Polizei den Kopf hinter diesen seltsamen Selbstjustizaktionen finden. Die Beweise reichen allerdings für eine Anklage nicht aus, deshalb muß Bletcher ihn wieder freilassen. Vor seiner Entlassung aus der Untersuchungshaft spricht Frank noch mit ihm. In dieser Unterhaltung macht ›der Richter‹ ihm ein Angebot. Frank soll für ihn arbeiten. Dann wäre er auch alle seine Sorgen und Ängste um seine Familie los. Danach kommt ›der Richter‹ frei und ist sich sicher, daß ihm nichts mehr passieren kann. Da Bardale wie vom Erdboden verschluckt bleibt, kommt Frank zu dem Schluß, daß ›der Richter‹ ihn auf seinem Besitz versteckt. Tatsächlich findet er ihn dort auch. Bardale hat inzwischen ›den Richter‹ getötet, da dieser sich genauso wie seine Opfer die Lücken des Gesetzes zunutze gemacht hat. Für Bardale war er von diesem Moment an kein Richter mehr, sondern nur noch ein Schwein. Deshalb hat er die Leiche des Vigilanten auch bei dessen Schweinen vergraben.

Kommentar: Seit es Gesetze gibt, seit die Menschen begonnen haben, Regeln für ihr Leben in der Gemeinschaft einer Gesellschaft aufzustellen, dürfte es auch die Unzufriedenheit mit der Justiz, mit der Umsetzung dieser Regeln in die Wirklichkeit, geben. Mit dem Fortschreiten der Zeit und noch mehr mit dem der demokratischen Zivilisation sind die Gesetze und Verfahrensweisen immer komplexer und damit auch anfälliger für Ungerechtigkeit geworden. Gleichzeitig sind aber archaische Formen des Rechts – wie beispielsweise der Spruch ›Auge um Auge, Zahn um Zahn‹ – nie ganz aus den Köpfen der Menschheit verschwunden. Sie existieren weiter in unseren Vorstellungen von weniger komplizierten Gesetzen. Dieser Riß zwischen juristischer Wirklichkeit und einem archaischen Rechtsempfinden ist wahrscheinlich nirgendwo so groß wie in den Vereinigten Staaten, in denen Gesetze zum Schutz des einzelnen, zur Sicherung der Rechte unschuldig Verdächtigter zugleich Gesetzeslücken geschaffen haben, durch die dann auch Schuldige der Gerechtigkeit entschlüpfen können. Dieser Preis der Demokratie und eine noch aus den Zeiten des Wilden Westens stammende Mentalität des ›Zuerst schießen, dann fragen‹ haben in Amerika eine ganz eigene Tradition der Selbstjustiz geschaffen. Der Mann, der zur Waffe greift und damit das Gesetz in die eigene Hand nimmt, ist eines der ganz großen und zentralen Motive der amerikanischen Popkultur. Ohne seine Existenz würde es einen enormen Teil der Filmgeschichte gar nicht erst geben – einen Teil, der von DEATH WISH bis SLEEPERS, von den Rache-Western eines Budd Boetticher bis zu den ultraharten Frauen-Rächerfilmen der 80er Jahre reicht.

Im Lichte dieser Tradition gesehen, konnten Serien über die Jagd nach multiplen Mördern wie eben PROFILER und MILLENNIUM gar nicht ohne Folgen über einen Vigilanten auskommen, der im Endeffekt doch nichts anderes als ein Serienkiller ist, und so überrascht es auch nicht, daß es in der ersten Staffel beider Serien jeweils eine Folge gibt, die das Motiv der Selbstjustiz aufgreift. Während sich die Macher von PROFILER mit der Episode »Auge um Auge« allerdings für eine sehr konventionelle Geschichte über einen von der Todesstrafe besessenen Staatsanwalt, der zum brutalen und vollkommen durchgedrehten Serienmörder wird, entschieden haben, ist »Der Richter« ganz sicher eine der komplexesten und faszinierendsten Folgen der ersten MILLENNIUM-Staffel.

Zwar ist die Idee eines ›Richters‹, der seinen eigenen ›Gerichtshof‹ eingerichtet hat, Urteile ohne die Anwesenheit des Angeklagten, der sich auch nicht verteidigen kann, spricht und sie dann durch einen Henker ausführen läßt, auch nicht vollkommen neu, unter anderen gehen so die Vigilanten in Peter Hyams THE STAR CHAMBER (dt.: EIN RICHTER SIEHT ROT) vor. Aber allein die Form der Urteile, die jeweils mit einem genau vorgeschriebenen Vollstreckungsritual einhergehen, stellt schon eine Bereicherung des Motivs dar. Das Vorgehen des ›Richters‹ basiert von Anfang bis Ende auf ritualisierten Handlungen, die – vergleichbar dem offiziellen Justizsystem – ein genau zu befolgendes Verfahren etablieren. Die ›absolute Gerechtigkeit‹, deren Ausübung ›der Richter‹ für sich in Anspruch nimmt, liegt in den ritualisierten Vorgängen, die die Handlungen des Vigilanten entpersönlichen und so – nach seiner Vorstellung – auf eine höhere, jenseits von Rache und Vergeltung liegende Ebene transponieren.

»Der Richter« erweitert das Motiv der Selbstjustiz, die nicht Gerechtigkeit, sondern ein Verbrechen ist, auch durch das Ende des ›Richters‹ und durch die Handlungen seines Henkers. Bardale verliert seinen Glauben an den ›Richter‹ in dem Moment, als er selbst die Lücken des offiziellen Gesetzes nutzt und sich so wie seine Opfer vorher einer Verurteilung und der Strafe entzieht. Daraufhin tötet Bardale ihn und wird selbst zum Richter über den ›Richter‹. So wird der Gewohnheitsverbrecher und Mörder zu einem Vertreter ›absoluter Gerechtigkeit‹, der anders als ›der Richter‹ am Ende bereit ist, für seine Taten zu zahlen. Als Frank Black ihn bittet, sich den Polizisten zu stellen, folgt er ihm mit einem Zitat von Gary Gilmore, einem mehrfachen Mörder, der berühmt geworden ist, weil er darauf bestanden hat, daß sein Todesurteil durch Erschießen vollstreckt wird, und über den Norman Mailer eines der berühmtesten *true crime*-Bücher geschrieben hat – THE EXECUTIONER'S SONG (1979, dt.: GNADENLOS). Gilmore war ein Mörder, der so zu einem Inbegriff für einen Verbrecher wurde, welcher sich selbst einem typisch amerikanischen, einer idealisierten ›Wildwest‹-Tradition folgenden Begriff von männlicher Ehre verschrieben hat. Durch Bardales Handlungen und seinen Verweis auf Gilmore wird »Der Richter« von einer Variation des Selbstjustiz-Motivs zu einer Variation des Motivs der Männerehre, das eine ähnlich zentrale Bedeutung in der amerikanischen Popkultur hat und im Moment auch im Kino seine Renaissance erlebt mit Filmen wie Sidney Lumets NIGHT FALLS ON MANHATTAN (dt.: NACHT ÜBER MANHATTAN), Alan J. Pakulas DEVIL'S OWN (dt.: VERTRAUTER FEIND) und Kevin Reynolds 187.

Eine zentrale Bedeutung in der ersten Staffel kommt dieser Episode auch deshalb zu, weil sie einen entscheidenden Schritt in Richtung einer ›Millennium-Mythologie‹ markiert. »Der Richter« ist neben dem Anwalt Al Pepper aus »Powers ...« und Yaponchik aus »Maranatha« der mysteriöseste Gegenspieler Frank Blacks. Auch wenn er als Schweinefarmer und Tierauktionator eine relativ alltägliche Existenz führt, umgibt ihn etwas mehr als Geheimnisvolles. So als sei dieses bürgerliche Leben eine Tarnung, hinter der sich mehr als nur ein einfacher Vigilant verbirgt. In dem Moment, in dem er sein Angebot an Frank macht und ihm dabei Sicherheit für sich und seine Familie verspricht, beginnt man endgültig daran zu zweifeln, daß »der Richter« für sich allein steht. So sagt er auch zu Frank: »Sie und Ihre Gruppe von Beratern waren noch nie so nahe an mir dran, wie ich es diesmal erlaubt habe. Ich wollte, daß Sie mein Angebot hören, seine Wahrhaftigkeit fühlen, meine Stärke sehen.« Obwohl er hier nur für sich selbst zu sprechen scheint, deutet sein Wissen über die *Millennium Group* genauso wie das Angebot selbst darauf hin, daß er wie Frank ein Teil von etwas Größerem ist, einer Organisation oder auch einer Macht, die versucht, Frank auf ihre Seite zu ziehen. Zusätzliche Bedeutung erhält dieses Angebot noch durch das von Al Pepper zwölf Episoden später. Die Versprechungen, die ›der Richter‹ macht, ähneln denen des Dämons auffällig. Er selbst verstärkt das Rätsel um sich noch, indem er sagt, sein Name sei ›Legion‹. Als Frank daraufhin nachfragt, antwortet er: »Als Jesus von Nazareth Dämonen aus einer Herde verzauberter Schweine ausgetrieben hat, sagten – so will es die Erzählung – die Dämonen ihm, ihr Name sei ›Legion‹.« Eine Antwort, die gleich zwei beunruhigende Lesarten zuläßt. Zum einen assoziiert er sich hier mit Dämonen und nimmt so beinahe schon die Deutung des Angebots vorweg, die zu einem viel späteren Zeitpunkt innerhalb der Serie erst durch das Auftreten Al Peppers nahegelegt wird. Zum anderen bedeutet der Name ›Legion‹ auch, daß ein individueller Name, der eine einzelne Person bezeichnet, in bezug auf ihn nicht wichtig ist, da es viele Menschen von seiner Sorte gibt, die sich alle wie er selbst über ihre Handlungen definieren. So wird »der Richter« durch seine enigmatischen Äußerungen zum Teil einer Mythologie der Serie, die darin besteht, daß wir immer mehr den Glauben verlieren, die Fälle, die Frank Black bearbeitet, besäßen rein singulären Charakter. Sie werden Teil eines größeren Schemas, eines umfassenderen Kampfes, in dem es nicht mehr nur um einzelne Individuen geht. Dabei bleibt aber die wahre Natur dieses größeren Schemas die ganze Staffel über weitgehend im dunkeln, und wir bekommen nur wie hier in »Der Richter« kleine, nicht wirklich zusammenpassende Puzzlestücke, die unser Interesse an der Serie an sich aufrechterhalten sollen.

MLM-105 »Einmal ein Star« (522666)

Erstausstrahlung USA: 22.11.1996
Drehbuch: Glen Morgan und James Wong
Regie: David Nutter
Gaststars: Terry O'Quinn (Peter Watts), Joe Chrest (Raymond Dees), Sam Anderson (Pierson), Robert Lewis (Sullivan), William MacDonald (Agent Nolan), Ed Striedinger (Agent Mills), Roger Barnes (Agent Smith), Deryl Hayes (Officer Mark Stanton), Claudine Grant (Agent Wallace), Hiro Kanagawa (Agent Yung), Peter Bryant (Officer Riley), Mike Killeen (Reporter)

»I am responsible for everything …
except my very responsibility.«

(Ich bin verantwortlich für alles
… außer für meine eigentliche Verantwortung.)

Jean-Paul Sartre

Inhalt: In dem schicken Washingtoner Pub *The Queen's Arms* sitzt der Wartungsmonteur Raymond Dees allein rauchend an einem Tisch, neben ihm steht seine Aktentasche. Raymond beobachtet die anderen Gäste des Pubs, hauptsächlich britische Diplomaten und Botschaftsangestellte. Vor seinem inneren Auge sieht er sie im Moment einer Explosion und hört ihre panischen Schreie. Er verläßt die Bar und ruft von einem Münzfernsprecher aus den Polizeinotruf an, meldet sich aber nicht. Statt dessen drückt er auf der Tastatur die von Piepstönen begleiteten Zahlen 522666. Er begibt sich in das Parkhaus gegenüber des *Queen's Arms*, wo er gierig raucht und den Countdown verfolgt, der auf seiner Digitaluhr angezeigt wird. Kurz bevor dieser abgelaufen ist, beginnt Dees heftig zu masturbieren, er versucht offensichtlich seinen Orgasmus mit dem Ende des Countdowns zu synchronisieren. Bei ›0‹ schließlich erschüttert eine Explosion den Pub, Dees wird von deren Druckwelle erfaßt und zu Boden gerissen.

In Seattle verfolgt Frank Black die TV-Berichterstattung über die Explosion. Bereits ahnend, daß die Millennium-Gruppe in dem Fall ermitteln wird, beginnt er Vorbereitungen für die Reise nach Washington zu treffen. Die Fernsehreportage zeigt derweil die Rettungsarbeiten in den Trümmern des Pubs, die von zahlreichen selbstlosen Zivilisten unterstützt werden – unter ihnen Raymond Dees.

In Washington schließen sich Frank Black und Peter Watts den Ermittlungen unter Agent Pierson an. Neben der Millennium-Gruppe sind auch FBI, ATF und die Washingtoner Polizei beteiligt. Nach dem Anschlag gehen zahlreiche Bekenneranrufe extremistischer Organisationen ein, die sich jedoch offensichtlich alle mit fremden Federn schmücken wollen. Einzig der Anruf Dees' gibt Frank zu denken. Er stellt fest, daß den Tasten 522666 (bei amerikanischen Telefonen) die Buchstaben KABOOM entsprechen.

Die Untersuchung des Tatorts ergibt, daß es sich bei dem Täter vermutlich nicht um einen Terroristen, sondern einen technisch versierten Amateur handelt. Frank hat Visionen der Tagträume Dees', welche dieser während seines Aufenthalts in dem Pub hatte, und realisiert, daß Dees Explosionen sexuell erregen, weshalb er das Spektakel vermutlich beobachtet hat. In dem Parkhaus gegenüber bestätigt sich Franks Verdacht: Er und Pierson finden die Zigarettenkippen Dees' sowie eine spermatriefende Serviette des *Queen's Arms.* Wie sich bei der Analyse der Bombenfragmente zeigt, verfügt der Täter tatsächlich über erstaunliches Fachwissen, was Explosivstoffe und Elektronik angeht. Frank vermutet deshalb, daß der Attentäter mit elektronischem Überwachungsequipment die Funksprüche und Mobiltelefon-Unterhaltungen der Ermittler verfolgen wird. Aus diesem Grund wird keiner der Beamten sein Handy benutzen – außer Frank. Bereits nach kurzer Zeit beißt Dees an und übermittelt Frank seinen kodierten Künstlernamen: KABOOM. Frank versucht ihn lange genug in ein Gespräch zu verwickeln, um seine Position zu orten, doch vergeblich. Dees verhöhnt ihn, indem er alle 15 Minuten anruft, um sofort wieder aufzulegen, nachdem er 522666 eingegeben hat. Aufgrund eines Versehens ist es Dees möglich, ein Gespräch zwischen Frank und Catherine zu belauschen, die dann ihrerseits Zeugin der darauf folgenden Unterhaltung zwischen Dees und ihrem Mann wird. KABOOM offenbart Frank, daß er Explosionen für Kunst hält, und unterrichtet ihn davon, daß man sein nächstes Werk am nächsten Morgen um neun Uhr bewundern könne. Er hat die Absicht, ein Star zu werden.

Die fieberhafte Suche der Ermittler nach einer Bombe an wahrscheinlichen Zielen KABOOMS ist vergeblich. Erst knapp 20 Minuten vor neun Uhr realisiert Frank Black, daß sich gegenüber einem der durchsuchten Wolkenkratzer ein Parkhaus befindet, und gibt den Alarm zur Evakuierung der Büros. Doch zu spät: Frank muß in diesem Moment von dem Parkhaus aus mit ansehen, wie die Bombe eine Viertelstunde eher als angekündigt explodiert. Sekunden später meldet sich Dees bei Black – die Explosion war nur der Auftakt, er hat noch eine zweite Bombe im dritten Stock des Gebäudes versteckt. Frank Black stürzt zu dem Hochhaus, um die Überlebenden und die Helfer zu warnen, doch erreicht er die zweite Bombe KABOOMS erst im Moment ihrer Detonation. Im letzten Augenblick reißt ihn ein Arbeiter in die Deckung eines Schreibtisches.

Frank erwacht im Krankenhaus, Catherine an seiner Seite. Im Fernsehen läuft ein Interview mit dem Retter Franks, einem Wartungsmonteur, der in dem Bürohochhaus arbeitet – Raymond Dees, ihn erkennt Frank intuitiv als den Bomber. Pierson widerstrebt der Gedanke, einen von der Nation gefeierten Helden zu verhaften. Doch als Peter Watts herausfindet, daß Dees Angehöriger einer Spezialeinheit für Sprengstoff war, stürmen die Beamten seine Wohnung. Ohne Erfolg. Dees hörte ihren Funkverkehr ab und konnte entkommen. Allerdings finden sich Anhaltspunkte dafür, daß er noch eine weitere Bombe konstruiert hat.

Als Frank in sein Auto steigt, erhält er einen Anruf von KABOOM, der nur wenige Meter entfernt in seinem Wagen sitzt, in seiner Hand eine Fernbedienung. Er teilt Frank mit, daß sich die Bombe in dessen Wagen befinde. Doch in der Wohnung Dees' können die Beamten das Gespräch auf dessen eigenen Überwachungsgeräten mit anhören. Als der Bomber Anstalten macht, die Sprengladung in Franks Wagen zu zünden, wird er von einem Scharfschützen getötet. Nachdem Peter Watts beide Wagen zweimal durchsucht hat, steht fest, daß sich weder in Raymond Dees' noch in Frank Blacks Auto ein Sprengsatz befand. Frank muß erkennen, daß er und die anderen Beamten von Anfang an nur Marionetten Dees' waren.

Noch während die Polizei am Tatort Spuren sichert, beginnen sich die Medien auf den Fall zu stürzen. Bereits wenige Minuten nach seinem Tod ist KABOOM ein Star.

Kommentar: Mit dem Autorengespann Glen Morgan & James Wong und dem Regisseur David Nutter vereinigt »522666« eines der beliebtesten kreativen Teams der AKTE X, verantwortlich unter anderem für solche Favoriten von Fans und Kritikern wie »Eis« (»Ice«), »Die Botschaft« (»Beyond the Sea«) und »Ein neues Nest« (»Tooms«). Interessanterweise verfügt die Folge jedoch – entgegen zahlreichen bereits im Vorfeld geäußerten Vermutungen – über keinen distinkten AKTE X-Touch. Zudem bemühten sich die Autoren, auch die – zugegebenermaßen noch nicht besonders ausgetretenen – Pfade von MILLENNIUM zu verlassen. Denn Morgan und Wong gehörten zu den ersten, die auf eine sich bereits in diesem frühen Stadium der Serie abzeichnende Routine aufmerksam wurden. Dieser Entwicklung versuchte das Autorengespann entgegenzuwirken, noch bevor sie allzu augenfällig wurde:

»Wir merkten, daß MILLENNIUM langsam in eine Routine verfiel, die durch getragen erzählte, unheimliche Geschichten über Serienkiller charakterisiert war. Wir nahmen uns vor, eine Geschichte auf andere Weise zu erzählen, eine Folge mit einem erheblich höheren Erzähltempo abzuliefern. Während unserer Recherche lasen wir von einem FBI-Agenten, der nach dem Bombenanschlag auf das World Trade Center die

Nachrichten sah und einfach anfing zu packen. Sie hatten ihn noch nicht angerufen, aber ihm war schon klar, daß er nach New York fahren würde. Auf diese Weise wollten wir anfangen und sich die Folge von diesem Moment an einfach entwickeln lassen, in der Hoffnung, der Serie eine andere Art von Energie zu verleihen und das Publikum wissen zu lassen, daß es nicht schon wieder um einen unheimlichen Typen geht, der auf der Pirsch nach Menschen ist.«

»522666« hob sich dann auch deutlich von den vorherigen Folgen ab, doch stellte der Versuch, die Serie für andere Geschichten zu öffnen, nur wenig mehr als den berühmten Tropfen auf den heißen Stein dar. Die Kritik, die Morgan und Wong bereits nach fünf Folgen äußerten, wurde im weiteren Verlauf der Staffel sowohl von Zuschauern und Journalisten als auch von den *Fox Executives* aufgegriffen und immer öfter und vehementer vorgetragen.

Als Chris Carter bei *Fox Television* anfing und man ihn mit der Entwicklung einer eigenen Fernsehserie beauftragte, erinnerte er sich an eine Sendung, die er als Jugendlicher mit Begeisterung sah – KOLCHAK – THE NIGHT STALKER. Er bedauerte, daß es keinen mehr wie den unerschrockenen Reporter Carl Kolchak gab, der im Untergrund Chicagos auf die Jagd nach dem Paranormalen ging, was dem kleinen Chris und seinen Freunden regelmäßig die Haare zu Berge hatte stehen lassen. Mögen die Plots über urbane Vampire und Werwölfe, indianische Bärengötter und das Spanische-Moos-Monster aus heutiger Sicht ein wenig naiv wirken (wozu die klischeehaft bekifften, Räucherstäbchen schwenkenden und Schlaghosen tragenden Seventies-Komparsen einiges beitragen), so kann doch kein Zweifel darüber bestehen, daß sich die Macher mal mehr, mal weniger ernsthaft Mühe gaben, dem Zuschauer Angst einzujagen – sie machten echtes Horror-TV (oder für die Jüngeren unter uns: eine ›Mystery-Serie‹). Nachdem ›KOLCHAK‹ im März 1973 eingestellt worden war, begann es um den televisionären Schrecken schlecht auszusehen, es entstanden kaum noch Serien in diesem Genre. Zum einen sah man im Kino einen übermächtigen Konkurrenten, dessen blutrünstigen Trümpfen wie THE TEXAS CHAINSAW MASSACRE oder CANNIBAL GIRLS man nichts entgegenzusetzen hatte. Zum anderen hatten die TV-Gewaltigen Amerikas die Befürchtung, daß eine verängstigte Zuschauerschaft vor dem nächsten Werbeblock wegschalten könnte, weshalb sie Horror komplett aus dem Programm verbannten oder in verwässerter Form feilboten. Der Mißerfolg dieser halbherzigen Serien schien ihnen recht zu geben, wobei es kein Wunder war, daß die Horror-light-Produkte bei den Fans auf wenig Gegenliebe stießen. Doch Chris Carter ließ sich nicht beirren, schwelgte in schrecklich schönen Jugenderinnerungen und läutete mit AKTE X eine neue Ära des TV-Horrors ein, die die Angst der Sender vor der Angst der Zuschauer als lächerliches Hirngespinst entlarvte.

Ein entscheidender Grund für die oft beunruhigende Wirkung der X-FILES ist in der Quelle des Schreckens zu suchen, in der oft hemmungslosen Vermischung von ›Dichtung‹ und ›Wahrheit‹, die der Serie oft erbittert vorgeworfen wurde und wird (zumeist mit dem Hinweis auf die Zuschauer im Kindesalter, denen der Unterschied noch nicht klar sein soll – weshalb sie tatsächlich die Existenz von Außerirdischen oder gar die bis ins Mark korrupter und gewissenloser Beamter und Politiker in Erwägung ziehen könnten). Die Autoren der AKTE X lassen sich nicht nur von den klassischen Halbwesen der Mythologie, urbanen Legenden und dem Kanon des Horrorkinos inspirieren, sondern auch von Sachbüchern über grenzwissenschaftliche Gebiete, Artikeln über neueste wissenschaftliche Erkenntnisse und vor allem von Berichten der in Amerika allgegenwärtigen Revolverblätter. Im Gegensatz zu den Ungeheuern, die Carl Kolchak jagte, kann man den Monstern der X-FILES – unbekannten biologischen Spezies, außerirdischen Entführern, der US-Regierung – auch außerhalb der Serie, nach dem Ende der einzelnen Episoden wieder begegnen. Sei es in neuen Reporten über das Attentat auf JFK, Büchern über Quantenphysik oder eher dubiosen Autobiographien

(AUSSERIRDISCHE STAHLEN MEIN BABY) und nicht zuletzt in den gellenden Schlagzeilen der *tabloids*, die an jeder Supermarktkasse der USA ausliegen. Die Verunsicherung über Chris Carters moderne Monster hält an, kürzer oder länger, je nach persönlicher Einstellung gegenüber dem Paranormalen – und der Regierung.

In dieser Beziehung ist der Horror von MILLENNIUM noch um einiges perfider und auswegloser gestaltet, denn den Monstern dieser Serie kann sich keiner entziehen, und das Wissen um ihre Existenz ist nicht von einer persönlichen Einstellung abhängig. Die Mörder und Serienkiller, Vergewaltiger und Kinderschänder, Killerkulte und Selbstmordsekten in MILLENNIUM stammen nicht aus den dubiosen Meldungen des *National Enquirer* oder der *Weekly World News*, sondern aus den Nachrichten und der Tageszeitung. Die Verquickung von ›Realität‹ und ›Fiktion‹ hat Carter noch ein gutes Stück vorangetrieben, denn in bezug auf die Effektivität dieser Verfahrensweise ist MILLENNIUM die konsequente Weiterentwicklung und Steigerung von AKTE X. Sein Ziel, eine Serie zu schaffen, die dem Zuschauer wirklich angst macht, hat Carter zum zweitenmal erreicht, vielleicht kam er ihm sogar zu nahe – das lassen jedenfalls die Publikumsreaktionen, die Kritiken und die Einschaltquoten befürchten.

Genau wie bei »Gehenna« spielten bei »522666« aktuelle Schlagzeilen eine große Rolle bei der Konzeption des Drehbuchs. Innerhalb kurzer Zeit wurde Amerika dreimal durch die Nachrichten von schweren Bombenattentaten erschüttert, die Empörung und ohnmächtige Wut auslösten. Die Hilf- und Schutzlosigkeit des einzelnen und der Gesellschaft gegenüber diesen willkürlichen und unvorhersehbaren Akten der Zerstörung und die Verwundbarkeit einer großstädtischen Kultur wurde Amerika schmerzlich bewußt. Morgan und Wong nutzten die Verunsicherung, die die Anschläge auf das World Trade Center in Manhattan, das Bürogebäude in Oklahoma und auf den Centennial Park bei den letzten Olympischen Sommerspielen in Atlanta geschickt aus.

Schlagzeilen spielen in »522666« aber auch noch eine andere, nicht minder wichtige Rolle. Sie sind nicht nur die Inspiration der Autoren, sondern auch das Motiv für den von Joe Chrest brillant dargestellten Bomber. Raymond Dees möchte selbst zum Gegenstand von Schlagzeilen werden, er will ein Star sein – um jeden Preis. Die Beweggründe KABOOMS erinnern an das Killerpärchen Mickey & Mallory aus Oliver Stones NATURAL BORN KILLERS, die aus der Masse des namenlosen *white trash* aufsteigen und zu gefeierten Superstars werden, indem sie bei jedem ihrer Massaker einen Zeugen am Leben lassen, der den gierigen Medien und ihrem sensationslüsternen Publikum die blutigen Details ihres Wirkens mitteilt. Doch publicitygeile Killer sind keine Konstruktion von Mystery-TV und medienkritischem Kino. Bereits in den (umstrittenen) Bekennerbriefen von Jack the Ripper kommt eine gewisse Genugtuung über seine Popularität zum Ausdruck, wobei das Erlangen von Berühmtheit sicher nicht das Motiv *saucy Jacks* war. Auch im Falle der (gescheiterten) Attentäterin Valerie Solanas, die sich nach ihrer Tat der Polizei mit den Worten »I shot Andy Warhol« stellte, spielte der Wunsch nach Ruhm eine gewisse Rolle. Doch Mangel an Anerkennung war nicht das einzige Problem der radikalfeministischen Gründerin von S.C.U.M., der *Society for Cutting Up Men* (Gesellschaft zur Abschlachtung der Männer).

Doch die jüngere Vergangenheit kann mit zwei Attentätern aufwarten, bei denen das Streben nach Ruhm und Anerkennung das treibende Element hinter ihren Verbrechen war. Mark David Chapman, der Mörder John Lennons, war seit dem Alter von 16 Jahren von J. D. Salingers Roman THE CATCHER IN THE RYE (dt.: DER FÄNGER IM ROGGEN) fasziniert. Nach seiner Tat berief er sich auf Holden Caulfield, den Helden der Geschichte. Chapman begann sich mit der Romanfigur zu identifizieren, und wollte noch kurz vor seiner Tat deren Namen annehmen. Er war schließlich derart von dem Buch besessen, daß er sich gezwungen sah, seine eigene Interpretation des Textes nachzuspielen. Diese sah vor, daß der

Exkopf der Beatles sterben mußte. In einem Brief an die *New York Times* teilte Chapman mit, daß sich der Grund für seine bevorstehende Tat in dem Roman Salingers finden ließe. Am 8. Dezember 1980 setzte er seine schwarze russische Pelzkappe mit Ohrenschützern auf, die der roten Jagdmütze Holden Caulfields in CATCHER IN THE RYE ähnelt, welche dieser seinen *people-shooting-hat* (Leute-Abknall-Hut) nannte. Er steckte einen .38er-Charter-Arms-Revolver und ein Exemplar seines Lieblingsbuches ein, das er mit der Widmung ›Von Holden Caulfield für Holden Caulfield‹ versehen hatte, und begab sich auf seine Mission zum Dakota Building (in dem übrigens Roman Polanski ROSEMARY'S BABY inszeniert hatte), vor dem er dann John Lennon niederschoß.

Er war davon überzeugt, daß er sich im Moment seiner Verhaftung (die von Anfang an Teil seines Planes war), wenn er laut die Worte »Ich bin Holden Caulfield, der ›Fänger im Roggen‹ der gegenwärtigen Generation« ausrufen würde, tatsächlich in sein Idol verwandeln würde. Bei der Durchsuchung seines Hotelzimmers fand sich vorne in der Bibel die Inschrift ›Holden Caulfield‹, der Name John Lennons war in das Evangelium nach Johannes eingefügt worden. Bei einer Befragung im Gefängnis räumte er ein, sich zwar nicht in Holden Caulfield verwandelt zu haben, wohl aber in den ›Fänger im Roggen‹ der gegenwärtigen Generation – eine Art Märtyrer-Heiland, der Lennon aufgrund der erklärten Absicht ermordet habe, Salingers Roman und die darin enthaltene messianische Botschaft zu fördern und zu verbreiten. Er äußerte: »Mit Hilfe der gottallmächtigen Medien wird jeder dieses Buch lesen. Und ich werde es benutzen, wie es noch nie zuvor benutzt wurde!« Bei seiner Urteilsverkündung schließlich las er eine Passage aus dem Roman vor. Ironischerweise wurde die Unterschrift des fanatischen Autogrammjägers Chapman nach seiner Verurteilung sehr gefragt. Im Gefängnis signierte er als gefeierte Berühmtheit Dutzende Exemplare von J. D. Salingers DER FÄNGER IM ROGGEN.

Eine ähnlich bizarre Vermischung von eigenem Leben,

Der nette Junge von nebenan, der zuviel Salinger las:
Mark Chapman, Mörder von John Lennon.

Wunschträumen und medialer Wirklichkeit findet sich im Fall des gescheiterten Reagan-Attentäters John W. Hinckley jr. Auch für Hinckley spielte das Werk John Lennons eine entscheidende Rolle, und genau wie Chapman vermischte er Lennons Ideen mit seinen eigenen verqueren Gedanken und reicherte sie mit Bezügen zu einem anderen Werk an. So wie Chapman dachte, DER FÄNGER IM ROGGEN sei nur für ihn geschrieben und mit einer persönlichen Botschaft des Autors an ihn versehen worden, ging Hinckley davon aus, Martin Scorseses und Paul Schraders TAXI DRIVER sei primär entstanden, um ihm eine Nachricht zu übermitteln. Hinckley begann sich mit der Rolle Robert De Niros, dem Vietnam-Veteran und Taxifahrer Travis Bickle, zu identifizieren, und verliebte sich in Jodie Foster, die Darstellerin der jungen Prostituierten Iris. Diese Schwärmerei wuchs sich zu einer richtiggehenden Besessenheit aus, und Hinckley versuchte ständig zu der Schauspielerin Kontakt aufzunehmen. Er nahm für die Foster ein Lied John Lennons neu auf, das dieser Yoko Ono gewidmet hatte, wobei er jeweils den Namen Yoko durch Jodie ersetzte. In Briefen erschuf er eine imaginäre Freundin, die er Lynne Collins nannte, die nach der TAXI DRIVER-Figur der Wahlhelferin Betsy (Cybill Shephard) modelliert war. Am Valentinstag 1981 unternahm Hinckley einen Selbstmordversuch. Statt eines Abschiedsbriefes hinterließ er ein Gedicht an Jodie Foster, das er ›A Reluctant Swan Song‹ (Ein widerwilliger Schwanengesang) betitelte. Das Gedicht spricht davon, daß sein Tod nicht umsonst sein werde, sondern daß er Jodie gewidmet sei. Nach dieser Episode begann er sich noch stärker mit Travis Bickle zu identifizieren, der, um die Prostituierte Iris zu beeindrucken und zu retten, einen Attentatsversuch auf einen Präsidentschaftskandidaten unternimmt und anschließend unter Zuhältern ein Blutbad anrichtet. Hinckley gab sich immer öfter der Phantasie hin, durch eine Flugzeugentführung Ronald und Nancy Reagan zu zwingen, das Weiße Haus zu verlassen, um für ihn und Jodie Platz zu machen. Da alle Versuche, mit Jodie Foster in Verbindung zu treten, gescheitert waren, nahm er sich vor, es Bickle gleichzutun und ein Attentat auf einen berühmten Politiker zu verüben. Sein Opfer sollte Ronald Reagan sein. Bevor er sich am 30. März 1981 aufmachte, um Reagan vor dem Washingtoner Hilton zu erschießen (wozu auch er eine .38er des gleichen Typs wie Chapman verwendete), verfaßte er noch einen Abschiedsbrief, in dem es hieß: »Jodie, ich bitte dich dringlichst darum, in dein Herz zu sehen und mir wenigstens die Chance zu geben, mit dieser historischen Tat deinen Respekt und deine Liebe zu erringen.« In einem weiteren Schriftstück hieß es: »Jodie, am Ende dieser Nacht werden John Lennon und ich eine Menge gemeinsam haben. Es ist alles für Dich.« Das Attentat schlug fehl (auch darin tat er es Bickle gleich), Reagan überlebte, Hinckley wurde verhaftet. Psychologen gehen davon aus, daß sich Hinckley nicht nur als Star, sondern auch in der Rolle eines Märtyrers sah, da es offenbar Teil seiner Phantasie war, nach dem gelungenen Attentat von Männern des *Secret Service* erschossen zu werden.

Die Stimmung vor Jahrhundertwenden ist erfahrungsgemäß von Pessimismus und Zukunftsängsten erfüllt. Wie nicht anders erwartet, haben sich diese traditionellen Begleiterscheinungen vor dem Wechsel zu einem neuen Jahrtausend potenziert. Latente Endzeitängste drängen machtvoll an die Oberfläche, Propheten der Apokalypse erleben weltweit eine beisspiellose Konjunktur. Das *pre-millennial fever* hat große Teile der Menschheit erfaßt.

Die Stimmung des Niedergangs und Verfalls des Menschen und der Kultur, die in solchen Perioden vorherrscht, wurde in der Literatur einer Kulturepoche eingefangen, die am Ende des 19. Jahrhunderts entstand, der *décadence.* Diese Bewegung, die auch oft als ein ästhetischer Kult gesehen wurde, nahm ihren Ursprung in Frankreich, ausgehend von den Dichtern des Symbolismus wie Stéphane Mallarmé, Paul Verlaine und Jean-Arthur Rimbaud. Als Hohepriester der *décadence* gilt Charles Baudelaire, dessen Gedichtesammlung LES FLEURS DU MAL (DIE BLUMEN DES BÖSEN) das Manifest der Bewegung darstellte, ihr Brevier war der Roman A REBOURS (GEGEN DEN STRICH) von Joris Karl Huysmans. Die wichtigsten Journale der Epoche waren *Le Décadent* und *The Yellow Book*. Die Dekadenten, zu denen auch Oscar Wilde, Aubrey Beardsley, Anton Pawlowitsch Tschechow, Hermann Joachim Bang, Rainer Maria Rilke, Thomas Mann, Hugo von Hofmannsthal und Stanislaw Przybyszewski zählten, lebten in dem Bewußtsein, einer überfeinerten, entarteten und verfallenden Kultur anzugehören, die sie bejahten. Es ist dies vielleicht das bedeutendste Merkmal dieser Kulturepoche, daß sie von ihren Zeitgenossen und Trägern auch tatsächlich als Endzeit erlebt wurde, sie sahen sich selbst als an der *maladie fin de siècle* erkrankt. Sie gaben sich einer zugleich lust- und leidvollen Erfahrung des Untergangs hin. Die Künstler entwickelten einen geradezu krankhaft raffinierten Geschmack, der sich an allen Formen und Facetten von Degeneration und Dekadenz delektierte. Die sogenannte Normalität ließ sie kalt, sie fühlten sich von den körperlich und seelisch zerrütteten, nicht lebensfähigen Naturen angezogen, betrieben einen Kult der Schwäche. Ihre Schriften ergingen sich in den Schilderungen verwickelter psychischer Vorgänge, des Krankhaft-Perversen und Verderbt-Schönen. Sie betonten, bejahten und forderten das Melodramatische, Bizarre, Exotische und Extravagante in ihrer Kunst. Sie verwendeten all ihr Streben auf die Ersetzung des Natürlichen durch das Künstliche, denn die Kunst galt ihnen alles, die Realität wenig. Vor der Wirklichkeit flüchteten viele von ihnen in die künstlichen Paradiese des Drogenrausches. Sie forderten eine Autonomie der Kunst, ihr Motto war ›ars artis gratia‹, Kunst um der Kunst willen, und sie befanden sich dabei auf der Suche nach immer neuen und ausgefalleneren Sensationen. Im Mittelpunkt zahlreicher Werke der *décadence* standen persönliche Erfahrungen und die Ergebnisse künstlerischer Selbstanalyse. Sie waren oft von einer Ästhetik des Bösen geprägt, die Strömung der Schwarzen Romantik erlebte eine Hochzeit. Die Arbeiten waren von Ernüchterung, Lebensüberdruß und *ennui* durchdrungen.

Neben dem Marquis de Sade war einer der erklärten Helden und Vordenker der *décadence* der englische Romantiker Thomas DeQuincey. Sein neben den autobiographischen BEKENNTNISSEN EINES OPIUMESSERS bekanntester und einflußreichster Text ist der Essay DER MORD ALS EINE SCHÖNE

Kunst betrachtet. Der Text ist in der Form einer jener Vorlesungen abgefaßt, die bei den monatlichen Sitzungen der ›Gesellschaft von Mord-Liebhabern‹ gehalten werden. Diese Vereinigung diskutiert bei ihren Treffen alle einschlägigen Greueltaten aus dem Polizeibericht als Phänomene der Kunst, welche wie Bilder oder Skulpturen an Kriterien der Form und des guten Geschmacks gemessen werden. Originalität des Plans und Reinheit des Stils, Sinn für Gruppierung und Beleuchtung, Formgebung und szenische Wirkung, Kühnheit und Großartigkeit der Ausführung sowie poetisches Empfinden und Zartgefühl sind die Parameter, nach denen die Mordkenner die Werke der Meister von Kain bis Thurtell bewerten. Die Veröffentlichung dieses (fiktiven) Dokuments, das auch heute noch seine Wirkung nicht verfehlt, zog einen Aufschrei der Empörung nach sich. Mit der aller moralischer und ethischer Wertung befreiten Betrachtung von Morden nahm DeQuincey einen der entscheidenden Programmpunkte der Dekadenten, die wütende Ablehnung sittlicher Normen der Kunst, vorweg. Die Propagierung einer rein ästhetischen Bewertung von Kunstwerken und der überlegenen Position des Künstlers als gesellschaftlichem Außenseiter sind zwei Forderungen der Dekadenten, welche Raymond Dees, der Bomber mit dem explosiven Künstlernamen, gewiß ohne zu zögern unterstützen würde.

Raymond Dees: »Bei der Beschäftigung, der ich nachgehe, handelt es sich nicht um Arbeit, Frank, sondern um Kunst. Meine Palette ist Feuer, Glas und Blut. Es ist eine sehr flüchtige Kunst. Sie hält nur für den Bruchteil einer Sekunde an, aber ihre Wirkung ist tiefgreifend und von Dauer … Und wenn Sie mit etwas Glück zur rechten Zeit an den rechten Fleck schauen, können Sie vielleicht einen Blick auf meine Schöpfung erhaschen.«

Frank Black: »Wann?«

R: »Später, im Laufe des Tages ... Ich berühre die Menschen auf tiefe, bleibende Weise. Eine Weise, die das Leben verändert.«

F: »Sie sind wirklich ein sehr bedeutender Mann.«

R: »Meine Kunst bringt die Wahrheit ans Licht. Menschen sind entweder Gewinner oder Opfer. Meine Explosion reißt jede im menschlichen Herzen gehütete Heuchelei, jede Anmaßung beiseite und entblößt die nackte Seele.«

F: »Ich kann fühlen, daß es in Ihrem Werk um das Warten geht, um das Vorhersehen des Moments, des erschaffenen Terrors. Solange in Gedanken durchgespielt, verliert die Phantasie ihren Reiz. Der einzige Moment, der überhaupt etwas zählt ... die einzige Erregung bietet der Augenblick des Feuers. Fühl die Hitze auf deinem Gesicht. Den Aufprall auf deiner Brust. Die Schreie. Die Sirenen. Das ist der Moment der Schöpfung.«

R: »Du bist auch ein Künstler, Frank ... Ich hoffe, du wirst heute früh um neun mein Werk zu würdigen wissen.«

MLM-106 »Die Schrift aus Blut« (Blood Relatives)

Erstausstrahlung USA: 6.12.1996
Drehbuch: Chip Johannessen
Regie: Jim Charleston
Gaststars: Terry O'Quinn (Peter Watts), Sean Six (James Dickerson), John Fleck (Connor), Stephen James Lang (Detective Giebelhouse), Brian Markinson (Detective Teeple), Nicole Parker (Greer Cort), Diana Stevan (Mrs. Cort), Bob Morrissey (Mr. Charles Cort), Lynda Boyd (Mrs. Peggy Dechant, James' Mutter), Deanna Milligan (Tina)

»This generation is a wicked generation;
it seeks for a sign, and yet no sign
shall be given to it...«

(Diese Generation ist böse. Sie fordert ein Zeichen;
aber es wird ihr keines gegeben werden ...)

Lukas 11, 29

Inhalt: Als die letzten Gäste die Trauerfeier für einen Studenten verlassen, betritt ein junger Mann die Kirche und stellt sich Greer Cort, der Schwester des Toten, als Ray Bell, Kommilitone ihres Bruders, vor. Von dem höflichen jungen Mann geht eine beruhigende Wirkung aus, weshalb Greer ihn bittet, auch einige tröstende Worte an ihre Mutter zu richten. Bell nimmt diese vor dem offenen Sarg in den Arm, was er auf beunruhigende Weise zu genießen scheint. Ein wenig später richtet der Bestattungsunternehmer zögerlich die Bitte an Mrs. Cort, die letzte Trauernde, für heute ihre Totenwache zu beenden, da er schließen möchte. Sie geht an das frisch ausgehobene Grab und wirft eine Lilie hinein. Sie verharrt noch ein wenig in stiller Trauer, als plötzlich aus dem Dunkel des Grabes eine Hand nach ihrem Knöchel greift und die schreiende und um sich schlagende Frau nach unten zerrt.

Am nächsten Tag versucht Catherine Black auf Bob Bletchers Bitte hin, in ihrer Funktion als beratender Beistand für die Opfer von Gewaltverbrechen, Greer und Mr. Cort zu beruhigen, doch dieser ist in seinem Zorn nicht zu bremsen. Bletcher, der den Fall bearbeitet, gestattet ihm nicht, seine tote Frau zu sehen – nicht nur weil ihre Leiche als Beweisstück gilt, sondern weil sie schwer verstümmelt wurde.

Frank Black, Bletcher und Giebelhouse untersuchen den Tatort. Frank steigt in das Grab hinab, wo er die Lilie findet, was in ihm eine Vision des Mordes auslöst. Frank erhält den Eindruck, daß es sich bei der Toten nicht um das zufällige Opfer eines Psychopathen handelt, sondern daß der Täter sie kannte, sich seine Wut jedoch gegen jemand anderen richtete.

Bei einer Unterhaltung der Männer mit den Corts berichtet Greer von dem ihr unbekannten Trauergast Ray Bell, den sie ihrer Mutter vorstellte. Außerdem stellt Greer fest, daß ihrem aufgebahrten Bruder die Anstecknadel seines Football-Teams entwendet wurde.

In seinem Zimmer in einem offenen Untersuchungsgefängnis für jugendliche Straftäter nimmt der junge Mann von der Beerdigung die Anstecknadel aus einer Zigarrenkiste und befestigt sie an seinem Sweatshirt. Connor, der Verwalter, der offensichtlich in ihn verliebt ist, platzt in den Raum und droht ihm, ihn nicht mehr zu decken, falls er sich noch einmal aus dem Haus schleichen sollte. Später in der Nacht studiert der junge Mann beim Licht einer Taschenlampe die Nachrufe der *Seattle Evening Post*.

In der gleichen Zeitung, die Jeffrey Corts Nachruf enthielt, entdeckt Frank einen Artikel über den Angler Ray Bell. Aufgrund der Perfektion, mit der der junge Mann seine Rolle vor den Corts spielte, nimmt Frank an, daß dieser schon viele Trauerfeiern besucht hat, dort Bekanntschaften schloß, Souvenirs mitnahm und gestern zum erstenmal auch ein Opfer auswählte.

Bei einer weiteren Trauerfeier läßt sich der junge Mann zum anschließenden Leichenschmaus einladen, wo er die Bekanntschaft Tinas macht, der er sich als Eric vorstellt. Er verläßt mit ihr die Feier, um ihr den See zu zeigen, an dem er vorgeblich mit dem verstorbenen Freund Tinas als Kind geangelt haben will. Als Tina dort von ihrer Trauer überwältigt wird, kommt es zu einer Umarmung mit dem jungen Mann, aus der sie sich befreit, als sie der Befriedigung gewahr wird, die ›Eric‹ daraus zieht. Dieser geht beschämt davon. Wenig später wird Tina angegriffen und erstochen.

Bald darauf treffen Bletcher, Giebelhouse und Frank am Tatort ein. Der von einem Angler gefundenen Leiche Tinas wurden die Worte ›STOP LOOKING‹ (Hör auf zu suchen) in die Bauchdecke geschnitten. Im Wasser findet Frank Tinas Haarspange, auf der sich die Fingerabdrücke eines gewissen James Dickerson finden, eines jugendlichen Straftäters auf Bewährung.

Die Männer begeben sich sofort zu dem Heim, doch der Verwalter Connor kann seinem Schützling zur Flucht verhelfen. Um den Verdacht von sich abzulenken, zeigt er den Ermittlern ein Geheimfach in James' Zimmer, in dem sich dessen Kiste mit den Souvenirs, seine Tagebücher und ein Bündel von Briefen befinden. Später fährt Connor zu dem von scharfen Hunden bewachten *Scorpion Salvage*-Schrottplatz,

Peggy Dechant (Lynda Boyd) besucht ihren Sohn James (Sean Six) im Untersuchungsgefängnis – ein Treffen, das auch nicht dazu beitragen kann, Frank Blacks Laune wenigstens einmal zu verbessern.

um James, der sich dort versteckt hält, etwas zu essen zu bringen.

Bei der Durchsicht der Tagebücher von James' stellt Catherine fest, daß man diesen mit 18 Monaten von zu Hause weggab. Da ihn niemand adoptierte, verbrachte er sein Leben bei Pflegeeltern und in Jugendhaft, wo man ihn vernachlässigte und mißbrauchte. Der Besuch fremder Begräbnisse ist sein Versuch, Menschen zu treffen, die Familie zu finden, die er niemals hatte. Die Johnsons, bei denen sich James für eine Woche nach der Beerdigung ihres Sohnes aufhielt, beschreiben ihn gegenüber Frank als liebenswerten Menschen, der sie in einer schweren Zeit unterstützt habe.

Auf Franks Verdacht hin untersucht Peter Watts die Leiche des ersten Opfers noch einmal, was auch hier die Nachricht ›STOP LOOKING‹ zutage fördert, wobei das ›S‹ wie bei der anderen Botschaft die Form eines Blitzes hat. Die gleichen Buchstaben finden sich im Logo eines Werbekugelschreibers von *Scorpion Salvage*, der sich unter James' Habseligkeiten findet. Die Ermittler stürmen daraufhin den Schrottplatz, wo sie James stellen können, der bei einem Fluchtversuch von den erregten Wachhunden angefallen wird.

Catherine Black gelingt es, Peggy Dechant, die leibliche Mutter James', dazu zu bewegen, sie zu ihrem Sohn zu begleiten, der gerade von Giebelhouse und Bletcher verhört wird, wobei er beharrlich bestreitet, der Mörder zu sein. James ist überglücklich, seine Mutter zu sehen, schließt sie in die Arme und bittet sie erleichtert, den Polizisten zu sagen, daß er niemals jemanden töten könne. Doch sie befreit sich aufgebracht aus seiner Umarmung, erklärt, daß sie ihn nicht einmal kenne, und erklärt den Beamten, daß er ihnen gehöre, da sie ihn ja auch erzogen hätten. Sie verläßt das Revier. Daraufhin beginnt James unter Tränen die Morde zu gestehen. Connor, der James besuchen möchte, wurde zufällig Zeuge der Szene. Frank und Catherine fahren nach Hause.

Auf dem Weg erkennt Frank, daß die Botschaften auf den Opfern keinen Sinn ergeben, James hörte nie auf zu suchen. In einer Vision spielt sich vor seinem inneren Auge noch einmal die Ermordung Tinas ab, außerdem sieht er Bilder der blutüberströmten Mutter James'. Da wird ihm klar, daß die Worte ›STOP LOOKING‹ keine Botschaft von, sondern *an* James sind. Connor, der James für sich allein wollte, versuchte ihn davon abzubringen, weiter nach Liebe zu suchen. Aufgrund der Vorahnung fahren die Blacks zu Peggy Dechants Wohnung, wo es Frank gelingt, James' Mutter im letzten Moment vor der mörderischen Eifersucht Connors zu retten. In einem brutalen Kampf gelingt es Frank, Connor zu überwältigen.

Der sich allmählich von den Bißwunden erholende James kehrt in das Heim zurück, eine Zeitung in der Hand. Er läßt sich auf dem Bett in seinem alten Zimmer nieder und beginnt die Todesanzeigen zu studieren.

Kommentar: Ein sympathischer junger Mann nimmt die Mutter seines toten Freundes in den Arm und flüstert ihr beruhigende Worte ins Ohr.

»It's okay.«

Er drückt die schluchzende Frau an sich, seine Hand gleitet über den Saum ihres Kleides zu ihrer Schulter hinauf.

»It's okay.«

Verstohlen preßt er seine Unterlippe auf ihren Hals.

»It's okay.«

Die hypnotische Wirkung seiner Worte scheint auch ihn zu erfassen, ein seliger Ausdruck tritt auf sein Gesicht.

»It's okay.«

Unmerklich stiehlt sich ein irritierendes Moment in die anrührende Szene, bis den Zuschauer mit einemmal die Gewißheit befällt, daß ganz und gar nichts okay ist. Und in der Tat ist der von Sean Six (ALIEN NATION – TV-Serie) mit äußerstem Einfühlungsvermögen gespielte James Dickerson eine der traurigsten und tragischsten Figuren von MILLENNIUM. Von seiner Mutter verstoßen (»Er ist nicht mein Sohn! Er ist etwas, das mir zustieß, als ich ein mit Drogen vollgedröhnter Teenager war.«), ist James eines jener ›verlorenen Kinder‹, die sich selbst erziehen mußten und dabei kläglich versagt haben. Niemand brachte ihm bei, wie man soziale Kontakte aufnimmt. Instinktiv nutzt er nun die aus, deren Lage ihm nur zu vertraut ist – Menschen, die eine geliebte Person unwiederbringlich verloren haben. Seine Bedürfnisse nach dem Gefühl von Zugehörigkeit zu einer Familie, Wärme, Mitgefühl, Zärtlichkeit, Liebe und dem Bewußtsein, gebraucht zu werden, stillt er bei den Begräbnissen unbekannter Menschen. Die einzigen, die seine Umarmungen erwidern, sind trauernde Fremde, denen er eine Rolle vorspielt. Ihre Hölle ist sein Himmel.

Jahre der Beobachtung und Übung haben ihn zu einem raffinierten Experten für Trauer werden lassen, der all ihre

Nuancen kennt, sie bei sich simulieren, bei anderen erkennen und manipulieren kann. James, Ray, Travis, Eric – er ist ein professioneller Lügner ohne Identität, seine Persönlichkeiten, Namen, Hobbys, seine Vergangenheit und seine toten Freunde stellt er sich anhand von Nachrufen, Todesanzeigen und Zeitungsartikeln zusammen. Er stiehlt kleine Andenken, mit deren Hilfe er sich die schönsten Stunden seines Lebens zurückruft – die Trauerfeiern und Beerdigungen fremder Menschen. Doch sein Schmerz ist ein Dauerzustand, der nur kurzzeitig betäubt werden kann, woran auch die Zeit nichts ändern wird. Nachdem ihn seine Mutter zum drittenmal von sich stieß, ist James wohl für immer in einem ausweglosen Szenario gefangen, einem Familienleben, das bis zu seinem Tod aus einem Kontinuum von Trauerfeiern bestehen wird. Zu der letzten werden wohl keine Gäste kommen.

Die Figur des James Dickerson erinnert an den melancholischen Hauptdarsteller aus der schwarzen Komödie HAROLD AND MAUDE (USA 1971) von Hal Ashby, die die ungewöhnliche Liebesgeschichte eines ungleichen Paares erzählt. Der junge Harold, der sich ganz einem bizarren Todeskult hingibt, lernt bei einem seiner Hobbys, dem Besuch fremder Begräbnisse, die 80jährige Maude kennen, welche dem gleichen makabren Steckenpferd frönt. Doch Harold und Maude besuchen die Beerdigungen in erster Linie, um die Stimmung zu genießen, nicht um Bekanntschaften zu schließen. Der Darsteller des Harold war übrigens Bud Cort (Maude wurde von der großartigen Ruth Gordon verkörpert), auf den in »Blood Relatives« der Name der ersten trauernden Familie verweist.

Spurensicherung an Mordschauplätzen, Polizeifotografien von Opfern und Tatorten, Leichen, Leichenbeschauer, Leichensäcke, Leichenwagen, Leichenhallen, Pathologen, Obduktionen, Seziertische, Skalpelle, totes Gewebe, blutige Latexhandschuhe, gerichtsmedizinische Gutachten, Todesanzeigen, Nachrufe, Bestattungsinstitute, Trauergemeinden bei Trauerfeiern, schwarze Kleidung, Lilien, Kränze, aufgebahrte Leichen, Bestattungen, Friedhöfe, Särge und Gräber – nicht

Gerne zu Gast auf Trauerfeiern: Harold & Maude.

nur »Blood Relatives«, die ganze Serie MILLENNIUM ist geradezu besessen vom Sterben und von den Riten des Todes. Vor allem natürlich von denen, die ein gewaltsamer Tod nach sich zieht, welche beinahe in jeder Folge mit morbider Faszination *en detail* nachinszeniert werden.

Dies gilt mit Einschränkungen auch für die Schwesterserie AKTE X, speziell für »Todestrieb«, die Episode über einen ›Todesfetischisten‹. Donnie Pfaster, eben jener Todesfetischist, ist die psychopathisch-mörderische Variante von James. Seine Wohnung hat der Leichenwäscher aus Leidenschaft mit Hilfe von Utensilien seines Berufes und den Einrichtungsgegenständen eines Bestattungsunternehmens in einen Tempel des Todes verwandelt. Er sucht nicht die Bekanntschaft trauernder Verwandter, sondern Kontakt mit den Toten. Als Andenken bevorzugt er die Haare und Finger seiner Lustobjekte, nicht ihren Schmuck. *Standards and Practices,* die hauseigene Zensurabteilung von *Fox,* verbot Carter die Verwendung des Wortes ›Nekrophiler‹ und nahm zahlreiche Änderungen am ursprünglichen Skript vor, in dem Pfaster ganz offen als solcher bezeichnet und dargestellt wurde. »Irresistible« (Unwiderstehlich), wie die Folge im Original viel treffender heißt, wurde nichtsdestoweniger zu einer der beängstigendsten X-Akten und eine von Chris Carters Lieblingsepisoden.

MLM-107 »Das lange Schweigen« (The Well-Worn Lock)

Erstausstrahlung USA: 20.12.1996
Drehbuch: Chris Carter
Regie: Ralph Hemecker
Gaststars: Paul Dooley (Joe Bangs), Michelle Joyner (Connie Bangs), Sheila Moore (Clea Bangs), Shaina Tianne Unger (Sara Bangs), Christine Dunford (Assistant D. A. Rhonda Preshutski), J. Douglas Stewart (Larry Bangs), Lenore Zann (Ruthie Bangs), Campbell Lane (Joe Bangs' Anwalt), Steve Oatway (Richter), Jim Fletcher (Gerichtsdiener)

»The cruelest lies are
often told in silence.«

(Das Schweigen erzählt oft
die grausamsten Lügen.)

Robert Louis Stevenson

Inhalt: Ein Idyll friedlichen Familienlebens. In ihrem Haus in Madison Park, einer kleinen Gemeinde bei Seattle, verbringt die Familie Bangs – Joe, Clea und ihre beiden ›Töchter‹, die 32jährige Connie und die achtjährige Sara – den Abend vor dem Fernseher. Als der Film zu Ende ist, steht die Mutter auf, um sich hinzulegen. In diesem Moment werden Risse in dem allzu perfekten Bild sichtbar. Es herrscht eine ungeheure

Joe Bangs (Paul Dooley) hat jahrelang seine eigene Tochter sexuell mißbraucht – nun hat er sein Interesse an deren Tochter Sara (Tianne Unger) entdeckt.

Connie muß noch einmal gegen ihren Vater aussagen. Nachdem Bangs und sein Verteidiger mit der Behauptung, Connie sei nicht Joes Tochter, erneut versucht haben, sie zu diskreditieren, tritt Connie in den Zeugenstand. Zunächst scheint es so, als ob sie nicht mehr die Kraft hätte auszusagen, doch dann gelingt es ihr mit der Hilfe von Catherine, ihre Ängste und ihre Scham zu überwinden und ihre ganze Leidensgeschichte zu erzählen.

Einige Zeit später trifft Catherine Connie und Sara auf der Mauer eines Staudamms. Sie gibt der sichtlich aufgeblühten Connie den Riegel, den Joe, als er anfing, Connie zu mißhandeln, an ihrer Tür angebracht hat. In einem Akt der endgültigen Befreiung wirft sie den Riegel in die hinabstürzenden Wasserfluten.

Kommentar: Schon gleich nach der Titelsequenz ist klar – »Das lange Schweigen« ist alles andere als eine typische MILLENNIUM-Episode. Zwar beginnt die Geschichte wieder mit einem frühmorgendlichen Anruf bei den Blacks, doch diesmal wird nicht Frank an den Schauplatz eines Verbrechens gerufen, sondern Catherine in ihr Büro. Die sich hier schon andeutende Umdrehung der Rollen wird sich beinahe durch die gesamte Episode ziehen. Catherine ist die aktiv Involvierte, und Frank leistet ihr durch seine Anwesenheit Unterstützung. Selbst in dem Moment, als es darum geht, den fliehenden Joe Bangs aufzuhalten, ist Catherines Einschreiten entscheidend, während Frank bei dem Versuch, den Flüchtenden aufzuhalten, beinahe überfahren wird. Insgesamt gesehen ist dies innerhalb der ersten Staffel Megan Gallaghers Folge. Ihre Figur und ihre Arbeit als Beraterin und Betreuerin von Opfern von Verbrechen jeder Art bekommen hier eine tiefere Dimension. Während sie in den anderen Folgen meist nicht viel mehr war als die Frau, die Frank einen Teil seiner Kraft gibt, definiert sie sich hier als vollkommen eigenständige Persönlichkeit, die ihre Arbeit genauso ernst nimmt wie Frank die seine und sie mit der gleichen Entschlossenheit betreibt. Erst mit dieser Episode werden die beiden wirklich zu gleichrangigen Figuren.

Die *pre-credit*-Sequenz beginnt mit Bildern aus der Schlußszene des im Fernsehen laufenden MIRACLE ON 34TH STREET (dt.: DAS WUNDER VON MANHATTAN; R.: George Seaton), einem der klassischen Weihnachtsfilme des Hollywood-Kinos der 40er Jahre. Und auch wenn das Weihnachtsfest mit keinem Wort in dieser Episode erwähnt wird und nichts darauf hindeutet, daß die Geschichte um die Festtage herum spielt, ist »Das lange Schweigen« (Ausstrahlungstermin in den Vereinigten Staaten: 20.12.) doch so etwas wie die Weihnachtsfolge der Serie. Zum einen ist es die einzige Episode in dieser Staffel, in der niemand getötet wird, zum anderen prädestiniert sie schon ihre Familienthematik für die Zeit um die Festtage.

Eigentlich erzählt »Das lange Schweigen« eine typische »TV-Melodram der Woche«-Geschichte von einer Familie, die von dem Vater, der seine Töchter mißbraucht, und der Mutter, die einfach wegsieht, langsam zerstört wird. Aber allein, daß sie gerade von Chris Carter selbst geschrieben worden ist, legt nahe, daß sie trotz ihrer für MILLENNIUM ungewöhnlichen Handlung eine entscheidende Position innerhalb der Serie einnimmt. Zum einen sorgt sie natürlich für etwas Abwechslung und gibt Megan Gallagher die schon beschriebene Chance, ihre Rolle auszubauen. Zum anderen ist sie im Prinzip doch eine sehr typische Folge, die eines der zentralen Themen der Serie, die Apokalypse, nur auf eine etwas andere Weise als sonst behandelt. In einer Auseinandersetzung mit der Staatsanwältin sagt Joe Bangs: »... sobald Lügen als die Wahrheit durchgehen, wird die ganze Welt verrückt geworden sein, und nicht eine verdammte Sache ist dann noch von Bedeutung.« Sein wohlanständiges Leben, seine vorbildliche Familie war nichts anderes als eine riesige Lüge, die weit mehr als 30 Jahre als die Wahrheit durchgegangen ist. So gesehen ist die Welt schon längst verrückt geworden, und die Apokalypse findet täglich statt in Familien wie der der Bangs' und in ihrem Umfeld, das die Augen verschließt und alles geschehen läßt.

Immer wieder wird die Familie in MILLENNIUM als kleinste Einheit der Gesellschaft, als Keim, der die Zukunft in sich trägt, porträtiert. Frank, Catherine und Jordan verkörpern unsere Hoffnung auf eine Zukunft, auf eine Welt, der es gelingen kann, sich selbst zu retten. Sie sind der Gegenentwurf zu all der Gewalt, die im Kontext der Serie von der Möglichkeit kündet, daß wir uns mit der Jahrtausendwende auch dem Ende der Menschheit nähern. Die Bangs' sind nun wieder so etwas wie der Gegenentwurf zu den Blacks. Die Apokalypse – das ist der Zerfall einer Familie, das ist ein Heim, das ein Ort des Schreckens, ein Hort der Gewalt ist. Im Haus der Bangs' verkehrt sich alles. Der Riegel, den Joe an Connies Zimmertür angebracht hat, schützt sie nicht vor dem von außen kommenden Bösen, sondern macht sie zu einer Gefangenen des Bösen, das längst ein Teil der Familie ist. Die Taten des Vaters, das Schweigen der Mutter, aber auch die Untätigkeit der der Hölle entkommenen Geschwister sind Ausdruck der Kräfte, die die Gesellschaft von innen zerstören. Dabei können die Bangs stellvertretend für eine Welt stehen, die zugrunde geht, in der nichts mehr auch nur die geringste Bedeutung hat.

Insgesamt ist »Das lange Schweigen« die vielleicht am stärksten auf die Figuren und ihre Schicksale ausgerichtete Folge der ersten Staffel. Nicht die Handlung, sondern die Charaktere stehen im Vordergrund dieser durchweg hervorragend besetzten Folge. Dabei überzeugen nicht nur bekanntere Darsteller wie Paul Dooley (Enabran Tain in STAR TREK: DS9) und Christine Dunford, deren Name wir vielleicht nicht direkt mit bestimmten Filmen und Fernsehauftritten verbinden, die wir aber sofort wiedererkennen. Gerade die junge Michelle Joyner, die die gequälte und verängstigte Connie spielt, ist eine wahre Entdeckung.

MLM-108 »Sklaven der Angst« (Wide Open)

Erstausstrahlung USA: 3.1.1997
Drehbuch: Charles Holland
Regie: James Charleston
Gaststars: Pablo Coffey (Cutter), Stephen James Lang (Detective Giebelhouse), Glynn Turman (James Glen), David Neale (Joseph Highsmith), Sandra Ferens (Mary Kay Highsmith), Neveda Ash (Patricia Highsmith), Eileen Keney (Beverly Bunn), Carter Kagume (Pfleger auf der Intensivstation), Roger Cross (Officer

Shaw), Ernie Prentice (Mr. Marcelli), Colin McCarlie (Harry Marlowe), Mandy McKeen (Jane Marlowe), Cindy Lee (Riley Farnsworth), Ian Carson-Huggins (Cutter als kleiner Junge)

»His children are far from safety;
they shall be crushed at the gate
without a rescuer.«

(Seine Kinder werden fern sein vom Heil
und werden zerschlagen werden Tor,
da kein Erretter sein wird.)

Hiob 5, 4

Inhalt: Eine ruhige Nachbarschaft in Seattle – mit ihren schicken Einfamilienhäusern und den großzügigen Gärten ist sie der vorstadtgewordene amerikanische Traum. Kinder spielen auf der Straße, ein Wagen fährt vorsichtig an ihnen vorbei und kommt vor einem Haus zum Stehen, in dessen Vorgarten ein ›Zu verkaufen‹-Schild hängt. Ein Mann, Cutter, steigt aus, geht zum Haus, in dem ein Grundstücksmakler gerade Führungen macht. Er trägt sich unter dem Namen John Allworth in die Gästeliste ein. Im Kinderzimmer angekommen, sieht er sich um. Kurz danach betreten andere Leute das Zimmer, und Cutter ist spurlos verschwunden – als hätte ihn der Boden einfach verschluckt. Als es Abend geworden ist, kommen die jetzigen Bewohner, ein Ehepaar und ihre kleine zweijährige Tochter Patricia, in das Haus zurück.

Am nächsten Morgen. Frank Black kommt an dem Haus an, in dem Teams der Polizei gerade ihre Arbeit abschließen. Frank hatte in den Nachrichten von dem Verbrechen gehört und erfährt nun von Bob Bletcher, daß das Ehepaar mit einem Beil ermordet wurde und das Mädchen verschwunden ist. Da die Alarmanlage erst ausgelöst wurde, als der Mörder das Haus verließ, kommt Frank zu dem Schluß, daß er bei der Besichtigung gewesen sein muß und sich dabei in irgendeinem Zimmer versteckt hat. Während er den Tatort auf sich wirken läßt, hört Frank Geräusche aus einem Schacht der Klimaanlage. Er entfernt das festgeschraubte Gitter und findet Patricia dahinter, die schnellstens in ein Krankenhaus gebracht wird. Dort kommt Catherine dazu und bittet ihren Mann und Bletcher darum, daß sie das Kind auf keinen Fall mit Fragen über das Verbrechen bedrängen sollen. Bletcher sollte möglichst ganz von einer Befragung absehen, damit die im Moment unter einem schweren Schock stehende Patricia nicht gezwungen wird, alles noch einmal zu erleben.

Die Untersuchung der Gästeliste durch einen Graphologen ergibt als Verdächtigen den Mann, der mit ›John Allworth‹ unterzeichnet und der Wochen vorher schon einmal das gleiche Haus besichtigt hat. Bei weiteren Ermittlungen stellt sich heraus, daß ›John Allworth‹ in den letzten sechs Monaten mindestens 37 Häuser besichtigt hat. Frank geht nun davon aus, daß sie versuchen müssen, den Grund für die Auswahl dieses ganz speziellen Hauses zu finden, um entscheidende Hinweise auf die wahre Identität des Mörders zu erhalten. Bei einer erneuten Begutachtung des Tatorts durch Frank und Bob entdeckt Black, daß eine Videokamera gestohlen wurde. Ein paar Tage später erhält eine Grundstücksmaklerin eine Videokassette mit der Aufzeichnung des Doppelmords, den Cutter mitgefilmt hat.

Zu einer erneuten Wendung in dem Fall kommt es, als Cutter nach der Besichtigung eines weiteren Hauses dessen Besitzerin, eine alleinstehende geschiedene Frau, mit einem Gewehr erschießt. Kurz nach dem Mord geht in der Notrufzentrale der Polizei ein Anruf ein, der den Schuß meldet. Als Frank am nächsten Morgen bei der Untersuchung des Tatorts von dem Anruf erfährt, nimmt er an, daß der Anrufer nur der Mörder selbst gewesen sein kann. Beim Verlassen des Hauses entdeckt Frank unter dem Fußabtreter ein wahrscheinlich mit Blut gemaltes großes ›X‹. Ein solches taucht seit einiger Zeit auch immer wieder in den Zeichnungen auf, die Patricia im Krankenhaus zusammen mit Catherine macht.

Als Frank sich die Videoaufzeichnung noch einmal sehr genau ansieht, entdeckt er eine schwache Spiegelung des Mörders in einer Glastür. Er bearbeitet das Bild im Computer und druckt es aus. Daraufhin wendet er sich an Catherine und bittet sie, Patricia das Bild des Mannes zu zeigen. Seine Frau ist alles andere als erfreut über diese Idee, und genau in diesem Moment hat Frank eine Vision, durch die er erkennt, daß Cutter von Anfang an wollte, daß die Polizei Patricia befragt und sie so zwingt, den Mord immer wieder von neuem zu erleben. Denn – Frank ist sich sicher – etwas ähnliches muß auch dem Mörder in seiner Kindheit passiert sein.

In einer Mülltonne an einer Straße wird das Gewehr gefunden, mit dem Cutter sein zweites Opfer erschossen hat. Ein Schülerlotse, Cutter selbst, hatte es dort angeblich entdeckt und die Polizei gerufen. Im nachhinein erkennen die Streifenbeamten in dem Bild des Mörders den Schülerlotsen, der daraufhin identifiziert wird. Eine Spezialeinheit stürmt Cutters Wohnung, die er aber längst verlassen hat. Frank ist sich jedoch sicher, daß er noch in der Stadt ist und am nächsten Wochenende wieder zuschlagen wird. Deshalb überwacht die Polizei alle zur Besichtigung offenstehenden Häuser. Tatsächlich taucht Cutter in einem auf, kann aber Frank, Bletcher und Giebelhouse ganz knapp entkommen. Frank läßt alle Polizeieinheiten abziehen und bleibt allein mit Bob zurück. Bei einem Rundgang durch die Nachbarschaft werden sie durch einen Hund auf ein Haus aufmerksam und kommen zu dem Schluß, daß Cutter sich dort versteckt. Frank betritt es und findet in einem der oberen Schlafzimmer die gefesselten Besitzer. In diesem Augenblick wird er von Cutter überrascht und angegriffen. Aber der Hund verhindert, daß dieser ihn erschlägt. Als Cutter dem ihn anfallenden Schäferhund ausweichen will, fällt er über eine Balustrade, stürzt eine Etage tiefer und ist so erst einmal außer Gefecht gesetzt.

Kommentar: Als die Besitzer des ersten Hauses alle Vorbereitungen für die Nacht treffen, aktiviert der Mann auch die Alarmanlage, und in einem Display erscheint die Laufschrift »Armed ... All Secure« (Eingeschaltet ... Alles gesichert). Etwas später hört er die gedämpften Schreie seiner Frau aus dem Kinderzimmer im oberen Stockwerk, und während er die Treppen hinaufläuft, schwenkt die Kamera wieder auf den Aktivierungsmechanismus der Alarmanlage mit der durchlaufenden Meldung »Armed … All Secure«. Wie ein böser Witz wirken diese Worte in dem Moment. Nichts ist wirklich sicher, außer vielleicht der Tatsache, daß es eben so etwas wie garantierte Sicherheit nicht gibt.

Die Sehnsucht nach Sicherheit im eigenen Heim, das ein geschützter Hafen in der Brandung unserer momentanen Wirklichkeit sein soll, hat der Psychothriller der 90er Jahre immer wieder zu einem seiner zentralen Themen gemacht. In Filmen wie THE FEAR INSIDE (dt.: AGORAPHOBIA – DIE ANGST IM KOPF; R.: Leon Ichaso), THE HAND THAT ROCKS THE CRADLE (dt.: DIE HAND AN DER WIEGE; R.: Curtis Hanson), PACIFIC HEIGHTS (dt.: FREMDE SCHATTEN; R.: John Schlesinger), SINGLE WHITE FEMALE (dt.: WEIBLICH LEDIG JUNG SUCHT …; R: Barbet Schroeder) und UNLAWFUL ENTRY (dt.: FATALE BEGIERDE; R: Jonathan Kaplan) wird die eigene Wohnung, das eigene Haus, zum Hort des Schreckens. Alle Sicherheitsvorkehrungen erweisen sich als unwirksam, weil sich Psychopathen in das Vertrauen der Hauptfiguren schleichen und ihr Leben dann von innen heraus zur Hölle machen. Die vielleicht perfideste dieser Geschichten erzählt Jonathan Kaplan: Ein Polizist freundet sich mit einem gerade nach L. A. gekommenen Architekten und seiner Frau an, er fungiert sogar als ihr Sicherheitsberater, um seinen neuen ›Freund‹ dann zu zerstören. Die Botschaft all dieser Filme lautet: »Traue niemandem!« Sie sind Ausdruck einer für die heutige amerikanische Mittelschicht typischen Paranoia, die nur zu einem geführt hat – einem Boom unter den Anbietern von Alarmanlagen und ähnlichem.

Charles Holland, der Autor von »Sklaven der Angst«, geht nun noch einen entscheidenden Schritt weiter als diese Filme. Cutter schleicht sich nicht in das Vertrauen seiner Opfer ein. Er ist einfach in dem Moment da, in dem sie sich vollkommen

Wenn die eigene Wohnung, das eigene Leben zum Ort des Schreckens wird: Jennifer Jason Leigh als Untermieterin mit eigenen Vorstellungen des Zusammenlebens in WEIBLICH LEDIG JUNG SUCHT …

geschützt glauben. Sie haben keinen Fehler gemacht, indem sie sich mit ihm eingelassen haben. Er hat eben nur einen Weg gefunden, ihre ›perfekten‹ Sicherheitsvorkehrungen zu umgehen. Sein Ziel ist die Unterminierung des Glaubens an Schutz und Sicherheit, der allumfassende Terror, der einen auch in den eigenen Wänden nicht mehr in Ruhe schlafen läßt. Zugleich ist er aber auch viel mehr als nur ein äußerst gemeiner Serienkiller, er ist das Produkt seines Lebens und der Gesellschaft, die ihn gezwungen hat, die Folterungen und den Mord an seinem Onkel und seiner Tante, die er mit ansehen mußte, immer wieder zu erleben, die ihm die Chance des Vergessens genommen hat. Die Gewalt, die er anwendet, kommt direkt aus dem Inneren der Gesellschaft, sie ist von ihr geschaffen, deshalb kann es auch keinen Schutz gegen sie geben. Nur ihr Entstehen kann verhindert werden. Insofern erzählt »Sklaven der Angst« nicht nur von der Jagd nach einem Serienmörder, sondern auch von dem Kampf um die Seele eines Kindes. Cutter will, daß sich das, was ihm angetan wurde, wiederholt. Das ist ein Teil seiner Rache an der Gesellschaft, die ihm alles außer seinem Haß auf sie genommen hat. Er will den Kreislauf, der die Gewalt erschafft, um jeden Preis fortsetzen, deshalb soll die Polizei mit ihren Fragen und ihrem Drängen Patricias Leben endgültig und für alle Zeiten zerstören. Catherine und Frank kämpfen dagegen mit ihren Versuchen, das Mädchen vor Verhören zu bewahren, für eine Unterbrechung des Kreislaufs. Ihr Ziel, wenigstens einen Teil von Patricias Welt zu retten, ihr die Möglichkeit der Bewältigung des Gesehenen zu geben, ist ein Teil der Erneuerung der Gesellschaft von innen. Der Kampf um die Zweijährige, den Frank und Catherine am Ende gewinnen, ist ein Teil des Optimismus, der eigentlich typisch für MILLENNIUM ist. Die Welt, die Chris Carter, seine Autoren und Regisseure in dieser Serie entwerfen, mag am Rande der Katastrophe stehen, aber sie ist noch nicht verloren. Selbst so bittere Folgen wie »Sklaven der Angst«, die mit Cutter die wahrscheinlich tragischste Serienkiller-Figur der ersten Staffel hat, enthalten noch einen Keim der Hoffnung, der das entscheidende Gegengewicht zu der Düsternis der Geschichten darstellt und so die Serie für uns erst erträglich macht.

Am Ende von »Sklaven der Angst« erlauben sich Holland und der Regisseur James Charleston noch einen kleinen Gag, der eigentlich eine sehr vielschichtige Andeutung ist. Erst in einer der letzten Einstellungen der Folge erfahren wir den vollen Namen des kleinen Mädchens: Patricia Highsmith. Mit dieser Anspielung weisen Autor und Regisseur der Folge zum einen auf die Romane der berühmten Psychothriller-Autorin hin, die von ihrer Atmosphäre her sicherlich auch eine Art Vorbild für »Sklaven der Angst« waren. Zum anderen deuten sie mit ihr einen Weg an, wie man mit einem Trauma umgehen und es bewältigen kann – eben durch das Schaffen von Kunst, sei es nun in Form von Romanen, Filmen, Musik oder Bildern.

MLM-109 »Die Sünden der Väter« (Weeds)

Erstausstrahlung USA: 24.1.1997
Drehbuch: Frank Spotnitz
Regie: Michael Pattinson
Gaststars: CCH Pounder (Cheryl Andrews), Don MacKay (Jack Meredith), Ryan Cultrona (Sheriff Paul Gerlach), Josh Clark (Edward Petey), AJ Buckley (Josh Comstock), Michael Tomlinson (Mr. Comstock), Joy Rinaldi (Mrs. Linda Comstock), Terry David Mulligan (Robert Birckenbuehl), Karen Kruper (Mrs. Petey), Jade Pawluk (Charlie Birckenbuehl), Andrew Johnston (County Coroner Jon Tasini), Brian Taylor (Trainer Adam Burke), Paul Batten (Priester), Betty Phillips (Abby), Fred Henderson (Anwalt), Rick Ravanello (Polizist)

»But ye know for certain …
Ye shall surely bring innocent
blood upon yourselves and upon
this city …«

(Doch sollt ihr wissen: wo ihr mich tötet,
so werdet ihr unschuldig Blut laden
auf euch selbst und auf diese Stadt …)

Jeremia 26, 15

Inhalt: Vista Verde Estates ist eine von der Außenwelt durch Zäune und private Wachdienste abgeschirmte kleine Gemeinde in der Nähe von Seattle. Josh Comstock bekommt von seinem Vater zum 15. Geburtstag ein Motorrad geschenkt, das er natürlich sofort testen will. Als er losfährt, beginnt ein nicht zu erkennender Mann, ihn in einem Mini-Van zu verfolgen. Nach Einbruch der Dunkelheit fährt Josh auf ein Baugelände, um dort in Schlamm und Schneematsch ein paar Runden zu drehen. Der Mann im Van hält, steigt aus, geht auf Josh zu und greift ihn mit einer Waffe an, die eigentlich zur Betäubung von Rindern gedacht ist. Als Joshs Mutter ihn am nächsten Morgen wecken will, findet sie die Leiche eines anderen Jungen, Kirk Orlando, in seinem Bett; Josh ist verschwunden.

Frank, der von Sheriff Gerlach, dem für Vista Verde zuständigen Polizisten, gerufen wurde, kommt in der Siedlung an und erfährt von Gerlach relativ schnell, daß sich dieser Vorwürfe wegen Joshs Entführung macht. Kirk war schon drei Tage zuvor verschwunden, und der Sheriff hatte dies aufgrund der Bitte der Eltern geheimgehalten, und nun befürchtet er, daß – wenn alle informiert gewesen wären – der Entführer nicht wieder hätte zuschlagen können. Die Obduktion Kirks ergibt, daß der Junge gezwungen wurde, fremdes Blut zu trinken, bevor der Mörder ihn hat ausbluten lassen. Frank nimmt an, daß es das Blut des Täters war. Gerlach hat von Kirks Vater einen Umschlag mit zerrissenen Geldscheinen bekommen, den dieser einen Tag nach der Entführung in seinem Briefkasten gefunden hat.

Die Bewohner von Vista Verde veranstalten an diesem Abend unter der Leitung eines der Gemeindemitglieder, Edward Peteys, eine Versammlung, bei der Sheriff Gerlach auf das schärfste attackiert wird. Gerlach teilt daraufhin allen mit, daß der Mörder unter den Bewohnern der Siedlung zu suchen sei, und Frank versucht, den Entführer aus der Deckung zu locken, indem er verkündet, der Täter sei verrückt und habe keinerlei Motiv.

Als die Comstocks nach der Versammlung nach Hause

kommen, steht Joshs Motorrad vor der Tür. Sie rennen ins Haus, finden aber nicht ihren Sohn, sondern nur eine Botschaft des Entführers. Er hat mit Blut die Zahl ›331‹ auf Joshs Bett geschrieben. Nach der Ankunft Franks im Haus der Comstocks erzählt ihm Joshs Vater, daß er eine Zeitlang eine Affäre mit einer anderen Frau gehabt und sich immer mit ihr im Zimmer 331 eines Motels getroffen habe. Frank drängt ihn, dies seiner Frau zu sagen.

Noch in derselben Nacht entführt der Mörder Charlie, den Sohn Robert von Birckenbuehls, der auf der Versammlung Gerlach am härtesten kritisiert hat, direkt aus seinem Zimmer. Bei der Untersuchung des Tatorts entdecken Frank und die von ihm zur Unterstützung gerufene Pathologin der *Millennium Group*, Cheryl Andrews, daß die Goldfische des Jungen – wie sich später herausstellt – mit Whisky vergiftet wurden, eine verschlüsselte Botschaft, auf die bald noch eine zweite folgt. Frank Black kommt nach einem Tag in Vista Verde nach Hause und hat das Gefühl, daß er verfolgt wurde. Da er aber niemanden sieht, geht er davon aus, daß ihn seine Intuition getäuscht hat. Kurz darauf klopft sein Nachbar an, vor dessen Haustür gerade ein Briefumschlag für Frank abgelegt worden ist. In dem Umschlag befindet sich ein Farbmuster mit der Nummer ›528‹.

Am nächsten Abend bringt Frank Joshs Vater, der bei einer Patrouillenfahrt durch die Nachbarschaft einen Jugendlichen angefahren hat, nach Hause. Als sie am Haus ankommen, finden sie den unter Schock stehenden Josh im Wohnzimmer. Er ist zwar nicht weiter ernstlich verletzt, aber der Entführer hatte auch ihn gezwungen, Blut zu trinken. In der Zwischenzeit hat Frank von Gerlach erfahren, daß vor einem halben Jahr ein unbekannter Betrunkener den achtjährigen Sohn des lokalen Schwimmlehrers, Adam Burke, überfahren und Fahrerflucht begangen hat. Langsam gelingt es Frank, die Puzzleteile zusammenzusetzen. Er kommt zu dem Schluß, daß der Mörder die Jungen wegen der Sünden ihrer Väter entführt. Das Blut, das sie trinken müssen, soll sie reinigen. Kirk mußte sterben, weil sein Vater nicht reagiert hat, und Josh durfte gehen, da dessen Vater seiner Frau sein Verhältnis mit einer anderen gebeichtet hat. Aus den vom Entführer hinterlassenen Hinweisen entnimmt Frank, daß es Robert Birckenbuehl war, der den kleinen Jungen überfahren und damit die Entführungen ausgelöst hat. Die Farbe von Birckenbuehls Auto stimmt mit der des Musters überein. Daraufhin läßt Frank ihn verhaften, um den Entführer zur Freilassung des Jungen zu bewegen. Doch statt des Teenagers erhält Birckenbuehl eine Tonbandaufnahme, in der ihm der Entführer mitteilt, daß er den Tod von Adam Burkes Sohn nur mit seinem eigenen Leben büßen kann. Anhand von auf der Aufzeichnung wahrnehmbaren Hintergrundgeräuschen kommt Frank zu dem Schluß, daß Charlie in einem Keller unter der Schwimmhalle gefangengehalten wird. Zusammen mit Cheryl Andrews und Sheriff Gerlach rettet er den Jungen und überwältigt den Entführer und Mörder, Edward Petey. Als sie zu dem Haus der Birckenbuehls zurückkehren, finden Frank und Gerlach die Leiche von Charlies Vater, der sich den Worten des Entführers folgend selbst getötet hat.

Kommentar: Der Anfang erinnert an den der vorherigen Folge. Wieder fährt ein Auto langsam durch eine ruhige, gepflegte Siedlung, wieder spielen Kinder in den Vorgärten der schicken Einfamilienhäuser, die vom beruflichen Erfolg der Eltern erzählen. Nur ist diesmal alles noch eine Spur schöner, beinahe etwas unwirklich. Es liegt Schnee auf den Wiesen, die Kinder toben ausgelassen herum und strahlen über das ganze Gesicht. Die Augen-Blicke werden teilweise noch durch Zeitlupenaufnahmen gedehnt, und begleitet werden die Bilder von schon mehr als nur süßlicher Muzak. Der Fahrer scheint das Idyll, das er hier an sich vorbeiziehen läßt, geradezu mit seinen Blicken in sich aufzusaugen. Doch dann verändert sich plötzlich die Stimmung. Wir sehen die spielenden Kinder aus einem leicht veränderten Winkel, aber immer noch mit seinen Augen. Nun haben sie uralte Gesichter, die aufgeplatzt sind.

Willkommen in der Welt des David Lynch: Isabella Rossellini in BLUE VELVET.

Die Haut hängt teilweise in Fetzen herunter, und der Blick wird frei auf verfaulendes Fleisch. Ein Mann, der Schnee wegräumt, verwandelt sich in einen uralten, bereits tot aussehenden Greis, und das Haus, vor dem der Fahrer hält, ist plötzlich dunkelrot, der Himmel über ihm verdüstert sich zu einem wütenden Gewitter. Auf diese kurzen Visionen folgen immer wieder direkt die Bilder des offensichtlich falschen Idylls.

An den Anfang von BLUE VELVET erinnert diese erste Fahrt durch Vista Verde vage. MILLENNIUM scheint im Territorium von David Lynch angekommen zu sein, im Amerika der idyllischen kleinen Städte, hinter deren Fassaden sich Korruption und Verkommenheit, Mord und Perversion verstecken. Zugleich kommt einem »Die Sünden der Väter« vor wie eine Variation und Ergänzung zur direkt davor laufenden Folge »Sklaven der Angst«, mit der sie neben der Autofahrt zu Beginn auch die Auseinandersetzung mit der Frage verbindet, ob es vollkommene Sicherheit geben kann. Aber diese sich gerade zu Beginn einstellenden Assoziationen leiten einen etwas in die Irre, da es dem Autor der Episode, Frank Spotnitz, insgesamt mehr um den religiösen Wahn des Entführers geht, der sich für einen Heiligen und ein gerechtigkeitbringendes Werkzeug Gottes hält, als um die Abgründe der amerikanischen Provinz. So erscheinen die Sünden der Väter, der Ehebruch und selbst die Fahrerflucht mit Todesfolge, im Vergleich zu den Verbrechen der Bewohner von Twin Peaks und den Perversionen eines Frank Booth und seiner Kumpane gewöhnlich, fast schon schäbig und uninteressant.

In kaum einer anderen Folge liegen Höhen und Tiefen der Serie so nahe beieinander wie hier in »Die Sünden der Väter«. Atmosphärisch ist es sicherlich eine der dichtesten und packendsten Episoden von MILLENNIUM. Allein die schon beschriebene Anfangssequenz und die Beerdigung von Kirk Orlando, bei der Frank, während der Priester von der Unschuld der Jugend spricht, Visionen hat, die ihn die Anwesenden mit den Augen des Mörders sehen lassen, erzeugen ein Gefühl blanken Entsetzens, das einen schaudernd zurückläßt. Die Bilder von den so durchschnittlichen Bewohnern von Vista Verde, in denen sie wie lebende Leichen aussehen, lassen einen den ganzen Terror, aber auch den Wahnsinn Edward Peteys erfahren. Genauso erschreckend wie seine Visionen sind Peteys Handlungen. Wenn er den Jugendlichen gewaltsam Blut einflößt und dabei glaubt, sie so zu retten, gehört dies sicherlich zu den verstörendsten Momenten der ersten Staffel. Überhaupt ist er einer der interessantesten Mörder innerhalb der Serie. Wenn er den Jungen in einer Eucharistie des Schreckens sein Blut einflößt, maßt er sich an, ein zweiter Jesus zu sein, dessen Blut unsere Sünden hinwegwaschen kann. Seine Rituale der Reinigung der Jugendlichen sind eine Pervertierung des Abendmahls, des symbolischen Akts des Trinkens von Rotwein. In dem Wahn, eine messianische Figur, ein neuer Heiliger zu sein, begeht er Verbrechen, gegen die die Sünden derjenigen, die er glaubt zu retten, vergleichsweise harmlos sind.

Doch das Drehbuch macht nur unzureichend Gebrauch von den Möglichkeiten seiner Ideen. So ist allein schon fragwürdig, warum gerade die Identität dieses Mörders so lange geheimgehalten wird. Zwar baut Spotnitz so eine *whodunit*-Spannung auf, die eher ungewöhnlich ist für die ersten 22 Folgen von MILLENNIUM, verschenkt aber gleichzeitig das Potential der Figur des Mörders. Denn nicht die Frage, wer der Täter ist, sondern sein Wahn, seine Motivation sind hier wirklich interessant. Selbst die falschen Fährten, die Spotnitz und Michael Pattinson, der Regisseur, immer wieder legen, lassen einen hier eher kalt. So wird zwar der Schwimmlehrer kurz als Verdächtiger aufgebaut, um diesen Ansatz quasi schon in der nächsten Sequenz wieder aufzugeben. Besonders fragwürdig bleibt der Hinweis auf einen in der Vergangenheit liegenden Fall Franks, bei dem er einen Entführer gejagt hat, der Kinder an Bushaltestellen mitgenommen, sie mehrere Tage lang gefoltert und dann wieder an einer Bushaltestelle abgesetzt hat. Dieser alte, nie aufgeklärte Fall, der sich enorm faszinierend anhört, bleibt hier einfach wie in einem leeren Raum stehen, da die Verbindungen zu den Verbrechen in Vista Verde mehr als nur vage sind.

MLM-110 »Angel« (The Wild and the Innocent)

Erstausstrahlung USA: 10.1.1997
Drehbuch: Jorge Zamacona
Regie: Thomas J. Wright
Gaststars: Terry O'Quinn (Peter Watts), Heather McComb (Maddie Haskell), Jeffrey Donovan (Robert Webber), John Pyper-Ferguson (Jim Gilroy/Jake Waterston), Michael Hogan (Captain Bigelow), Jim Swansburg (Sam Travis), Renee Michelle (Adeline Travis), Gina Chiarelli (Killean Marie Haskell), Jim Poyner (Mr. Fred Nesmith), Mary Black (Mrs. Nesmith),

James Gallanders (Missouri State Trooper), Steve Makaj (Arkansas Trooper Flanagan), John Tierney (Prediger)

»O Lord, if there is a Lord
Save my soul, if I have a soul ...«

(O Herr, so es einen Herrn gibt,
rette meine Seele, so ich denn eine Seele habe ...)

Ernest Renan

Inhalt: In Joplin, Missouri, trägt man Killean Haskell zu Grabe, von der man annimmt, sie habe sich in der Badewanne die Pulsadern geöffnet. Nur wenige Stunden später versucht Jim Gilroy, Killeans Lebensgefährte, ihre Tochter Maddie zu vergewaltigen. Maddies Freund Bobby Webber, unbemerkter Zeuge der Szene, schlägt Gilroy bewußtlos und lädt ihn in den Kofferraum von dessen Wagen, mit dem er und Maddie davonfahren. Wegen eines kaputten Rücklichts werden sie von einem Polizisten angehalten. Da es dem gefangenen Gilroy gelingt, auf sich aufmerksam zu machen, erschießt Bobby den Cop.

Die Videokamera des Streifenwagens zeichnet das Verbrechen auf, wobei die Polizei davon ausgeht, daß es sich bei dem Mörder um Gilroy, den Halter des Fahrzeugs, handelt. Aufgrund der Fingerabdrücke, die die Polizei im Hause der Haskells sicherstellt, kann Gilroy als Jake Waterston identifiziert werden. Vor fünf Jahren vergewaltigte und ermordete dieser drei Krankenschwestern in Newport, Virginia. Frank, der damals noch beim FBI arbeitete, verfolgte Waterston, der jedoch entkommen konnte.

Frank und Peter Watts begeben sich nach Joplin und nehmen das Haus der Haskells in Augenschein. Auf dem Schirm des Großbildfernsehers, der nicht so recht in die bescheidene Umgebung passen will, entdeckt Frank das eingekratze Wort ›ANGEL‹. Im Schlafzimmer findet er einen zersplitterten Spiegel, an dem sich Blut befindet. Weitere Blutspuren in der Badewanne lösen eine Vision Franks aus, in der er sieht, wie Waterston Killean Haskell in den Selbstmord trieb. Der kranke Verbrecher konnte fünf Jahre lang polizeiunauffällig bleiben, da er seine Lebensgefährtin Killean und deren Tochter Maddie vergewaltigte, die darüber geschwiegen haben.

Bobby und Maddie sind mittlerweile auf Nebenstraßen aus Missouri geflohen. Sie haben offensichtlich einen Plan, von dem die verängstigte Maddie nicht mehr sonderlich überzeugt scheint, doch Bobby ist fest entschlossen, ihn durchzuführen. Er parkt den Wagen an einem abgelegenen Ort und öffnet den Kofferraum. Er fragt den verletzten Waterston wiederholt, wo ›er‹ sich befinde; als er keine Antwort erhält, beginnt er mit dem Gewehrkolben auf den Gefesselten einzuschlagen.

Frank und Peter analysieren mit Captain Bigelow von der lokalen Polizei das Videoband aus dem Streifenwagen. Frank hat erhebliche Zweifel daran, daß es sich bei dem Mörder, den man nicht erkennen kann, um Waterston handelt. Einmal passen Schußwaffen nicht zu dessen Modus operandi, zum anderen handelt er nicht unüberlegt. Außerdem entdeckt er eine Bewegung auf dem Band, die darauf schließen läßt, daß der Mörder nicht allein unterwegs ist.

Bobby und Maddy fahren nach Springdale, Arkansas. Bobby dringt in das Haus des Ehepaares Nesmith ein. Er verlangt von dem völlig verwirrten Nesmith zu erfahren, wo ›er‹ ist. Als der alte Mann ihm seine Frage nicht beantworten kann, erschießt Bobby zuerst ihn, danach seine Frau. Im Wagen teilt Bobby Maddie mit, daß ›er‹ nicht da gewesen sei, Waterston habe sie also angelogen. Bei einer weiteren Befragung Waterstons droht Bobby ihn zu erschießen, falls er ihnen nicht mitteilt, was sie zu wissen begehren. Nachdem er ihnen die Wahrheit gesagt hat, sperrt Bobby ihn wieder in den Kofferraum und versenkt den Wagen in einem See. Anschließend verlangt Bobby von Maddie einen Beweis dafür, daß sie glücklich ist, und vergewaltigt sie.

Bei einer weiteren Überprüfung des Hauses der Haskells findet Frank Maddies High-School-Jahrbücher, aus denen er von ihrem Verhältnis zu Bobby erfährt. Außerdem enthalten die Bücher einige an Angel adressierte Briefe, die nie abgeschickt wurden. Er glaubt, daß es sich dabei um Maddies Vater handelt, den das Paar nun sucht.

Als Captain Bigelow Frank und Peter mitteilt, daß man Waterstons Wagen in einem See gefunden habe, fahren die beiden umgehend zu den Bergungsarbeiten. Aufgrund einer Ahnung Franks kann Waterston rechtzeitig vor dem Ertrinken gerettet werden. Von diesem erhält Frank die Bestätigung, daß Bobby den Polizisten erschossen hat und sich weiterhin in der Gesellschaft Maddies auf der Flucht befindet, er erhält jedoch keine Antwort auf die Frage nach der Identität Angels. Die Wahrheit erfahren sie aus Maddies Krankenhaus-Unterlagen: Angel ist ihr mittlerweile ein Jahr alter Sohn. Waterstons Bankauszüge geben Frank und Peter Aufschluß darüber, daß dieser vor zehn Monaten die Summe von $ 7.000 erhielt. Er verkaufte Maddies Baby an seinen Anwalt, um einen Großbildfernseher bezahlen zu können. Das Kind wurde von dem Ehepaar Travis aus Little Rock adoptiert, wohin sich Frank und Peter sofort aufmachen.

Maddie und Bobby kommen an dem prächtigen Haus der Travis' an. Es kommt zu einem Streit, als Maddie äußert, daß es Angel hier bestimmt gefalle. Bobby dringt unter einem Vorwand in das Haus ein und schlägt Mr. Travis bewußtlos, worauf er dessen Frau befiehlt, Angel zu ihm zu bringen. Die Frau, die das Kind auf legalem Wege adoptiert zu haben glaubt, ist völlig aufgelöst, gibt jedoch Bobbies Drohungen nach und reicht Maddie den Kleinen, der fürchterlich zu schreien beginnt. Maddie schließt ihn kurz in die Arme, küßt ihn und gibt ihn dann an seine neue Mutter zurück, da sie spürt, daß er hier hingehört. Bobby ist außer sich und will den Kleinen zurücknehmen, doch seine Freundin stellt sich ihm entschlossen in den Weg, worauf er sie zu Boden schlägt. Im nächsten Moment fahren Frank, Peter und die örtliche Polizei vor. Bobby ist außer sich. Er sieht nur einen Ausweg: Angel als Geisel zu nehmen, um die Polizisten zu hindern, auf ihn zu schießen. Als er Mrs. Travis das Kind entreißen will, zieht

Maddie Bobbys Pistole aus dessen Hosenbund und erschießt ihn. Als sie sich auf unbeholfene Art ergibt, rettet sie Frank vor dem zu befürchtenden Kugelhagel der nervösen Polizisten.

Im Gefängnis erklärt Maddie Frank, daß Angel bei den Travis' ein besseres Leben haben werde als bei ihr. Sie bedankt sich bei ihm, dem einzigen Mann, der jemals etwas Nettes für sie tat, für ihre Rettung. Beim Abschied nimmt Maddie Frank das Versprechen ab, sie einmal mit Jordan besuchen zu kommen.

Kommentar: Das von Jorge Zamacona verfaßte Skript zu »The Wild and the Innocent« bricht deutlich mit einigen Konventionen von MILLENNIUM, die sich bereits nach zehn Folgen etabliert haben. Zum einen befindet sich der Killer, nach dem die *Millennium Group* und die Polizei fahnden, bereits nach der Hälfte der Episode in Polizeigewahrsam. Zum anderen konzentriert sich die Episode nicht so sehr auf den Täter oder die Ermittler, sondern – wie dies bereits ansatzweise »The Well-Worn Lock« und »Blood Relatives« vorführten – auf eines der Opfer. Des weiteren wird die Episode aus dessen Sicht, eben von Maddie Haskell, als Rückblick erzählt, was dem Zuschauer jedoch erst relativ spät klar wird. Sehr eindringlich spielt Heather McComb, die Darstellerin der Maddie, welche in der AKTE X-Folge »Satan« auf überzeugende Weise die Shannon Ausbury, das vermeintliche Opfer eines satanistischen Kultes, verkörperte. Sie war außerdem in der von Francis Ford Coppola inszenierten Episode »Life With Zoe« in NEW YORK STORIES zu sehen. Zuletzt trat sie in dem X-MEN-Ableger GENERATION X als Superheldin Jubilee vor die TV-Kameras.

Die an Tennessee Williams erinnernde Folge »The Wild and the Innocent« kontrastiert zwei Familien, die Haskells und die Blacks. In der ersten Szene wird die Mutter, Killean Haskell, zu Grabe getragen, während wir auf der Tonebene hören, wie Maddie einen Brief an ihren geraubten und verkauften Sohn Angel verliest. In der zweiten Szene versucht der

Lebensgefährte Killeans, die Tochter der Toten zu vergewaltigen, woran ihn deren Freund hindert, indem er ihn mit einem Rohr niederschlägt und in einen Kofferraum sperrt, kurz bevor er in der dritten Szene kaltblütig einen Polizisten niederschießt. Die Haskells stellen einen krassen Gegenentwurf zu den Blacks dar, deren momentan größtes Problem Jordans Wunsch nach einem Schwesterchen ist.

Die äußerst atmosphärische *teaser*-Sequenz ist ein wahres Kleinod. Auf dezidiert filmische Weise wird in kürzester Zeit ein Maximum an Informationen geboten. Die Protagonisten werden in ihrem sozialen Milieu und ihrer desolaten Situation eingeführt, gegen die Bobby und Maddie als stille Komplizin mit einer Reihe von Verbrechen – Entführung, Autodiebstahl, Mord – aufbegehren. Innerhalb von dreieinhalb Minuten kommt es zum endgültigen Bruch mit der Gesellschaft und ihren administrativen Organen, und das Paar befindet sich auf einer alptraumhaften Odyssee durch das *heartland* Nordamerikas, die gleichzeitig Flucht und Jagd ist. Daß dies funktioniert, liegt unter anderem daran, daß »The Wild and the Innocent« mit den Konventionen eines uns bekannten Genres spielt, der Geschichte vom *killer-couple on the road*.

Ein wichtiger Einfluß, wenn nicht sogar die Hauptquelle dieser Geschichten ist der wahre Fall der Desperados Bonnie Parker und Clyde Barrow, denen Arthur Penn in seinem kontroversen BONNIE & CLYDE mit Faye Dunaway und Warren Beatty in den Rollen des Gangsterpaares 1967 ein blutiges Denkmal setzte. Männliche Mörderpaare zeigen die ebenfalls auf *true crimes* beruhenden Filme ROPE (COCKTAIL FÜR EINE LEICHE; Alfred Hitchcock, 1948) und Richard Fleischers COMPULSION (DER ZWANG ZUM BÖSEN, 1959). Beide illustrieren den Fall der reichen, hochintelligenten Studenten Leopold und Loeb, die in Chicago 1924 einen Cousin Loebs töteten, um ihre intellektuelle Überlegenheit durch das Begehen eines perfekten Verbrechens zu beweisen, was offensichtlich mißlang. Den Fall des mehrfachen Mörders Perry Smith und seines Freundes Dick Hickock beschrieb Truman Capote in IN

White trash auf dem Weg zur Hölle – Sailor (Nicholas Cage) und Luna (Laura Dern) in David Lynchs WILD AT HEART.

COLD BLOOD; 1967 wurde das Buch unter dem gleichen Titel (dt.: KALTBLÜTIG) von Richard Brooks verfilmt. Verliebte Serienkiller zeigte Gorman Bechards irrwitziger PSYCHOS IN LOVE von 1986. Weitere *killer-couples* präsentieren so unterschiedliche Filme wie Joseph H. Lewis' GUN CRAZY (aka DEADLY IS THE FEMALE, dt.: GEFÄHRLICHE LEIDENSCHAFT, 1949), Peter Jacksons HEAVENLY CREATURES (1994) und FRIGHTENERS (1996); in WILD AT HEART (1990) schickte David Lynch Sailor und Luna *on the road*. WILD AT HEART hatte einen nicht zu unterschätzenden Einfluß auf die mörderischen Pärchen der *Tarantino school of movie-making*, die oft unterwegs sind, wie NBK, TRUE ROMANCE, LOVE AND A .45 und DOBERMANN belegen mögen.

Einer der aufsehenerregendsten Fälle der amerikanischen Kriminalgeschichte waren die Starkweather-Fugate-Morde des Jahres 1958. 1957 lernte der Müllmann Charlie Starkweather die unauffällige Schülerin Caril Ann Fugate kennen und lieben, was den Unwillen ihres Vaters erregte. Im nächsten Jahr brachte Starkweather Mr. Fugate um, worauf es mit Caril Ann zu einer Flucht durch den Staat Montana kam, die sich zu einer wahren Mordorgie auswuchs. Starkweather konnte gestellt werden und endete auf dem elektrischen Stuhl. Seine farblose Freundin wurde freigesprochen, wogegen es Proteste gab. Obwohl sie niemanden selbst tötete, wurde sie insofern zu seiner Komplizin, als sie seinen Phantasien, die ihn zum Morden trieben, Nahrung gab. Der Niemand Starkweather wollte ein Jemand werden, am liebsten wie sein Idol James Dean, dem er versuchte in Kleidung und Verhalten nachzueifern. Der *teenage Nietzsche of the trashcans*, der seine Gedanken in den Tagebüchern festhielt, die er vor seiner Hinrichtung im Gefängnis verfaßte, führte die Rebellion Heranwachsender zu ihrem ebenso logischen wie blutigen Schlußpunkt. Der Fall wurde 1973 von Terrence Malick unter dem Titel BADLANDS mit Charlie Sheen und Sissy Spacek verfilmt. Von allen genannten Filmen über Killerpaare ist es gewiß dieser, dem »The Wild and the Innocent« am ähnlichsten ist. Eine der neben der Handlung und den Charakteren deutlichsten Parallelen ist der von Sissy Spacek gesprochene Off-Kommentar, der den ganzen Film begleitet, genau wie die Erinnerungen und verlesenen Briefe Maddies in »The Wild …«. Ebenfalls von den Starkweather-Fugate-Morden beeinflußt ist das gleichnamige Remake von GUN CRAZY (1992) mit Drew Barrymore. An Starkweather und Fugate erinnert auch das Paar auf dem Cover des ›Goo‹-Albums von Sonic Youth, wobei die beiden vom Äußeren her deutlich an Maureen Tucker und John Cale von Velvet Underground angelehnt sind.

Eine unübersehbare thematische Ähnlichkeit verbindet »The Wild and the Innocent« mit Steven Spielbergs hervorragendem Frühwerk SUGARLAND EXPRESS von 1973. Ein Ausbrecher (Ben Johnson) und seine Frau (Goldie Hawn) begeben sich auf eine Odyssee durch Texas, um ›Junior‹, ihr von der Obrigkeit zur Adoption freigegebenes Kind, zurückzuholen. Nachdem sie eine Geisel genommen haben, endet das Paar nach zahlreichen Verfolgungsjagden und Schießereien im Kugelhagel der Polizei. Doch während der Film trotz seines deprimierenden Endes noch Raum für (freilich sehr makabren) Humor und mitreißende Szenen entwickelt, stellt die MILLENNIUM-Episode eher einen SUGARLAND EXPRESS in Moll dar, was jedoch angesichts des üblichen Tons der Serie nicht wirklich überrascht.

Die Ermordung des Polizisten, die ländliche Szenerie und der Dialekt der Protagonisten läßt auch Erinnerungen an FARGO der Coen-Brüder von 1996 aufkommen. Der Rollenname Captain Bigelows verweist auf die hauptsächlich für ihre Actionfilme bekannte Regisseurin Kathryn Bigelow (POINT BREAK, STRANGE DAYS), die mit THE LOVELESS und NEAR DARK (dt.: NEAR DARK – DIE NACHT HAT IHREN PREIS) zwei sehr außergewöhnliche, bemerkenswert düstere Roadmovies vorgelegt hat.

MLM-111 »Tote Jahre« (Loin Like a Hunting Flame)

Erstausstrahlung USA: 31.1.1997
Drehbuch: Ted Mann
Regie: David Nutter
Gaststars: Terry O'Quinn (Peter Watts), Harriet Sansom (Maureen Murphy), William Lucking (Detective Thomas), Hrothgar Matthews (Art Nesbitt), Dawn Madsen (Leslie), Natassia Malthe (Neue Leslie), Eric Olsen (Mel Dodd), Derek Hamilton (Neuer Mel), Doug Abrahams (Kent), Carrie Davis (Anne), Crystal Cass (Neue Anne), Peg Christopherson (Sylvie), Jaclynn Grad (Neue Sylvie), Barry Greene (Mark), Malcolm Stewart (Vic), Dorian Davis (Sherrie), Rafe McDonald (Tim), Barbara Howard (Karen Nesbitt), Michael Sunczyk (Red-Robe-Türsteher), Laurel Gray (Pathologin), Jon Ratt

(Ehemann), Tyler Labine (Gavin), Jenny Mitchell (Kim), Michael Buie (Randy), Kelly Irving (Ron), Fawnia L. Mondey (Laurie)

»Two souls, alas, are housed within my breast.«

(Zwei Seelen wohnen, ach, in meiner Brust.)

Goethe, Faust

Inhalt: Der Apotheker Art Nesbitt ist der typische Mensch von nebenan, durchschnittlich bis zur Unscheinbarkeit – einer, den man an überfüllten Orten im Gedränge ganz leicht übersehen kann. Deshalb fällt er auch bei dem Rave in einem zum Techno-Club umfunktionierten Warenhaus in der Nähe der Universität von Colorado in Boulder zwischen all den Studenten gar nicht auf. Es ist eine Nacht der Musik und des Rausches, eine Nacht, in der man zu Abenteuern bereit ist und den Mut hat, einmal alle Hemmungen zu verlieren. Das weiß auch Art, und so spricht er ein junges Pärchen, Mel und Leslie, an. Er bietet ihnen eine ganz besondere halluzinogene Droge an, den Trip ihres Lebens. Berauscht folgen die beiden ihm in einen kleinen Raum. Dort überredet er sie, miteinander zu schlafen, und nimmt – selbst unter dem Einfluß seiner Droge stehend – ihre Ekstase auf Video auf. Dann tötet er sie mit einer Giftspritze. Ihre nackten Körper bringt Art in den botanischen Garten. Dort bettet er sie wie das erste aller Liebespaare auf Gras und Farne, ihre Scham und die Brüste bedeckt er mit großen Blättern – das wiedergewonnene Paradies, als ob wir die Frucht gekostet, aber keinen Preis dafür gezahlt hätten.

Mit Frank kommt auch ein weiteres Mitglied der *Millennium Group*, Maureen Murphy, eine Spezialistin für Verbrechen dieser Art, nach Boulder. Am Fundort der Leichen treffen sie auf den Polizisten Detective Thomas, der ihnen ziemlich gereizt gegenübertritt. Er ist schon an sich von der Mitarbeit der Gruppe nicht sehr begeistert, aber die Beteiligung einer Frau an den Untersuchungen lehnt er eigentlich prinzipiell ab. So

gibt er Frank zu verstehen, daß Frauen die sexuellen Phantasien von Männern nicht begreifen könnten, eine Frau also nichts zur Klärung des Falles beitragen könne.

In einem Haus in einem der wohlhabenderen Vororte von Boulder feiern sieben Paare eine *swinger*-Party. Und während sie sich ganz den Freuden der Leidenschaft, dem Rausch des durch keine bürgerlich-moralischen Restriktionen beschränkten Sexus hingeben, beobachtet Art Nesbitt sie. Als zwei Frauen, Sylvie und Anne, die Party kurz verlassen, um etwas zu besorgen, verfolgt sie Art. Dabei schlüpft er, ganz der mörderische Mann ohne Eigenschaften, in die Rolle eines Polizisten und bringt sie durch den Einsatz eines Blaulichts dazu, am Straßenrand zu halten. Im Laufe des nächsten Tages melden Mark und Vic, die Ehemänner von Sylvie und Anne, die beiden bei der Polizei als vermißt. Kurz darauf werden ihre Leichen in einem Park entdeckt. Nesbitt hat sie gleich einem Liebespaar auf einer der Parkbänke arrangiert. –

Nesbitts Apotheke. Laurie und Randy, ein junges Paar, das bald in die Flitterwochen nach Bali fliegen will, kommt zu dem Apotheker und bittet ihn um ein prophylaktisch wirkendes Mittel gegen Darmerkrankungen. Daraufhin geht Art kurz ins Hinterzimmer, bringt den beiden jeweils eine Kapsel und rät ihnen, sie jetzt sofort einzunehmen, denn nur so würden sie ihre ganze Wirkung entfalten können.

In der Zwischenzeit haben Frank und Maureen dank genauerer toxikologischer Tests erfahren, daß einige Bestandteile der Droge, die der Mörder seinen Opfern verabreicht hat, in den Bereich der kontrollierten Substanzen gehören, auf die normalerweise nur Apotheker Zugriff bekommen. So haben die beiden eine erste Spur. Außerdem hat Frank in einer seiner Visionen realisiert, daß nicht nur das Opfer, sondern auch der Mörder unter dem Einfluß der Droge steht. Sie wirkt als Stimulans für sexuelle Phantasien, die der Täter mit Hilfe der entführten Paare als reale Performances inszeniert. Diese *sexacts* sind – davon ist Frank überzeugt – kleine Aufführungen für den impotenten Mörder, der nur noch auf diese Art Sexualität erleben kann. Weitere Nachforschungen führen Frank und Maureen in die Apotheke von Nesbitt, der in dem Moment aber nicht dort ist. Trotzdem erkennt Frank vor Ort, daß Art der Mann ist, den sie suchen. Als sie bei ihm zu Hause ankommen, finden sie nur seine überraschte Frau Karen. In einem sensiblen Gespräch bringt Maureen Karen dazu, sich zu öffnen und frei über ihr Leben mit Art zu sprechen. So erzählt sie der Ermittlerin, daß Art seit 18 Jahren nicht mehr mit ihr geschlafen habe, aber noch vor kurzem gesagt habe, daß er sich nichts mehr wünsche, als wieder mit ihr Sex zu haben, und ihr versprochen habe, es bald noch einmal zu versuchen.

So wie Karen Maureen in ihr Vertrauen zieht, öffnet sich Detective Thomas gegenüber Frank. Er gesteht ihm seine Bewunderung für Maureens Arbeit ein und erzählt Frank von seiner eigenen Vergangenheit. Er hat jahrelang in West Hollywood Sexualverbrechen untersucht. Das, was er dabei gesehen und erlebt hat, ist nicht ohne Spuren an ihm vorbeigegangen, so daß er mit der Zeit nicht mehr in der Lage war, mit seiner Frau zu schlafen, die ihn dann auch verlassen hat. Nun wird Frank bewußt, daß Nesbitt bei seinen Taten sexuelle Erlebnisse inszeniert, die er selbst gerne vor seiner Ehe gehabt hätte. Er tötet die Paare im Moment ihres höchsten Glücks.

Als Frank noch einmal die Durchsuchung von Nesbitts Haus rekapituliert, erkennt er, daß sie etwas übersehen haben. So kehrt er mit Maureen und Thomas noch einmal dorthin zurück und entdeckt eine versteckte Falltür im Boden der Garage, die in einen alten unterirdischen Bunker führt. Dort finden sie Laurie und Randy noch am Leben. Gerade als Nesbitt in seinem Schlafzimmer versucht, seine Frau mit einer Giftspritze zu töten, kommt Frank hinzu und rettet Karen, indem er Art die Spritze aus der Hand schlägt. Er kann aber nicht verhindern, daß Nesbitt noch einmal an die Spritze herankommt und sich damit selbst tötet.

Kommentar: Wie nicht anders zu erwarten war, hat diese Folge, deren Originaltitel, »Loin Like a Hunting Flame«, allein schon für einiges Aufsehen gesorgt hat – so wurde im Internet und in Artikeln häufig aus ›loin‹ (Lenden) das bei weitem weniger verfängliche ›lion‹ (Löwe), weil alle davon ausgingen, daß ›loin‹ nur ein Druckfehler sein könne – sehr kontroverse Reaktionen in Amerika hervorgerufen. Auch wenn es meistens nicht offen geäußert wird, scheinen alle Kritiken hier stark von moralischen Urteilen über die Handlung der Episode geprägt zu sein. Hinter den Verrissen steht versteckt die Ablehnung einer Geschichte, die sich so direkt mit Sex und Tod, Voyeurismus und Impotenz beschäftigt, und hinter den positiven Reaktionen steht die weitgehend unverhohlene Bewunderung für den Mut der Macher dieser Folge. Tatsächlich gehen Drehbuchautor Ted Mann und Regisseur David Nutter hier ganz deutlich an die Grenzen dessen, was im zutiefst konservativen amerikanischen Fernsehen möglich ist. Dort werden teilweise schon etwas längere Kußszenen von den Produzenten als anstößig empfunden und deshalb auf wenige Sekunden heruntergeschnitten. Vor diesem Hintergrund gesehen, zeigt sich noch einmal, wie wenig Chris Carter und sein Team bei MILLENNIUM auf die Konventionen ihres Mediums Rücksicht nehmen und daß sie statt dessen ihre eigene Vision realisieren. Dabei fügt sich diese Folge allein schon durch ihre Besetzung in Carters mit X-FILES und MILLENNIUM geschaffenes Fernsehuniversum ein. Neben Hrothgar Matthews (Art Nesbitt), der in der X-FILES-Episode »Our Town« (»Unsere kleine Stadt«; 2X24) mitgespielt hat, und William Lucking, der in der Folge »José Chung's ›From Outer Space‹« mit dabei war, ist X-FILES-Anhängern sicher vor allem Harriet Samson (Maureen Murphy) noch als Eve aus der gleichnamigen Episode (1X10) in guter Erinnerung.

Die Fassade der Normalität, hinter der sich der Schrecken verbirgt, ist bei keinem anderen Serienmörder in dieser ersten Staffel von MILLENNIUM so perfekt wie bei Art Nesbitt. Er ist tatsächlich einer dieser Männer, neben dem man jahrelang wohnen könnte und dabei nicht die geringste Vermutung hätte, daß hinter all der Durchschnittlichkeit eine für immer verlorene Seele steckt. Nesbitt scheint damit auf den ersten Blick ein ganz gewöhnlicher psychosexueller Mörder zu sein, eine quasi schon realistische Figur, die uns noch einmal ganz deutlich vorführt, daß die Welt, die wir mit unseren Augen und Ohren wahrnehmen, eben nicht die Welt ist, in der wir leben, sondern nur ein kleiner Teil von ihr. So kann man »Tote Jahre« als eine weitere Variation des Grundmotivs der Serie sehen, als Warnung vor einem Gefühl der Sicherheit, das nur trügerisch sein kann. Aber Nesbitt, dieser *peeping Tom*, der anders als Mark Lewis in Michael Powells düsterer Studie in Voyeurismus und Gewalt nicht die höllische Angst, sondern das höchste Glück, die himmlische Ekstase seiner Opfer für immer aufzeichnen will, ist nicht nur dieser Durchschnittsbürger. Seine Morde sind alles andere als gewöhnlich; eine ganz eigene Ambivalenz kennzeichnet sie, macht sie zu rätselhaften Zeichen, Botschaften einer zwischen Haß und Sehnsucht zerrissenen Seele. Man könnte sagen, daß Nesbitt, der in seiner Jugend keine sexuellen Abenteuer erlebt hat und in der Ehe impotent geworden ist, mit seinen Morden seinen verzehrenden Neid auf alle abreagiert, die die Freuden des Fleisches, die unendliche Leidenschaft der Liebe und des Begehrens bis aufs letzte auskosten. Dann wären dieser Impotente und Galen Calloway aus »Dein Reich komme« Brüder im Geiste, die mehr als nur Menschen töten wollen. So wie Calloways Morde Angriffe auf den Glauben sind, wären Nesbitts Taten Angriffe auf die Sexualität an sich. Aber dies ist nur eine – und wahrscheinlich sogar nur die untergeordnete – Seite von Nesbitts Handlungen, von seiner Schizophrenie, die David Nutter auf filmisch großartige Weise dadurch visualisiert, daß er die Opfer doppelt besetzt. Es gibt das reale Paar, das von Nesbitt verführt wird, und das irreale, nur in der Drogenimagination des Mörders existierende Paar, das viel schöner ist als das wirkliche.

Nesbitt tötet die sich Liebenden im Augenblick ihrer höchsten Verzückung, im Moment der absoluten Vereinigung, des ›kleinen Todes‹, den er so festhält, in die Ewigkeit verlängert. Das macht aus seinen Taten Akte der Gnade, denn nach diesem Höhepunkt des Lebens kann es für die Pärchen eigentlich nur noch abwärtsgehen. Der große, wahre und für immer währende Tod kommt für die Liebenden als Geschenk. Wenn Nesbitt dann ihre toten Körper in Skulpturen verwandelt, die von Liebe und Leidenschaft, Unschuld und Glück, Eros und Thanatos erzählen, konserviert er Momente der himmlischen Ekstase, der Unio mystica zu wahren Kunstwerken, die von seiner eigenen Sehnsucht nach der Erlösung in Leidenschaft und Liebe zeugen. Die Sexualität des Mordens, die ein so entscheidender Bestandteil der sinnlichen und rituellen Inszenierung des Tötens in italienischen *gialli* ist, bekommt hier noch einmal eine neue Dimension. Der Mord ist nicht mehr eine sexuelle Ersatzhandlung, er steht im Dienst einer ewigen Sexualität, eines perfekten, weil unendlichen Koitus.

Die Nähe von Jäger und Gejagten, die durch Franks Visionen immer präsent ist, gewinnt hier eine besondere Bedeutung. Nesbitt und Thomas, den Killer und den Cop, verbindet ihre Impotenz, ihre Unfähigkeit zur körperlichen Liebe, die ihnen auch die Hoffnung auf kurze Momente spiritueller Erlösung nimmt. Sie repräsentieren unterschiedliche Stadien der Entfremdung von der Sexualität, und Nesbitts Weg könnte der sein, den auch Thomas irgendwann gegangen wäre, wenn er nicht durch diesen Fall wieder zu sich selbst gefunden hätte. Mit dieser Verbindung zwischen dem Polizisten und dem Mörder, die eben nicht zwei ganz verschiedene Figuren, Repräsentanten des Guten und des Bösen, sind, variiert Ted Mann ein Motiv des Serienmörder-Kinos, das schon in William Friedkins CRUISING und Richard Tuggles TIGHTROPE (dt.: DER WOLF HETZT DIE MEUTE) im Zentrum der Geschichte stand. Wie Steve Burns (Al Pacino) in CRUISING und Wes Block (Clint Eastwood) in TIGHTROPE wird auch Thomas in die Welt, in der er ermittelt, hineingesaugt, bis er ein Teil von ihr ist. Dabei wird er aber genausowenig wie die anderen beiden zum Opfer der ›Perversionen‹, die das Milieu kennzeichnen, in dem er arbeitet; sie sind keine ansteckenden Krankheiten, die sich zwangsläufig übertragen müssen. Vielmehr sind sie von Anfang an Teil seines Charakters, nur gewinnen sie langsam die Übermacht. Das Böse ist nicht eine von außen kommende Infektion, es ist in uns, und jeder muß einen Weg finden, mit ihm umzugehen. Dies erkennt hier auch Detective Thomas, der eine der wenigen Figuren in MILLENNIUM ist, für die eine Läuterung noch möglich ist.

MLM-112 »Tausend letzte Tage« (Force Majeure)

Erstausstrahlung USA: 7.2.1997
Drehbuch: Chip Johannessen
Regie: Winrich Kolbe
Gaststars: Terry O'Quinn (Peter Watts), CCH Pounder (Cheryl Andrews), Brad Dourif (Dennis Hoffman), Morgan Woodward (Mann in der eisernen Lunge), Kristi Angus (Lauren/Carlin u. a.), Sarah Strange (Maura), Cindy Girling (Myra), Timothy Webber (Sheriff Camden), Merrilyn Gann (Lillian Mather, Carlins Mutter), Carolyn Tweedle (Mrs. Padilla, Laurens Mutter), Peter Hanlon (Manager des Atriums), Phillip Mitchell (Erster Uniformierter), Mitch Kosterman (Lieutenant)

»You remember a single deluge only,
but there were many previous ones.«

(Wir erinnern uns nur an die eine Sintflut,
doch groß ist die Zahl derer davor.)

Platon

Inhalt: Irgendwo – eine Frau teilt ihrem Vater, der in einer eisernen Lunge liegt, mit, daß *es* begonnen hat.

Über den Staat Washington bricht urplötzlich ein gewaltiges Gewitter herein. Überall auf dem Campus der Polytechnischen Universität suchen Menschen verzweifelt Unterschlupf, während es faustgroße Eisbrocken zu hageln beginnt. Die Assistenzdozentin Maura stellt sich mit einigen anderen in einem Hauseingang unter und zündet sich eine Zigarette an. Da sieht sie ihre Freundin Lauren, welche, einer Schlafwandlerin gleich, langsam durch das Unwetter schreitet. Die verblüffte Maura ruft sie in den Unterstand. Dort angekommen, streckt Lauren ihre Hand nach der Zigarette aus. Als sie diese berührt, fängt sie Feuer. Lauren kniet sich hin, faltet ihre Hände und geht vor den Augen der entsetzten Menschen in Flammen auf.

Frank, der gerade eine Reportage über den Sturm, den schlimmsten des Jahrhunderts, sieht, erhält einen Anruf von Catherine, die sich verspäten wird, da sie sich um Laurens Eltern kümmert. Trotz der rituellen Pose, in der man deren Tochter fand, die an die Selbstverbrennungen protestierender buddhistischer Mönche erinnert, glauben sie nicht an einen Selbstmord. In der Überzeugung, jemand anders stecke dahinter, werden sie von dem merkwürdigen Dennis unterstützt, der Catherine gegenüber vorgibt, ein Kollege Franks zu sein. Frank nimmt Kontakt mit Peter auf, der ihm versichert, daß es bei der *Millennium Group* keinen Dennis gebe. Sie beschließen, den Fall zu untersuchen.

Frank fährt zum Polytechnikum, um Maura, die Freundin Laurens, zu befragen. Abgesehen davon, daß Lauren im Gegensatz zu ihren Eltern überdurchschnittlich intelligent war, erfährt er von der gereizten Assistentin nichts weiter, da sie bereits alles Dennis Hoffman erzählt habe. Frank fällt ein Modell des Sonnensystems auf, bei dem sich alle Planeten von Merkur bis Uranus auf einer Linie befinden. Maura teilt ihm mit, Dennis habe vorausgesehen, daß er sich dafür interessieren würde.

Als Frank die Stelle betrachtet, an der sich Lauren verbrannt hat, wird er von einem komischen Kauz angesprochen, der sogleich in eine wirre Tirade verfällt – Dennis Hoffman. Er teilt Frank mit, daß es am 5. Mai des Jahres 2000 zu einer extrem seltenen Konstellation kommen werde: Die sieben innersten Planeten des Sonnensystems werden sich zum erstenmal seit 6000 Jahren auf einer Linie mit der Sonne befinden. Beim letztenmal kam es zu der biblischen Sintflut, und auch diesesmal wird die Konstellation von katastrophalen Erdveränderungen begleitet sein. Diese kündigen sich bereits heute dadurch an, daß das Wetter immer öfter verrückt spielt und es zur Häufung von Erdbeben kommt. All dies wurde von Nostradamus und dem Buch Exodus vorhergesagt. Er glaubt, daß Lauren davon wußte, sich aber nicht aus Furcht, sondern aus Protest gegen etwas umbrachte, was im Zusammenhang mit dem Wirken mysteriöser *anderer* hinter den Kulissen steht. Frank ist von all dem wenig überzeugt und fragt Dennis, weshalb er mehrmals vorgab, einer seiner Kollegen zu sein. Dennis rät ihm, sich von Peter Watts bestätigen zu lassen, daß er für die *Millennium Group* arbeitet, worauf er verschwindet.

Peter Watts bestätigt Frank, daß es sich bei Hoffman um einen ausgemachten Spinner handelt, der zufällig bei Ermittlungen gegen einen Sternkreiszeichen-Kult von der *Group* erfuhr, die ein Jahr brauchte, um ihn wieder abzuschütteln. Peters Nachforschungen über Lauren ergeben, daß sie weder das Kind der Padillas ist, noch von ihnen adoptiert wurde. Außerdem weisen zahlreiche Stipendien, Trainingsprogramme und Tests darauf hin, daß sich irgend jemand hinter den Kulissen von Laurens Leben um sie und ihre Entwicklung gekümmert hat.

Die Frau teilt dem Mann in der eisernen Lunge mit, daß Carlin nicht kommen wird.

Carlin, die Lauren zum Verwechseln ähnlich sieht, sitzt in ihrem Zimmer in Riverside, Oregon, vor einem Modell des Sonnensystems. Alle Planeten befinden sich auf einer Linie. Sie schneidet sich mit einer Rasierklinge ein Symbol in den Oberschenkel. Danach geht sie zu dem Damm eines Stausees, klettert auf die Brüstung, faltet die Hände und springt in die Tiefe.

In der Anwesenheit von Peter und Frank nimmt Cheryl Andrews die Autopsie an Lauren Padilla vor. Diese hatte sich offenbar mit Lösungsmitteln getränkt, bevor sie nach der Zigarette griff. In ihrer Handhaltung erkennt Peter die Mandalaposition der Buddhisten, die auf ein flehentliches Selbstopfer hinweist. In ihren Oberschenkel geschnitten findet sich das astronomische Symbol für eine Konjunktion von Planeten.

Vor der Leichenhalle wartet Dennis, der sie mit einer erneuten Tirade überfällt. Die 1000 Tage hätten begonnen, Laurens Tod sei die Erfüllung einer Prophezeiung aus der Offenbarung des Johannes, nach der sich die Apokalypse durch einen Sturm aus Hagel, Feuer und Blut ankündige. Das nächste Zeichen sei ein Fluß, dessen Wasser sich in Blut verwandeln würde. Frank und Peter fahren davon und lassen Dennis stehen.

Frank stößt auf die Meldung vom Tode Carlin Mathers, deren Leiche man in einem Fluß fand, der sich durch den Einbruch vulkanischen Gesteins blutrot färbte. Er fährt mit Peter und Cheryl nach Oregon, um auch an ihr eine Autopsie vorzunehmen. Bevor sie dazu kommen, platzt die Mutter Carlins dazwischen und klagt Frank an, einer von *denen* zu sein, welche ihr das perfekte Baby Carlin brachten und nun wieder nahmen. Offenbar hat auch sie keine Ahnung, um wen es sich dabei handelt. Die Obduktion Carlins ergibt mehrere bizarre Parallelen zu der Laurens. Sie weist denselben Geburtsfehler auf, schnitt sich ebenfalls das astronomische Symbol in die Haut, injizierte sich die gleichen Fruchtbarkeitsdrogen, auch in ihrer Gebärmutter finden sich sieben befruchtungsfähige Eizellen. Carlin ist die sieben Jahre jüngere Zwillingsschwester von Lauren. Frank nimmt an, daß ein moderner Noah perfekte Menschen klont, mit denen er die Welt nach der Apokalypse besiedeln will. Cheryl demonstriert, daß er dies mit einer Technik aus der Viehzucht bewerkstelligt haben könnte, die seit Jahrzehnten angewandt wird, um identische Kälber zu erschaffen.

Die Frau teilt dem Mann in der eisernen Lunge mit, daß *sie* über Lauren und Carlin Bescheid wußten. Er gibt ihr den Befehl, die anderen zu rufen.

Frank wendet sich an Dennis, um zu erfahren, ob dieser noch andere Menschen kennt, die seinen exzentrischen apokalyptischen Glauben teilen. Dennis muß ihn enttäuschen, teilt ihm jedoch mit, für den 5. Mai 2000 ein Zimmer im erdbeben- und flutsicheren Pocatello, Idaho, gebucht zu haben.

Peter stellt fest, daß neben Carlin und Lauren noch 18 weitere Mädchen, die nun alle verschwunden sind, einen Anruf aus Pocatello erhielten. Vor Ort stellen sie fest, daß die Gespräche von einem Apparat im Pocatella Atrium aus geführt wurden, einer Halle, die auf gigantischen Stoßdämpfern errichtet wurde und in ihrer Konstruktion an ein Schiff erinnert.

Beim Stürmen der Ranch Myras, der Architektin des Atriums, finden Frank, Peter und Dennis die 18 geklonten Mädchen und Frauen sowie Myras Vater, der in einer eisernen Lunge liegt. Entgegen Franks Empfehlung nimmt ein örtlicher Polizei-Lieutenant die Klone in Schutzhaft und verlädt sie in einen Bus. Bei einem Gespräch mit dem Mann in der eisernen Lunge wird Frank klar, daß sich nicht die Anmaßung, eine zukünftige Menschheit nach eigenem Abbild zu erschaffen, hinter seinen Handlungen verbirgt, sondern daß der Mann das Gute der Menschheit retten wollte, weshalb er perfekte Menschen klonte. Carlin und Lauren brachten sich um, da er, ihr Vater, im Sterben liegt und nicht mit ihnen die Arche besteigen wird. Frank stellt fest, daß der Mann auch noch männliche Klone schuf, von denen einer den Bus mit den Mädchen fuhr. Ein Stromausfall tötet den Mann in der eisernen Lunge. Kurz darauf finden die Polizisten den leeren Bus am Straßenrand. Die Klone und Dennis sind verschwunden. Frank ahnt, an welchem Ort sie sich am 5. Mai 2000 aufhalten werden.

Kommentar: Wenn in MILLENNIUM die Gabe Frank Blacks thematisiert wird, was hauptsächlich bei Gesprächen mit seiner Frau Catherine und seinem Kollegen Bob Bletcher der Fall ist, entsteht oft der Eindruck, diese bestünde ausschließlich darin, sich in den Kopf von Mördern versetzen zu können. Doch fast genausooft hat Frank Visionen, die aus der Perspektive der Opfer stammen. Während die meisten der Bilder, die blitzartig über ihn hereinbrechen, aus der Vergangenheit stammen, hat er jedoch manchmal auch diffuse Ahnungen über gegenwärtige Ereignisse, die in »Gehenna« einem Kollegen und in »The Wild and the Innocent« einem Mörder das Leben retten. Schon in »Blood Relatives« sah Frank einige Minuten weit in die (mögliche) Zukunft von Connor und Peggy Dechant. In »Force Majeure« schließlich sieht er eine Planetenkonstellation voraus, die erst Jahre später eintreten wird, womit nun auch die Präkognition zu seinen Fähigkeiten gerechnet werden muß. Auffällig an den Visionen in »Force Majeure« ist des weiteren, daß sie nicht an die Perspektive eines Menschen gebunden sind, sondern einen übernatürlichen, ›unmöglichen‹ Blickwinkel einnehmen, etwa wenn er in Carlins Gebärmutter sieht oder mit Überlichtgeschwindigkeit an den aufgereihten Planeten entlang auf die Sonne zustürzt.

Die Zahl Sieben spielt in Dennis Hoffmans persönlichem Endzeitglauben eine zentrale Rolle. Bei Anhängern von Verschwörungstheorien wie auch religiösen Wirrköpfen, besonders bei solchen, die sich ihren Glauben selbst designen, ist es oft zu beobachten, daß sie ihre Theorie- und Glaubensgebäude aus völlig disparaten Bruchstücken zusammenstellen. Anhand von numerischen Gemeinsamkeiten, hinter denen sie eine geheime Bedeutung vermuten, verleihen sie diesen Bausteinen dann einen mehr oder weniger nachvollziehbaren Zusammenhang. Und es *kann* ja schließlich kein Zufall sein, wenn sich sieben Planeten in dem Monat auf einer Linie versammeln werden, für den Nostradamus in sieben verschiedenen Prophezeiungen die Apokalypse vorhergesagt hat. Speziell dann nicht, wenn sieben Menschen mit Noah die letzte derartige Katastrophe überlebt haben, und die Bibel in den Büchern Exodus 7, 17 und Offenbarung 8, 7 die dazu passenden Omen beschreibt. Zu Anfang der Episode ist Dennis ganz klar als Spinner charakterisiert, doch mißt Frank – und damit wohl auch der Zuschauer – seinen abstrusen Theorien im Verlauf der Handlung immer mehr Bedeutung bei, bis er eher geneigt ist, jene zumindest in Erwägung zu ziehen. Bei diesem Prozeß gingen sowohl der Drehbuchautor als auch der Regisseur äußerst geschickt vor, da sie ihn für den Zuschauer unauffällig miterlebbar gestalteten. Denn in »Force Majeure«

taucht die Sieben keineswegs nur in Dennis' Tiraden oder im ausdrücklichen Zusammenhang mit der Apokalypse auf, sie ist auch visuell und in Nebenhandlungen präsent. Die Modelle des Sonnensystems verfügen unerklärlicherweise über sieben Planeten, und im Unterleib der beiden Klone finden sich jeweils sieben Eizellen. Oft ist die Zahl richtiggehend im Hintergrund der Ton- und Bildebene versteckt. So fordert der Sturm, über den Frank einen TV-Bericht sieht, sieben Tote; man erfährt nebenbei, daß Carlin sieben Jahre jünger als Lauren ist; und Dennis wohnt – natürlich – im Zimmer Nummer sieben. Dies läßt uns alle zumindest unbewußt zu kleinen, mißtrauischen Numerologen werden, die sich gemeinsam mit Frank fragen, ob das derartig gehäufte Auftauchen der Zahl Sieben wirklich nur ein Zufall ist …

Ähnlich geschickt wird in der Episode mit dem Motiv der Planetenkonstellation verfahren, denn solche Aufreihungen treten nicht nur an Modellen, auf Computergraphiken und in Franks Visionen auf. Lauren verbrannte sich an einer Stelle, die sich auf einer Linie mit einigen – genauer gesagt, mit sieben – Laternen befindet. In der Szene seines ersten Gesprächs mit Dennis betrachtet sich Frank den Ort und bewegt sich schließlich selbst in eine Position, die auf einer Geraden mit den Laternen liegt. Mehrmals fährt die Kamera an den Modellen des Sonnensystems vorbei, wobei eine Stellung erreicht wird, in der sie alle Planeten hintereinander zeigt. Am eindrucksvollsten geschieht dies in der letzten Szene, wenn Frank, die Sonne, die Planeten und das Objektiv der Kamera – und damit auch unser Auge – auf einer Linie liegen.

»Force Majeure«, eine der herausragendsten Episoden der ersten Staffel, wurde bei der Kritik sehr unterschiedlich aufgenommen. Einige sahen durch ›Noah und die geklonten Töchter‹, wie Co-Executive Producer Frank Spotnitz die Folge ironisch betitelte, die Reinheit des Konzepts von MILLENNIUM verwässert. Durch die Elemente spekulativer Wissenschaft des Drehbuchs sowie speziell die Szenen der Klon-Autopsien, bei denen biologische Abnormitäten, astronomische

Symbole und befruchtungsfähige Eier in einer Planetenkonstellation zutage gefördert werden, fühlten sie sich unangenehm an eine gewisse andere Serie aus der Produktion Carters erinnert. ›Too X-Filey‹ und ›müder Aufguß alter X-Akten‹ lauteten einige der Urteile.

Andere wiederum sahen »Force Majeure« als eine willkommene Abwechslung in der tristen Routine von MILLENNIUM, in der sich – mit einer Außnahme, »The Well-Worn Lock« – nun schon seit einem Vierteljahr die ›Serienkiller der Woche‹ die Klinke in die Hand gaben. Weiterhin begrüßten es viele, daß endlich der ›Apokalypse‹-Plot in die Gänge zu kommen schien, der sich bislang auf den Titel und die Stimmung der Serie sowie äußerst kryptische Andeutungen beschränkt hatte. Und dann soll es ja unter den Zuschauern von MILLENNIUM auch Fans von AKTE X geben, und für die war die Episode sicherlich ein Fest, denn die Verweise, Zitate und Parallelen zu der Serie sind selbstverständlich vorhanden und durchaus beabsichtigt.

Neben Motiven der X-FILES versammelt die Cast von »Force Majeure« auch vier Darsteller, von denen drei bereits Hauptrollen in Folgen der Serie übernommen hatten. Merrilyn Gann, welche die ›Mutter‹ des Klons Carlin spielt, stellte in »Ewige Jugend«, der X-Akte über illegale Experimente an progeriekranken Kindern, die Anwältin der Anklage dar. Auch Terry O'Quinn, der Darsteller des Peter Watts, trat schon in AKTE X auf. Er spielte den Lieutenant Brian Tillman, der ein Verhältnis mit einer Frau hat, die »Böse Geboren« ist. In der gleichen Folge stellte Morgan Woodward – der Genrefans aus der STAR TREK-Episode »Dagger of the Mind« (dt.: DER ZENTRAL-NERVENSYSTEMMANIPULATOR) oder der Roger-Corman-Produktion BATTLE BEYOND THE STARS (dt.: SADOR – HERRSCHER IM WELTRAUM) bekannt ist – den Serienkiller Harry Cokely dar, welcher die ihn treibende Mordlust an seine Tochter vererbt, was Fox Mulder beinahe das Leben kostet. Woodwards in »Force Majeure« namenlos bleibender Charakter wird in den offiziellen Cast-Angaben von *Fox* Iron Lung Man genannt, was ganz klar an die zahllosen mysteriösen männlichen Charaktere der Schwesterserie, wie Cigarette-Smoking Man, Crew Cut Man oder Millennium Man angelehnt ist.

Ein großer Wurf glückte den Produzenten der Serie außerdem mit dem Casting des phantastischen Brad Dourif, ebenfalls AKTE X-Veteran, in der Rolle des zerknitterten Endzeitpropheten Dennis Hoffman. Seine Filmographie ist wohl eine der bizarrsten und buntesten, die sich finden lassen. Sie versammelt Kunst- und Autorenfilme ebenso wie billige Action-, Horror- & SF-Streifen (meist der Kategorien B und C), Literaturverfilmungen, Hollywood-Mainstream und echten *trash*. Er agierte neben Oscar-Preisträgern und Ex-Footballstars und spielte unter Meistern des Kinos und solchen, die man nur widerwillig ›Regisseure‹ nennt. Seine Karriere nahm einen unglaublichen Auftakt; bereits für sein Leinwanddebüt EINER FLOG ÜBER DAS KUCKUCKSNEST wurde Dourif 1975 ob seiner bewegenden Darstellung des labilen Billy Bibbit für den Oscar als bester Nebendarsteller nominiert. Danach spielte er neben Romy Schneider in GRUPPENBILD MIT DAME und war in Terry O'Quinns Leinwanddebüt HEAVEN'S GATE von Michael Cimino zu sehen. 1984 spielte er in DUNE (dt.: DER WÜSTENPLANET) von David Lynch, für den er auch in BLUE VELVET und WILD AT HEART in Nebenrollen oberschräge Charaktere verkörperte. In SATANIC, einer blutrünstigen *Backwood*-Variante des Kaspar-Hauser-Stoffes, konnte man neben Dourif auch David ›Kung Fu‹ Carradine in Frauenkleidern bewundern. Unter zahllosen miesen Stephen-King-Verfilmungen war wohl NACHTSCHICHT eine der erbärmlichsten; eins der wenigen Glanzlichter des Machwerkes war Brad Dourif. Für THE EXORCIST III und CRITTERS IV verblieb er in B-Movie-Gefilden. Darauf folgten Hanif Kureishis LONDON KILLS ME und Werner Herzogs SCHREI AUS STEIN, ein Bergdrama nach einer Idee von Reinhold Messner, dem die Kritik bescheinigte, den Geist Luis Trenkers zu atmen. Anschließend verkörperte Dourif in RAW DEAL einen Spastiker, der in einem Rehazentrum für Behinderte in ein Blutbad verwickelt wird. In der Videopremiere AMOS UND ANDREW – 2 FAST PERFEKTE CHAOTEN war er an der Seite von Nicholas Cage und Samuel Jackson, in MIDNIGHT HEAT an der Brian Bosworths zu sehen. Fürs Fernsehen trat er vor die Kamera in dem *true crime*-Drama DAS GUAYANA-MASSAKER über den Sektenselbstmord in Jonestown, auf den im Dialog von »Force Majeure« angespielt wird. In einer frühen Episode von TALES FROM THE CRYPT tötet er einen Eismann, worauf er der Rache von dessen siamesischem Zwilling zum Opfer fällt.

Ein bestimmtes Motiv taucht in Dourifs Arbeiten besonders häufig auf. In DIE AUGEN DER LAURA MARS wird er ein Opfer des Serienkillers Tommy Lee Jones, in FATAL BEAUTY spielt er selbst einen mehrfachen Mörder, der von Whoopie Goldberg zur Strecke gebracht wird. In CHILDS PLAY (dt.: CHUCKY DIE MÖRDERPUPPE) spielte Dourif einen Serienkiller, der nach seinem gewaltsamen Tod in einer Puppe reinkarniert, die sein blutiges Treiben fortsetzt. In der Originalfassung wird Chucky von Dourif selbst synchronisiert, welcher auch im dritten Teil der erfolgreichen Serie noch einmal kurz als Massenmörder zu sehen ist. In dem italienischen MURDER BLUES – DEINE ZEIT LÄUFT AB spielt er einen religiös desorientierten Serienkiller. Einen religiös desorientierten Priester, der einem Serienkiller das Handwerk legt, verkörpert Dourif in der Corman-Produktion FINAL JUDGEMENT – HENKER IM MESSGEWAND. In BODY PARTS schlüpft Dourif in die Rolle eines irren Künstlers, der einem Serienmörder zum Opfer fällt. Dario Argentos AURA erzählt die Geschichte einer Serienkillerin, die Rache an allen übt, die bei der Geburt ihres Kindes anwesend waren, da dieses bei einem grotesken Unfall direkt nach der Entbindung geköpft wurde. Als ihr Arzt hat Dourif dabei schlechte Karten. In COLOR OF NIGHT spielt er den Patienten einer Selbsthilfegruppe, unter denen sich ein Na-ihr-wißt-schon seine Opfer sucht. Einen ›indirekten‹ Serienkiller stellt er in DEATH MACHINE dar, in der Rolle eines *mad scientist*, der massenmordende Roboter konstruiert.

Dourif ist der vierte Schauspieler aus »Force Majeure«, der

auch eine Rolle bei AKTE X spielte. In »Die Botschaft«, der ›SILENCE OF THE LAMBS‹-Folge, stellte er den vorgeblich medial begabten Serienkiller Luther Lee Boggs dar, der Mulder und Scully aus dem Gefängnis heraus bei der Aufklärung eines anderen Falles von Entführung und Massenmord hilft. Es gibt wohl wenige Darsteller, die derart prädestiniert sind, in einer Serie über Serienmörder aufzutreten, wie Brad Dourif. Wir hätten gerne die Verblüffung auf seinem Gesicht gesehen, als ihm beim Studium des Skripts von »Force Majeure« klar wurde, daß er ausgerechnet in MILLENNIUM keinen Serienkiller spielen würde.

Mit den *monsters of the week* Eve 6, 7, 8, 9 und 10 fand das beliebte SF-Motiv des *cloning* relativ früh, in der elften Episode, »Eve«, Eingang in das Universum X. In »Die Kolonie« Teil 1 & 2 tauchten dann in der zweiten Staffel neben diversen Gregors auch einige Samanthas auf, Klone von Mulders entführter Schwester. Damit wurde das Klon-Motiv zentraler Bestandteil der *X-Files mythology*, welches in »Der Tag steht schon fest«, »Herrenvolk« und »Memento Mori« ausgebaut wurde. Die blonden Klone in »Force Majeure« sind stark an ihre filmischen Vorbilder aus VILLAGE OF THE DAMNED (dt.: DAS DORF DER VERDAMMTEN; Wolf Rilla, 1960), dessen Sequels und Remake angelehnt. Sie werden durch ihr Schweigen sehr effektiv und unheimlich als entindividualisierte Personen charakterisiert – wir hören sie nie sprechen, solange sie alleine sind. Lediglich am Ende, beim Stürmen der Ranch, laufen sie wie aufgescheuchte Ameisen durcheinander und stoßen panische Rufe aus, doch sind auch diese keine individuellen Äußerungen, sondern Ausdruck ihrer kollektiven Angst.

Einen ihrer bizarrsten Fälle hatten Mulder und Scully in der Episode »Energie« zu klären. Wie sich herausstellt, ist für die Ereignisse in dem Städtchen Comity kein Satanskult, sondern ein ›Syzygy‹ verantwortlich, eine Aufreihung dreier Körper des Sonnensystems auf einer Linie, in diesem Fall der Planeten Mars, Uranus und Merkur. Eine noch um einiges seltenere Konstellation von Planeten ist das Hauptmotiv von

»Force Majeure«. Wie der neuzeitliche Nostradamus Hoffman mitteilt, werden sich am 5. Mai 2000 die sieben innersten Planeten des Sonnensystems auf einer Linie mit der Sonne befinden, was Erdveränderungen von apokalyptischem Ausmaß nach sich ziehen wird. Die 1000 Tage haben begonnen. (Wer mitzählen möchte: Tag 1 war der 11.8.1997.) Doch wir haben schlechte Nachrichten für die – vermutlich zahlreichen – Schwarzseher aus Leidenschaft unter den Lesern: Zu der in »Force Majeure« beschriebenen Planetenkonstellation, bei der Merkur und Venus (auf der Tagseite der Erde) sowie Mars, Jupiter, Saturn und Uranus (auf der Nachtseite) in exakt paralleler Opposition zur Erde stehen, wird es am 5. Mai 2000 nicht kommen.

Es wird sich jedoch zu dieser Zeit ein anderes interessantes Stellium bilden, eine große Konjunktion, die ihre exakteste Formierung am 15. Mai erreichen wird. Von der Erde aus gesehen, werden sich an diesem Tag Merkur, Venus, Mars, Jupiter und Saturn hinter der Sonne aufreihen, auch Pluto, der sich auf der gleichen Seite der Sonne wie die Erde befindet, liegt noch ungefähr auf der Verlängerung dieser Achse. Die Planeten werden sich jedoch nicht, wie in »Force Majeure« gezeigt, auf einer exakten Linie befinden. Wenn man sich unser Sonnensystem als eine Torte vorstellt, die man von der Erde aus in 17 Stücke schneidet, werden sich am 15. Mai 2000 Venus, Jupiter, Saturn, Merkur und Mars im gleichen Stück wie die Sonne befinden. Von der werden sie übrigens leider alle verdeckt, ansonsten könnte man sie in einem Raumwinkel von 21 Grad nebeneinander über dem Horizont sehen. Dies ist für fünf Planeten des Sonnensystems schon sehr nahe beisammen und geschieht für gewöhnlich im Abstand von zehn bis 20 Jahren. Daß sich fünf oder mehr Planeten innerhalb eines Winkels von einem Grad beobachten lassen, ist ein Millionen-Jahre-Ereignis. Doch selbst dann lägen sie noch lange nicht auf einer Geraden, was aufgrund der Tatsache, daß ihre Umlaufbahnen zueinander unterschiedlich geneigt sind, so auch gar nicht möglich ist.

Mulder (David Duchovny) und Scully (Gillian Anderson) in der AKTE X-Episode »Energie«.

Das Stellium vom 15. Mai 2000 stellt keinen Grund zur Beunruhigung dar, auch wenn sich wieder einmal jede Menge ›Experten‹ gefunden haben, welche Panik schüren. Einige fürchten – oder behaupten dies zumindest publicitywirksam –, die Konstellation könne katastrophale Auswirkungen auf die Erdkruste haben, und sie sehen wahlweise Erdbeben, die auf der Richterskala Stärke 13 erreichen sollen, Flutwellen, Stürme von bis zu 3200 Stundenkilometer Geschwindigkeit, Vulkanausbrüche, spontane Verschiebungen der Kontinentalplatten wie der Polkappen und/oder eine magnetische Umkehrung der Pole voraus. Das Buch 5/5/2000 ICE: THE ULTIMATE DISASTER malt die sich anbahnende Katastrophe in allen Details aus, *survivalists* verkaufen Broschüren wie BASIC PREPAREDNESS, in denen sie den Bau von Bunkern und die Anschaffung von Konserven für einen Zeitraum von zehn Jahren empfehlen.

Seriöse Astronomen beurteilen die Wahrscheinlichkeit durch Planeten ausgelöster massiver Erdveränderungen am 5. gleichwie am 15. Mai des Jahres 2000 ein wenig anders. Mitarbeiter des Planetariums Bochum gingen zur Veranschaulichung planetarer Einwirkungen auf Ebbe und Flut (›-katastrophen‹) von einem Hafen aus, in dem der Mond an jedem Tag für einen Tidenhub von vier Metern verantwortlich ist. Addiert man nun den Einfluß der Planeten bei einem hypothetischen Fall von maximaler Wirkung zusammen, bei dem *alle* Planeten in einer Reihe stehen würden, betrüge der Einfluß auf die Gezeiten 0,23 Millimeter. Mathematisch gesehen wäre es also falsch zu behaupten, der Einfluß der Planeten sei ›Null‹, doch zumindest die Flutwellen werden am Stichtag wohl eher bescheiden ausfallen. Mit dem Inhalt von »Force Majeure« und dem Ausmaß der vor allem in den USA geschürten Hysterie konfrontiert, vermuteten die Wissenschaftler spontan einen Werbegag des Fremdenverkehrsamtes von Pocatello, Idaho.

Zu ganz ähnlichen Konstellationen wie im Mai 2000 kam es am 4. Februar 1962 und am Ende der 70er Jahre, wobei sich die damals sogar noch zahlreicher beteiligten Himmelskörper viel exakter formierten. Keine der damals getroffenen apokalyptischen Prophezeiungen trat ein. Unter anderem prognostizierten ›Experten‹ Überschwemmungen, finsterste Voraussagen gingen 1978 gar davon aus, daß die Sonne aus ihrer Bahn geworfen werden würde. Es kam auch nicht zu den befürchteten Erdbeben, denn solche hängen mehr mit dem Mond als mit planetaren Bewegungen zusammen. Ebenso wie das Jahr 1981, in dem es zu einer Jupiter-Saturn-Konjunktion kam, anläßlich derer das Brechen zahlreicher Staudämme prophezeit wurde, zogen diese Termine, was Katastrophen globaler oder kosmischer Natur betraf, ereignislos vorbei.

Auch das Zusammentreffen oder gar der Zusammenhang eines Stelliums mit der Sintflut ist rein spekulativer Natur. Doch zumindest für einen sind die 1000 Tage angebrochen, denn am 5. Mai 2000 wird Lance Henriksen seinen 60. Geburtstag feiern – und wir mit ihm. Und wenn es das letzte ist, was wir tun.

MLM-113 The Thin White Line

Erstausstrahlung USA: 14.2.1997
Drehbuch: Glen Morgan und James Wong
Regie: Thomas J. Wright
Gaststars: Scott Heindl (Jacob Tyler), Jeremy Roberts (Richard Hance), Mark Holden (Agent Clark), Allan Harvey (Agent Johnson), Ken Tremblett (Agent Riley), Larry Musser (Wache im Gefängnis), Eric Breker (Howard Rothenburg), Nancy Sivak (Anne Rothenburg), Tom Heaton (Verkäufer)

»A man's past is not simply a dead history
… it is a still quivering part of himself,
bringing shudders and bitter flavours
and the tinglings of a merited shame.«

(Eines Menschen Vergangenheit läßt sich
nicht so ohne weiteres ablegen …
sie ist nach wie vor ein lebendiger Teil von ihm,
verursacht wohlige Schauer und
bitteren Nachgeschmack –
und den Hauch verdienter Beschämung.)

George Eliot

Inhalt: Ein Platzregen ergießt sich über das nächtliche Seattle. Ein Mann, den wir später als Jacob Tyler kennenlernen, sitzt in seinem Wagen und wartet. Aus dem Radio hört man die einlullenden Klänge von »How Deep Is Your Love« der Bee Gees. Tyler greift in das Handschuhfach und holt ein Kartenspiel heraus. Er zieht den Pik-Buben und verläßt das Auto.

Tyler klingelt an der Haustür der Familie Rothenburg. Mrs. Rothenburg öffnet ihm die Tür. Tyler erklärt der Frau, daß er ein Versprechen einhalten müsse und deswegen einige Leute geopfert werden müßten. Mrs. Rothenburg antwortet höflich, daß sie Tyler gut verstehen könne. Es sei sehr wichtig, daß man seine Versprechen einhalte, weswegen sie sich gerne als Opfer zur Verfügung stelle. Jetzt erfolgt ein Zeitsprung um eine halbe Minute zurück in die Vergangenheit. Wieder klingelt Tyler an der Haustür, und wieder öffnet Mrs. Rothenburg. Es wird deutlich, daß das vorherige Gespräch nur in Tylers Phantasie stattgefunden hat. Tyler ergreift die Hand der entsetzten Frau und fügt ihr mit einem Hieb eine breite Wunde quer über die Handfläche zu. Dann drängt er die schreiende Mrs. Rothenburg zurück ins Haus.

Kurze Zeit später betritt Frank Black die Notaufnahme eines Krankenhauses. Er sucht nach seiner Frau Catherine, die hier als psychologischer Beistand für eingelieferte Kinder arbeitet. Plötzlich bringen Sanitäter die schwerverletzte Mrs. Rothenburg herein. Verzweifelte Versuche, das Leben der Frau zu retten, schlagen fehl; sie stirbt auf dem OP-Tisch. Frank bemerkt den Schnitt in der Handfläche des Opfers. Er vergleicht ihn mit einer Narbe auf seiner eigenen Hand. Die Schnitte sind identisch.

In der Nacht hat Frank einen Alptraum, der ihn in seine eigene Vergangenheit zurückführt. Mit mehreren FBI-Beamten durchkämmt er ein verwahrlostes Gebäude auf der Suche nach einem Killer. Angespannt öffnet Frank eine Tür, aus der plötzlich ein Messer hervorschnellt und ihn an der Handfläche verletzt. Frank erwacht schweißgebadet und geht in sein Arbeitszimmer. Per Computer loggt er sich in die Datenbank der *Millennium Group* ein. Er untersucht die Narbe an seiner Hand mit einem Stift, der wie ein Scanner funktioniert. Auf die Anfrage, ob es in der jüngsten Zeit Verbrechen mit ähnlichen Verletzungen gab, findet der Computer keine vergleichbaren Vorfälle.

Am nächsten Morgen geht Frank zu Bletcher und erkundigt sich nach weiteren Informationen über den Mord an Mrs. Rothenburg. Bletcher ist der Ansicht, daß es sich nur um einen Einbruch handelte. Aus Angst, entdeckt zu werden, ermordete der Täter die einzige Zeugin. Wie falsch Bletcher damit liegt, stellt sich noch am selben Tag heraus, als Tyler erneut mordet. Das Opfer ist der Verkäufer eines Schnapsladens. Wieder hat Tyler die Illusion, daß sich ihm sein Opfer freiwillig zur Verfügung stellt. Tyler erschießt den Mann und verschwindet. Er beachtet nicht, daß er von einer Überwachungskamera gefilmt wurde.

Als Frank und Bletcher sich das Video später ansehen, erkennt Frank die Vorgehensweise des Mörders wieder. Er beobachtet außerdem, daß der Killer am Tatort etwas fallen läßt. Bei der Untersuchung vor Ort entdeckt Frank die Hälfte einer Spielkarte, die den Pik-Buben zeigt. Schon bei der Berührung mit der Karte drängen sich Frank wieder die Bilder seines jüngsten Alptraums auf. Im Haus der Rothenburgs findet sich die zweite Hälfte der Spielkarte. Auf der Rückseite die Aufschrift: »58th Airborne – Expect no mercy!« (58. Luftlandeeinheit – Erwartet keine Gnade!) Es ist eine Spielkarte, wie sie US-Soldaten im Vietnamkrieg benutzten.

Frank ist jetzt sicher, einen Hinweis auf den Täter zu haben. Es könnte sich um Alan Hance handeln, der schon als Teenager verdächtigt wurde, seine Großeltern ermordet zu haben. Die Taten konnten ihm jedoch nie bewiesen werden. Kurz darauf meldete Hance sich freiwillig zur Armee und verbrachte zwei Dienstzeiten in Vietnam. Nach seiner Entlassung aus dem Militärdienst begann er zu morden. Am Tatort hinterließ er immer eine halbe Spielkarte.

Frank erzählt Bletcher, daß das FBI vor 20 Jahren einen anonymen Tip bezüglich des Aufenthaltsortes von Hance bekam. Eine Spezialeinheit, zu der auch Frank gehörte, wurde zusammengestellt, um den vermeintlichen Schlupfwinkel zu durchsuchen. (Das Bild wird in eine Szene übergeblendet, die wir zum Teil bereits aus Franks Alptraum kennen.) Der Einsatz des FBI endete in einer Katastrophe: Hance gelang es, zwei Agenten zu töten. Jede Leiche versah er mit einer halben Spielkarte. Auch Frank wurde beinahe ein Opfer des Killers. Hance verletzte Franks Handfläche, wurde dann aber von Franks Partner Riley angeschossen. Doch Hance reagierte sofort und tötete Riley durch eine Salve aus seinem Revolver. Da er dabei seine gesamte Munition verbrauchte, mußte er sich ergeben. Frank stand unter Schock. Den Finger schon am Abzug, entschloß er sich dann aber, Hance nicht zu erschießen, sondern verhaftete ihn.

Bletcher sieht nach Franks Erzählung den Fall als gelöst an und will eine Fahndung nach Hance herausgeben. Doch dieser kann für die Morde nicht zur Verantwortung gezogen werden, weil er eine mehrfach lebenslängliche Haftstrafe in einem Hochsicherheitsgefängnis verbringt. Frank findet aber heraus, daß Jacob Tyler, ein langjähriger Zellengenosse von Hance, vor kurzem entlassen wurde. Sollte er die Mordserie von Hance fortführen? Frank weiß, daß Hance immer vier Menschen in unmittelbarer Reihenfolge ermordete. Zwei Opfer gab es bereits. Die Zeit drängt, bevor noch zwei Menschen sterben müssen. Tyler irrt unterdessen durch Seattle. Seine Halluzinationen verstärken sich. Tyler fühlt sich von mehreren fremden Menschen auf der Straße angesprochen. Sie alle wissen, daß er der Killer ist.

Kurze Zeit später werden die Leichen von zwei weiteren ›Spielkarten-Opfern‹ entdeckt. Sie sind allerdings schon seit längerer Zeit tot. Tyler hat also seinen ersten mörderischen Zyklus beendet. Frank entschließt sich dazu, Hance aufzusuchen, bevor Tyler eine zweite Mordserie beginnen kann.

Beim Treffen im Gefängnis beklagt sich der mehrfache Mörder darüber, daß man ihn nie schlafen läßt, weil seine Zelle Tag und Nacht von grellem Neonlicht erleuchtet wird. Frank will von Hance Näheres über dessen Morde erfahren, doch Hance tischt ihm anfangs nur sentimentale Lügengeschichten auf. Während des Gesprächs kommt Hance dann aber auf seinen Kampf mit der Spezialeinheit des FBI zu sprechen. Frank offenbart sich ihm gegenüber als der letzte Überlebende des

Teams. In einem Moment größter Anspannung scheint es fast so, als ob Frank doch noch ein Mordopfer von Hance werden würde. Doch Hance läßt von Frank ab. Er ist mit der Tatsache zufrieden, daß Frank sich sein Leben lang fragen wird, ob er bei ihrer ersten Begegnung nicht besser geschossen hätte. Hance beendet das Gespräch. Frank verläßt das Gefängnis mit zwei wichtigen Erkenntnissen. Zum einen weiß er, daß es damals Hance selbst war, der dem FBI den anonymen Tip über seinen Aufenthaltsort gegeben hat. Zum anderen weiß Frank, daß Tyler sich genauso verhalten wird. Tatsächlich ruft Tyler bei der Polizei an und schickt diese zu einem verlassenen Lagerhaus.

In der Nacht hat Frank wieder seinen Alptraum, allerdings in einer neuen Variante: Wieder findet der verhängnisvolle FBI-Einsatz statt. Doch diesmal drückt Franks jüngeres Alter ego ab und tötet Hance. Frank schreit und wacht auf. Er versucht, seine Erlebnisse im Gespräch mit Catherine zu verarbeiten. Wäre es nicht besser gewesen, wenn er damals Hance getötet hätte? Vielleicht wäre es dann nie zu Tylers Morden gekommen.

Eine Spezialeinheit der Polizei umstellt das Gebäude, in dem sich Tyler aufhalten soll. Plötzlich feuert Tyler mit einem Scharfschützengewehr aus dem Fenster und verletzt zwei Polizisten. Frank und Bletcher stürmen das Gebäude. Tyler kann Frank überwältigen und will ihn ›opfern‹. Doch Frank zeigt die Narbe auf seiner Handfläche vor und weist darauf hin, daß er bereits ein Opfer gewesen sei. Tyler ist einen Moment verunsichert, und Frank kann sich verstecken. Tyler feuert sein gesamtes Magazin leer, doch trifft er nicht. Frank kann den verwirrten Mann dazu bringen, seine ursprüngliche Identität wiederzuerkennen. Plötzlich betritt Bletcher den Raum. Tyler richtet die Waffe auf ihn. Bletcher sieht sich instinktiv bedroht und tötet Tyler.

Später kehren wir noch einmal in das Gefängnis zurück, in dem Hance gefangengehalten wird. Zum erstenmal seit Jahren erlöschen die grellen Neonlichter, und Hance summt sich in einen tiefen Schlaf.

Kommentar: Der interessanteste Gesichtspunkt von »The Thin White Line« ist zweifelsohne die scheinbare Seelenverwandtschaft zwischen den Killern Hance und Tyler. Die Geschichte drückt sich dabei allerdings geschickt um eine genaue Antwort, wie es eigentlich dazu gekommen ist. Hance erklärt, daß er und Tyler so lange und so eng zusammenlebten, daß es zwangsläufig zu einer Verschmelzung der beiden Seelen kommen mußte. Diese Erklärung reicht auf den zweiten Blick kaum aus, denn Tyler scheint regelrecht unter einem Zustand dauerhafter Hypnose zu stehen. Erst am Ende gelingt es Frank, Tyler aus dessen umnachteten Zustand herauszuholen. Dies nützt zweifellos wenig, denn sofort danach wird Tyler von Bletcher erschossen. Es ist anzunehmen, daß Hances suggestive Kraft so stark ist, daß er Tyler dauerhaft unter seine Kontrolle bringen konnte. Hance versucht sogar, seine eigenartige Form der Hypnose auf Frank anzuwenden: Er erzählt ihm eine – durchaus glaubwürdige – Geschichte seiner verkorksten Jugend. Frank soll die Geschichte glauben und so in die Irre geführt werden. Doch Frank läßt sich von Hance nicht täuschen.

Die Frage nach der Macht eines Menschen ist demnach ein zentrales Thema der Folge. Hance glaubt von sich, daß er sehr mächtig ist. Er kann seine Mordserie weiter fortsetzen, indem er Tyler dazu zwingt, dies für ihn zu tun. Er weiß auch, daß er Macht über Frank hat. Denn dieser wird seit 20 Jahren von Alpträumen geplagt, die ihn immer wieder an die fatale Begegnung mit Hance erinnern. Wie machtlos Hance aber in Wirklichkeit ist, zeigt sich daran, daß er noch nicht einmal das Licht ausschalten kann, wenn er schlafen will. Nur Frank Black hat die Macht dazu und demonstriert dies im Epilog der Folge.

Eine makabre Fußnote zu der Folge sind die *killing cards* oder *death cards*, welche die Mörder verwenden, um ihre Opfer zu kennzeichnen. Diese Spielkarten wurden im Vietnamkrieg tatsächlich von einigen GIs verwendet, um ihre

Die Vietnamsoldaten hatten zum Teil ebenso ungewöhnliche wie unangenehme Angewohnheiten (hier im Bild: die PLATOON-Kampftruppe).

getöteten Feinde zu kennzeichnen. Es ist anzunehmen, daß dies ein Mittel der psychologischen Kriegführung war, welches dem Gegner angst machen sollte. (In der populären Kultur könnte man dies etwa mit dem eingeritzten ›Z‹-Symbol des kalifornischen Rächers Zorro vergleichen.) Eine genauere Beschreibung über die Verwendung der *death cards* findet sich in Michael Herrs Reportageroman DISPATCHES (dt.: AN DIE HÖLLE VERRATEN). Auf diesem Buch über den Vietnamkrieg basieren auch Teile von Francis Ford Coppolas Film APOCALYPSE NOW. In einer Szene wird ein vermeintlicher Stützpunkt des Vietcong von amerikanischen Truppen dem Erdboden gleichgemacht. Nach dem Kampf marschiert Colonel Kilgore, der Befehlshaber der GIs, über das Schlachtfeld und wirft eine Spielkarte auf jeden getöteten Vietnamesen. Daß es dieses bizarre Ritual tatsächlich gegeben hat, belegt auch der Dokumentarfilm DEAR AMERICA – LETTERS FROM VIETNAM.

Fast parallel zu der MILLENNIUM-Episode wurde die Verwendung der *death cards* übrigens auch von den X-FILES thematisiert: In der Folge »Unrequited«, die nur neun Tage nach »The Thin White Line« ausgestrahlt wurde, ging es ebenfalls um einen Vietnamveteranen und Serienmörder. In beiden Folgen trat Larry Musser auf, bei AKTE X als Führer einer Gruppe paramilitärischer Extremisten, hier als Gefängniswärter. Sollte es da Querverbindungen geben? Eine mögliche wäre, daß irgendeinem Mitarbeiter bei *1013*, der seine Finger bei beiden Serien mit im Spiel hat, Peter Straubs Buch KOKO genausogut gefiel wie uns. In Straubs bestem Thriller geht es ebenfalls um einen mordenden Vietnamveteranen, der seine Opfer mit *death cards* markiert …

Genau wie in »Paper Dove« orientierte man sich beim ›Entwurf‹ des Killers an den Taten Ed Kempers, über den sich im Kommentar zu »Paper Dove« und den »Anmerkungen zur Psyche …« mehr findet.

MLM-114 Sacrament

Erstausstrahlung USA: 21.2.1997
Drehbuch: Frank Spotnitz
Regie: Michael Watkins
Gaststars: Terry O'Quinn (Peter Watts), Stephen James Lang (Detective Giebelhouse), Philip Anglim (Tom Black), Ken Roberts (Greens Vater), Dylan Haggerty (Richard Green), Brian Markinson (Detective Teeple), Lorena Gale (Patricia Moss), Daphne Goldrick (Greens Mutter), French Tickner (Angestellter im Heimwerker-Markt), Liz Bryson (Helen Black)

»He said to me in a dreadful voice
that I had indeed escaped his clutches,
but he would
capture me still.«

(Mit schrecklicher Stimme tat er mir kund,
daß ich in der Tat einmal noch seinen Fängen entronnen sei,
er mich aber doch bekommen würde.)

Hl. Theresa von Avila

Inhalt: Eine kleine Kirche in einem der Vororte Seattles. Franks Bruder Tom ist mit seiner Frau Helen und seinem vor ein paar Wochen geborenen Sohn in seine Geburtsstadt zurückgekehrt, damit sein Kind in der gleichen Kirche wie er selbst getauft wird. Nach der Zeremonie unterhalten sich Tom und Frank mit Catherine über alte Kindheitserlebnisse, als Frank plötzlich eine Ahnung hat und auf die Suche nach Jordan geht. Er findet sie in der Kirche, in der sie eben noch mit einem gleichaltrigen Jungen ausgelassen gespielt hat. Sie ist verängstigt und weint. Als Frank sie auf den Arm nimmt, spricht sie von einem Mann, der ihrer Tante Helen etwas antue. Frank gibt Catherine ihre Tochter und läuft nach draußen. Eine Tür von Toms und Helens Mietwagen steht leicht auf, und Helen ist nirgendwo zu sehen. Als Frank zum Auto kommt, findet er Toms Sohn unversehrt auf dem Rücksitz. Nur ein Tropfen Blut ist auf seine Wange gefallen. Helen wurde entführt.

Frank sitzt am Polizeicomputer und sieht sich Fotos von Sexualtätern und Mördern an. Er ruft sich immer wieder Bilder von der Feier vor Augen, bei der er gesehen hat, wie ein Mann, der mit dem Rücken zu ihm stand, mit Helen sprach. Er ist überzeugt, daß dieser Mann seine Schwägerin auch entführt hat, kann ihn aber anhand der Fotos nicht identifizieren. Bob Bletcher verbietet Frank, an diesem Fall mitzuarbeiten, weil kein Gericht Beweise anerkennen würde, die auf Ermittlungen eines Verwandten der Entführten zurückgehen. Genauso wie Franks Hilfe lehnt Bob auch eine Mitarbeit der *Millennium Group* strikt ab. Aber Frank läßt sich von diesem Verbot nicht beeinflussen und arbeitet auf eigene Faust weiter.

Als Helens und Toms Gepäck von der Polizei zu dem Haus der Blacks gebracht wird, entdeckt Frank, daß an einer Tasche der Adreßanhänger fehlt. Er ist davon überzeugt, daß der Entführer schon am Flughafen Kontakt zu Helen aufgenommen und dabei den Anhänger gestohlen hat, um sein Opfer später wiederzufinden. Bei der Sichtung der Überwachungsbänder des Flughafens entdecken Frank und Tom einen Mann, der kurz mit Helen spricht und in dem Frank den Mann von der Feier wiedererkennt. Als Frank mit diesen Informationen und dem Hinweis, daß die Gruppe die Technik besitzt, um aus dem ungenauen Bild ein brauchbares Porträt des Entführers herauszuziehen, zu dem Lieutenant kommt, lehnt Bob noch einmal jede Unterstützung von Franks Seite ab, sagt ihm aber, daß ein gestohlenes Auto auf einem Parkplatz gefunden wurde, in dem Spuren von Helens Blut entdeckt wurden. Als Frank Bobs Büro verläßt, vor dem Tom wartete, sieht man einen Mann, Richard Green, vor der Tür sitzen, der kurz vorher in einem Geschäft für Heimwerker Werkzeuge und Material für einen Hausanbau gekauft hat.

Von Peter Watts erhält Frank einen Umschlag mit den Polizeiakten der Hauptverdächtigen, die Peter auf mysteriösen Wegen über die Quellen der Gruppe organisiert hat. Bei der Durchsicht der Informationen über Sexualtäter, die in der Umgebung von Seattle leben, stößt Frank auch auf Richard Green, in dem er nun den Mann wiedererkennt, den er bei der Feier gesehen hat. Als er Bob Bletcher daraufhin anruft, sagt dieser ihm, daß Green bereits überwacht werde und er sich doch endlich aus dem Fall heraushalten solle. Frank entscheidet sich dafür, Tom nichts von seinem Wissen und seinen Vermutungen zu sagen, um ihn nicht noch weiter zu beunruhigen.

Am nächsten Morgen sieht Richard Green, daß vor dem Haus seiner Eltern, bei denen er im Moment lebt, ein Polizeiwagen steht. Er verliert kurz die Kontrolle und bedroht die

In dieser Episode hat Jordan nicht viel zu lachen ...

beiden Detectives Giebelhouse und Teeple mit einem Messer, bis er von seiner Mutter zurück ins Haus geholt wird. Frank fährt zu der Anstalt für geisteskranke Kriminelle, in der Green die letzten acht Jahre verbracht hat. Von der für ihn zuständigen Ärztin erfährt Frank, daß sie gegen Greens Entlassung war und davon überzeugt ist, daß er wieder rückfällig wird. An der Wand seiner Zelle entdeckt Frank ein aus zwei konzentrischen Kreisen und Sternen bestehendes Zeichen, in dem er das ›Zeichen Luzifers‹, ein Symbol ewiger Loyalität gegenüber dem Teufel, erkennt. Die Ärztin sagt Frank, daß Green dieses Zeichen auch in seine Haut eingebrannt hat. In der Zwischenzeit durchsucht Tom Franks Büro im Keller des Hauses, entdeckt Greens Akte und nimmt Franks Pistole mit. Er geht zu dem Haus der Greens, bedroht Richard mit der Waffe und versucht ihn zu zwingen, daß er ihm sagt, wo er Helen versteckt hat. Green behauptet, er wisse von nichts. Bevor etwas passieren kann, schreiten Giebelhouse und Teeple ein und bringen Tom dazu, daß er Green nicht erschießt. Später macht Tom Frank Vorwürfe, daß er ihm nichts gesagt hat, doch Frank rechtfertigt sich damit, daß es einfach Dinge gibt, die niemand erfahren sollte, wenn es nicht unbedingt notwendig ist. Zwischenzeitlich ist Jordan wieder wie schon in der Pilotfolge an einem rätselhaften Fieber erkrankt, für das es keine medizinischen Erklärungen gibt. Einmal fragt sie Catherine, warum der Mann Helen weh tut.

Peter Watts entdeckt bei der Durchsuchung des Autos, mit dem Helen transportiert wurde, Nadeln von einer seltenen japanischen Tanne, die in der Umgebung nur im ›Peninsula National Park‹ gepflanzt worden ist. Peter, Frank und Tom brechen zu dem Park auf und finden eine kleine Hütte, in der eine große Anzahl von Blutspuren darauf hinweist, daß Helen hier gefangengehalten wurde. Außerdem entdecken sie Helens Ehering. Die hinzugerufene Polizei findet Reifenspuren, die von dem verlassenen Wagen stammen. Außerdem stellt sich heraus, daß ein Teil des Blutes in der Hütte von Richard Green stammt. Daraufhin wird Green verhaftet und das Haus seiner Eltern durchsucht. Im Garten findet die Polizei die vergrabene Leiche einer Frau, die dort seit über neun Jahren versteckt war. Auf Fragen nach Helen antwortet Green weiterhin, daß er nicht wisse, wo sie ist.

Auf Fotos von der Leiche entdecken Frank und Peter das ›Zeichen Luzifers‹, das ihr mit Zigaretten in den Gaumen gebrannt wurde. Aus all den Beweisen und der Tatsache, daß Helens Leiche noch nicht gefunden wurde, schließt Frank, daß sie noch lebt, weil der unter Beobachtung stehende Green bisher keine Gelegenheit hatte, sie zu beseitigen. Da sich im Haus auch neue Werkzeuge gefunden haben, die nicht als Folterinstrumente benutzt wurden, nimmt Frank an, daß Green Helen irgendwo im Haus versteckt hat. Bei einer erneuten Durchsuchung des Hauses entdecken Peter, Bob und Frank eine frische Wand, die sie durchschlagen. Hinter dieser liegt der noch warme Körper Helens, die sofort ins Krankenhaus gebracht und dort gerettet wird. Frank vermutet, daß Greens Vater die treibende Kraft hinter Richards Verbrechen ist.

Zwei Wochen später kommt Helen aus dem Krankenhaus zurück. Aber immer noch existiert ein Riß zwischen Frank und seinem Bruder, der wahrscheinlich nur sehr schwer zu schließen sein wird. Von Bletcher erfährt Frank, daß es keine Beweise gegen Richard Greens Vater gibt und er wahrscheinlich auch nicht belangt werden kann, da die Aussagen seines Sohnes vor Gericht keine Bedeutung haben werden.

Kommentar: Neben »Die Sünden der Väter« ist »Sacrament« die zweite Folge der ersten Staffel, zu der Frank Spotnitz, einer der Co-Executive Producers der Serie, das Drehbuch geschrieben hat, und sie wirkt tatsächlich wie ein *companion piece* zu der Geschichte über den Mörder, der sich für einen Heiligen hält, der mit seinem Blut Jugendliche vor den Sünden ihrer Väter retten zu können glaubt. Sie gleicht in ihren entscheidenden Konstellationen einem Spiegelbild von »Weeds«, in dem aus dem mörderischen Erlöser, dem strafenden und zugleich rettenden Engel Gottes, ein Werkzeug des Teufels, aus den sündigen Vätern, die büßen müssen, Luzifer selbst wird. So wie Edward Petey, der religiöse Fanatiker und Wahnsinnige aus »Weeds«, von Visionen heimgesucht wurde, die ihm die Menschen als korrumpierte Opfer ihrer Sünden, als schon im Leben verrottende Leichname zeigen, wird auch Richard Green von Wahnvorstellungen heimgesucht. In ihnen sieht er sich selbst als einen Menschen, der in der Hölle lebt. Er schwimmt in einem See aus Flammen und versucht verzweifelt, an Land zu kommen, sich selbst zu befreien, was ihm nicht gelingt. Er ist ein Gefangener des Fegefeuers, ein Handlanger seines persönlichen Teufels, der ihm – wie er auch schon seiner Ärztin gesagt hat – seine Taten befiehlt. Sein sadistischer Vater ist in seinen Vorstellungen zu Satan selbst geworden, und es gibt zumindest eine Einstellung, in der er tatsächlich wie ein Wesen der Hölle wirkt. Während Peter, Bob und Frank Helen befreien, beobachtet Richards Vater sie. Er steht an der Treppe im ersten Stock und blickt den dunklen, steilen Gang auf die drei hinunter. Dabei raucht er, und immer wenn er den Zigarettenrauch durch die Nase herausbläst, scheint es, als trete – wie in alten Bildern des Teufels – Schwefelrauch, der Odem der Hölle, aus seiner Nase hervor.

»Sacrament« – Sakrament: »religiöse, Gnade vermittelnde Zeichenhandlungen, die für den Glaubenden heilsam sind« (Brockhaus). Eigentlich hätten beide von Spotnitz geschriebenen Episoden den Titel »Sakrament« tragen können. Denn in beiden begehen die Entführer und Mörder religiös motivierte Zeichenhandlungen an ihren Opfern. Edward Petey läßt sie sein Blut trinken, gibt ihnen das Sakrament der Eucharistie, das nach seinen Wahnvorstellungen heilsam auf die Jugendlichen wirkt, sie reinwäscht von den Sünden der Väter. »Sacrament« beginnt schon direkt mit einer der zentralen christlichen Zeichenhandlungen überhaupt, mit einer Taufe. Doch von da an führt der Weg der Folge direkt in die Hölle. Als Frank das Baby in Toms Wagen findet, nachdem Helen entführt worden ist, hat er eine kurze, sehr intensive Vision. Er sieht einen Mann, der in einem See aus Flammen gefangen ist; dann erscheint das ›Zeichen Luzifers‹, das im nächsten Bild jemandem auf einen Arm gebrannt wird; zuletzt sieht Frank dann noch mehr Flammen und den Mann, der versucht, aus dem brennenden See herauszukommen. Die Bilder dieser ersten Vision sind so schnell geschnitten, daß wir sie mit den Augen zwar wahrnehmen, aber nicht wirklich registrieren. Sie wirken subliminal in unserem Unterbewußten, und dort etablieren sie sich als Bilder eines dunklen Gegenrituals zur Taufe. Das Einbrennen des ›Zeichens Luzifers‹ in menschliche Haut ist eine Taufe der Hölle, die Seelen der Getauften werden nicht Gott, sondern dem Teufel überantwortet. Es ist ein satanisches Sakrament, das Richard (oder sein Vater) seinen Opfern erteilt. Richard will sich so selbst aus der Hölle befreien, sich mit den Seelen der anderen die eigene Erlösung aus dem Feuer erkaufen. Seine Taten sind tatsächlich damit nichts anderes als versuchte Tauschhandel, bei denen er Fremde an den Teufel ausliefert, um so seine eigene Seele zurückzubekommen. So gesehen, sind Edward Petey und Richard Green zwei Seiten einer Medaille, Wahnsinnige, deren Handlungen von religiösen, christlichen und satanischen Vorstellungen diktiert werden. Sie beide stehen zwar scheinbar auf verschiedenen Seiten, der Gottes und der des Teufels, doch jeder von ihnen ist nichts anderes als ein gehetzter, zerstörerischer Engel des Todes, der unheilige, wahrscheinlich sogar vollkommen bedeutungslose Sakramente erteilt.

Aber »Weeds« und »Sacrament« verbinden nicht nur diese Elemente der Geschichte, sondern auch ähnliche Schwächen. Wie schon bei seiner ersten Folge für MILLENNIUM will Frank Spotnitz auch hier wieder zuviel. Wieder scheint er seiner Figur des Mörders nicht ganz zu vertrauen, die doch ohne Probleme die ganze Episode hätte tragen können, und läßt deshalb Franks Schwägerin sein Opfer werden. So interessant die Szenen mit Tom im Kontext von Franks Charakter auch sind – z. B. erfahren wir hier, daß er schon von Kindheit an immer als der Beschützer anderer, in diesem Fall als der seines kleinen Bruders, gelebt hat –, sie verdecken genauso wie die, in denen Frank und Bletcher über Franks Beteiligung am Fall streiten, den faszinierendsten Aspekt der Folge, die Figur Richard Greens, den sein Vater zu einem sadistischen Vergewaltiger, Folterer und Mörder gemacht hat. Besonders die Versuche Bletchers, Frank aus den Ermittlungen herauszuhalten, erscheinen einem im Kontext der Serie verhältnismäßig unsinnig. Bob kennt Frank schließlich genau und weiß damit auch, daß er in diesem Fall, in den er auch noch ganz persönlich involviert ist, nie einfach nur dasitzen und abwarten würde. Allerdings gibt es mit Jordans Fieber auch eine Nebenhandlung, die sehr interessant ist und wirklich gelungen eingesetzt wurde. Das Fieber, für das es keine rationale Erklärung gibt und das einhergeht mit Äußerungen Jordans, die auf Visionen oder ähnliches schließen lassen, deutet an, daß Jordan die Gabe ihres Vaters geerbt hat und nur noch nicht in der Lage ist, sie zu verstehen und zu kontrollieren, deshalb ruft sie Krankheitssymptome bei ihr hervor.

MLM-115 Walkabout

Erstausstrahlung USA: 28.3.1997
Drehbuch: Chip Johannessen und Tim Tankosic
Regie: Cliff Bole
Gaststars: Terry O'Quinn (Peter Watts), Stephen James Lang (Detective Giebelhouse), Zeljko Ivanek (Danny), Greg Itzin (Hans Ingram), Alison Matthews (Sandy Geiger), Ron Suave (Tardot), Dee Jay Jackson (G. J.), Cheryl Mullen (Sal), Arthur Corber (Moxie), Nancy Kerr (Personalchefin Flender), Kym Sheppard (Krankenschwester bei dem Test)

»I remember the very
thing I do not wish to;
I cannot forget the
things I wish to forget.«

(Ich erinnere mich an alles,
an das ich mich erinnern will;
(Ich kann nicht vergessen, was ich vergessen mag.)

Cicero

Inhalt: Eine Praxisklinik in Yakima, Washington. Ein kleiner Hund versucht verzweifelt, die Eingangstür zu öffnen und in das Gebäude zu kommen. Drinnen hört man laute Stimmen, Schreie und anderen Lärm, die aus einem Raum am hinteren Ende des Gebäudes kommen. Eine Krankenschwester stürzt aus diesem Zimmer heraus. Als sie die Tür wieder schließen will, zwängt ein Mann einen Arm zwischen Tür und Rahmen. Die Schwester stemmt sich mit aller Kraft gegen die Tür und schafft es schließlich, sie zu schließen und zu verriegeln. Ein Blick durch das Fenster in der Tür offenbart das in dem Raum herrschende Chaos. Mehrere Menschen laufen darin Amok. Sie haben jede Scham und jede Kontrolle verloren, fallen gegenseitig über sich her, verstümmeln sich selbst. So drückt sich einer von ihnen mit seinen eigenen Händen die Augen aus. Unter den Amoklaufenden ist auch Frank Black, der mit aller Macht auf das Fenster in der Tür einschlägt.

Am nächsten Morgen erscheint Peter Watts bei Catherine und fragt sie, ob sie etwas von Frank gehört habe. Er hätte an diesem Morgen eigentlich einen Termin bei der Polizei von Yakima gehabt, um dort für die Gruppe gewisse Akten einzusehen. Da er dort nicht erschienen ist, gilt er als vermißt. Zusammen mit Catherine durchstöbert Peter Franks Büro nach Hinweisen. Sie entdecken, daß er unter dem Namen ›David Marx‹ per E-mail in Korrespondenz mit einem Dr. Daniel Miller stand. Catherine erzählt Peter, daß Frank vor fünf Jahren, in der Zeit kurz vor seinem Zusammenbruch, häufiger für ein paar Tage verschwunden ist und sich in Motels als ›David Marx‹ eingeschrieben hat. David Marx war ein Freund von Frank in dessen Kindheit, der dann gestorben ist.

Die Polizei von Yakima findet Frank in einer dunklen Seitengasse. Er liegt wie ein Obdachloser auf dem Boden neben einer großen Mülltonne, seine beiden Hände wurden verbunden, und er ist insgesamt in einem ziemlich miserablen Zustand. Die Polizisten überstellen ihn zu ihren Kollegen nach Seattle. Dort wartet er ihm Büro von Bob Bletcher darauf, daß Catherine ihn abholt. Bob teilt Catherine mit, daß Frank, als er gefunden wurde, ein Krankenhausarmband mit dem Namen ›David Marx‹ darauf trug. Frank sagt ihr, daß er sich an nichts mehr erinnern kann, aber hundertprozentig sicher ist, daß in der Zeit seines Blackouts ein Mensch gestorben ist.

Mit Hilfe von Peter gelingt es Frank, Dr. Daniel Miller ausfindig zu machen. Sie finden ihn in einem schäbigen Apartmenthaus, und er erzählt Frank, daß er von ihm via Internet kontaktiert wurde. Frank suchte ihm zufolge nach einem Heilmittel für seine ›Gabe‹. Miller, der vor etwa zehn Jahren vor einem Zusammenbruch ein brillanter, hochgeschätzter Arzt war, an den sich gerade hoffnungslose Fälle wandten, arbeitet seitdem als Vermittler von Menschen, die mit dem freiwilligen Testen von Arzneimitteln in der Erprobungsphase einen Teil ihres Lebensunterhalts verdienen. Frank hat sich an ihn gewandt, um etwas über ›ProLoft‹ zu erfahren, ein sich in der Testphase befindendes Antidepressivum, das gegen vorübergehende Halluzinationen wirken soll. Miller hat ihn an eine der Testgruppen weitervermittelt. Als Frank dies erfährt, beharrt er darauf, niemals ein solches Medikament eingenommen zu haben, da er nicht einmal ›Aspirin‹ verwendet. Von Miller erfährt er auch, daß der Medikamentenversuch in einer Praxisklinik in Yakima stattgefunden hat. Als er die Klinik aufsucht, kommen einige seiner Erinnerungen zurück. Er sieht das Chaos in dem Versuchsraum vor sich, die durchdrehenden Menschen, die alle wie er selbst auch unwissentlich Wasser getrunken hatten, das mit einer Droge versetzt war.

Durch seine Verbindungen zu dem Chemiekonzern, der ›ProLoft‹ entwickelt, gelingt es Dr. Miller, die Namen von fast allen, die an dem Versuch beteiligt waren, herauszubekommen. Er versammelt sie zusammen mit Frank und Peter in seinem Zimmer. Mit den Äußerungen der anderen Versuchspersonen kommt ein weiterer Teil von Franks Gedächtnis zurück. Er erinnert sich an den Mann, der sich selbst geblendet hat, und ist sicher, daß dieser den Versuch nicht überlebt hat. Er weiß aber nicht, wie und woran dieser Mann gestorben ist. Danach geht Frank in das Krankenhaus, in dem seine Hände verbunden wurden und aus dem er abgehauen ist, bevor ihn dann am nächsten Tag die Polizisten aufgelesen haben. Im Krankenhaus entdeckt er, daß die Akte von ›David Marx‹ vollkommen leer ist. Etwas später findet er die in eine Mülltonne geworfene Leiche der Krankenschwester, die während des Medikamentenversuchs anwesend war. Als Frank noch einmal Dr. Miller besucht, erfährt er, daß Miller eine ähnliche Gabe wie er selbst hat – eine Gabe, die ihn langsam in den Zusammenbruch getrieben hat, bis er einmal nachts mitten auf einer stark befahrenen Straße entlanglief, auf der er dann fast überfahren worden wäre.

Eine Forscherin der *Millennium Group* findet heraus, daß es sich bei der dem Wasser beigemischten Droge nicht um ›ProLoft‹, sondern um einen Wirkstoff mit der gleichen Zusammensetzung in einer anderen Anordnung gehandelt hat, der die genau entgegengesetzte Wirkung von ›ProLoft‹ zeigt. Deshalb haben die Testpersonen jede Kontrolle verloren. Hinter dem Versuch stand ein Angestellter des Chemiekonzerns, Hans Ingram, der auf eigene Faust die Wirkstoffe ausgetauscht hatte. Ingram dringt in das Zimmer von Dr. Miller ein. Kurze Zeit später hat dieser wieder einen Zusammenbruch und läuft erneut auf einer Straße herum. Als Frank ihn gefunden und fast erreicht hat, wird Miller von einem Auto überfahren. In Millers Apartment finden Peter und Frank Computerausdrucke, auf denen immer wieder der Name von Ingram zu lesen ist.

Peter Watts und Bob Bletcher durchsuchen Ingrams Wohnung und finden dort in einem Kühlschrank die Leiche des Mannes, der sich die Augen ausgedrückt hat, sowie ein paar Päckchen eines Produkts mit dem Namen ›Smooth Time‹. Nur kurze Zeit später bricht in einem Bürohochhaus, nachdem Ingram dort Gratisproben von ›Smooth Time‹ verteilt hat, ein

Chaos aus, bei dem die Geschäftsleute sich so verhalten wie die Personen bei dem Arzneimitteltest. Frank findet Ingram in der Sicherheitszentrale des Gebäudes, von der aus er das von ihm geschaffene Chaos beobachtet. Er sagt Frank, die Vereinigten Staaten seien ein Land von Zombies, die medikamentös betäubt durchs Leben taumelten, und daß er die Menschen aus ihrem komatösen Zustand wecken wolle.

Später erzählt Frank Catherine, warum er Miller überhaupt kontaktiert hat. Seit den Ereignissen während der Entführung Helens befürchtet er, daß Jordan seine Gabe geerbt hat. Deshalb wollte er mehr darüber erfahren. Er verspricht Catherine, daß er Jordan, sollte sich seine Vermutung bestätigen, in jeder Hinsicht unterstützen wird, damit sie lernt, mit den Visionen zu leben.

Kommentar: Die Qualität einer Serie, die nicht nur eine Anthologie von Folgen ist, sondern auch eine mehr oder weniger durchgehende Entwicklung besitzt, läßt sich vielleicht am leichtesten an der Art erkennen, in der sich einzelne Geschichten in einen größeren Zusammenhang einfügen, ob sie für sich allein stehen können und zugleich doch Teil eines größeren Entwurfs sind, ob sie – einfacher gesagt – auf mehreren Ebenen gleichzeitig funktionieren. Die Virtuosität, mit der beinahe alle Folgen der ersten MILLENNIUM-Staffel diese beiden Ebenen, die der Singularität jeder einzelnen Folge und die der Kontinuität der gesamten Serie, verbinden, läßt sich besonders gut an »Walkabout« illustrieren, einer allein schon aufgrund ihrer Geschichte von Medikamententests und einem durch chemische Wirkstoffe induzierten, apokalyptischen Chaos einzigartigen Episode. »Walkabout« ist auf der einen Seite ein ganz deutlich von der Geschichte des Horrorfilms beeinflußter Kommentar zur amerikanischen Gesellschaft und zu deren Umgang mit Pharmazeutika. Auf der anderen Seite liefert die Folge weitere Puzzleteile zum Verständnis von Frank Black, die uns die Bedeutung seiner Gabe um einiges deutlicher machen.

Medikamententests wie der, der eigentlich in der Praxisklinik in Yakima stattfinden sollte, sind ein auf der ganzen Welt relativ alltäglicher Vorgang. Sie sind notwendig für die Erprobung eines neuen Arzneimittels, das ohne solche Versuchsreihen nie auf den Markt gebracht werden dürfte. In Deutschland sind Pharmakonzerne nach dem Arzneimittelrecht (AMG) durch Gesetze zu diesen Tests verpflichtet. Die Erprobungsphase eines neuen Medikaments teilt sich in drei Abschnitte. Zunächst werden die Arzneimittel in speziellen Laboratorien an Tieren getestet, bevor sie im zweiten Schritt an gesunde Menschen verabreicht werden. Erst nachdem ein Arzneipräparat diese beiden Tests durchlaufen hat, wird es klinisch an Patienten erprobt, die an Krankheiten leiden, gegen die das Mittel wirken soll. Dabei versteht es sich natürlich von selbst, daß Menschentests, sowohl an Gesunden wie auch an Kranken, nur durchgeführt werden können, wenn die betreffenden Personen ihr Einverständnis gegeben haben. Für die Tests an gesunden Versuchspersonen gelten dabei international gewisse Regeln, an die sich seriöse Unternehmen auch zu ihrem eigenen Schutz halten. Bevor eine Testreihe an gesunden Menschen beginnt, werden diejenigen, die sich freiwillig gemeldet haben, in schriftlicher Form über alle bekannten Risiken informiert, die sich gegebenenfalls mit dem Versuch verbinden. Genauso muß ihnen mitgeteilt werden, ob das Medikament, für das sie Versuchskaninchen spielen, schon zugelassen wurde, also erneut getestet wird, oder ob es sich noch in der Phase der Erprobung befindet, die zu einer Zulassung führen soll. Außerdem gehen solchen Tests ausführliche Untersuchungen an den Testpersonen voran, damit auch wirklich gewährleistet ist, daß der Proband gesund ist. Sollten diese Untersuchungen ergeben, daß die betreffende Person krank ist, also eigentlich zur Gruppe der Patienten gehört, wird sie sofort von der Testreihe ausgeschlossen. Vor Beginn des Tests muß die Versuchsperson dann einen Vertrag unterschreiben, in dem sie versichert, daß sie ausreichend über alle Risiken und Gefahren des Versuchs informiert worden ist. Dieser Vertrag ähnelt denen, die man heute auch in Deutschland vor jeder Operation unterschreiben muß und die Krankenhäuser und Ärzte im Falle eines operativen Zwischenfalls vor späteren Schadenersatzforderungen schützen sollen. Sollten einer gesunden Testperson allerdings durch die Versuche bleibende gesundheitliche Schäden zugefügt werden, ist sie durch den Vertrag versichert. Wie in »Walkabout« auch selbst gesagt wird, gehört der Test, an dem die Versuchspersonen der Praxisklinik teilnehmen sollen, in die dritte Phase der Erprobung des Medikaments, also Tests an Patienten. Eine gewisse Abweichung von dem standardisierten Ablauf dieser Erprobungsphase liegt in »Walkabout« insofern vor, als es ungewöhnlich ist, daß ein unabhängiger Arzt wie hier Dr. Miller von einem Pharma-Unternehmen beauftragt wird, die Testpersonen für die dritte Stufe der Versuche auszuwählen. Es ist allerdings üblich, daß Hersteller von Medikamenten die Tests von unabhängigen medizinischen Instituten durchführen lassen, die von dem Unternehmen beauftragt werden, die Versuchsreihen zu organisieren, zu veranstalten und zu überwachen, und die ihrem Auftraggeber dann die ausgewerteten Ergebnisse präsentieren, mit denen er die Zulassung des Medikaments beantragen kann.

Hans Ingram, der hier bewußt Testpersonen nicht ›Pro-Loft‹, sondern einer genau entgegengesetzt wirkenden Substanz aussetzt, rechtfertigt sich Frank Black gegenüber damit, daß er seiner Firma, einem großen Pharmakonzern, vorwirft, sie sei mit schuld daran, daß die amerikanische Bevölkerung zu einer medikamentös ruhiggestellten Masse von Zombies geworden sei. Auch wenn diesen Äußerungen eine verzerrte Wahrnehmung und die wahnsinnige Idee, daß die Menschen ihre animalische Natur ausleben sollen, zugrunde liegen, weisen sie doch auf ein sehr gewichtiges Problem der westlichen Gesellschaften insgesamt, aber besonders der amerikanischen hin. Arzneimittel verschiedenster Art haben in den letzten Jahrzehnten eine immer größere Bedeutung im Leben der Menschen in den Industrienationen gewonnen. An die Stelle althergebrachter Hausmittel und so alltäglicher Medikamente wie Aspirin ist eine immer größere Anzahl von Produkten getreten, mit denen die Chemiekonzerne weltweit jedes Jahr Milliardenumsätze machen. Ein besonderes Ausmaß hat der Konsum von Tabletten, die eine höhere Lebensqualität versprechen oder helfen sollen, den alltäglichen Streß zu mildern, in den Vereinigten Staaten erreicht. Ein nicht zu unterschätzender Teil der amerikanischen Bevölkerung nimmt regelmäßig Schlaftabletten, Aufputschmittel, Vitaminpräparate, Tranquilizer oder auch mehrere dieser Mittel kombiniert. So ist unter anderen ›Prozac‹, der Name eines sehr weit verbreiteten Beruhigungsmittels und Antidepressivums, schon zu einem fast sprichwörtlich verwendeten Begriff geworden, an den auch der Name des in »Walkabout« getesteten Präparats, ›ProLoft‹, nicht ganz zufällig erinnern wird.

Aber »Walkabout« ist nicht nur fest in der amerikanischen Wirklichkeit verankert, die Folge steht auch ganz deutlich unter dem Einfluß der Popkultur. Sie variiert gleich zwei sehr prominente Motive und stellt sich so in Traditionslinien, die ihrer Handlung jeweils eine weitere Dimension geben. Die beiden Sequenzen, in denen wir Zeuge der Wirkung von Anti-›ProLoft‹ werden, erinnern sehr stark an den apokalyptischen Horrorfilm der 70er Jahre. Gerade die in der Praxisklinik spielende *pre-title*-Sequenz trägt ganz deutlich die Züge der frühen Filme David Cronenbergs. Wie in SHIVERS und RABID verbinden sich in dem Amoklauf der Testpersonen orgiastische Elemente mit denen des Blutrauschs. In dem kleinen Raum spielt sich ein Alptraum aus unkontrolliertem Sex, brutaler Gewalt und extremer Selbstverstümmelung ab, der zwar nicht so drastisch dargestellt wird wie beispielsweise die Exzesse der Bewohner des riesigen Apartmentkomplexes in SHIVERS, der aber allein durch die Assoziation mit diesem frühen Klassiker des *body horror* eine ungeheure Intensität besitzt. Auch die Szenen, die sich im Bürohochhaus abspielen und die durch eine wahrhaft surreal anmutende Einstellung eingeleitet werden, in der ein Mann durch ein Fenster des ganz und gar verglasten Bürogebäudes springt, sind aus den Filmen der 70er entlehnt. Die Art, wie sich die Geschäftsleute verhalten, erinnert dabei stark an die apokalyptischen Visionen George Romeros. Es ist eine Variation des Motivs der ›Kaufhaus-Zombies‹ aus DAWN OF THE DEAD – nur sind aus den seelenlosen Konsumenten nun ihres Bewußtseins beraubte Yuppies geworden.

Diese beiden Szenen des Chaos und der zerstörerischen Anarchie bilden den Rahmen für die eigentliche Geschichte von »Walkabout«, in der der an partiellem Gedächtnisverlust leidende Frank Black herauszufinden versucht, was in den Tagen passiert ist, bevor er von der Polizei in Yakima aufgelesen wurde. Hier variieren Chip Johannessen und Tim Tankosic, die Drehbuchautoren der Folge, das gerade im Thriller-Genre sehr beliebte Motiv der Amnesie. Das Geheimnis, das um Franks Pseudonym und sein Verschwinden liegt, die Art, in der er in der Gosse liegend aufgefunden wird, und sein Beharren darauf, daß jemand ermordet wurde, machen die Episode zu einem reinen *film noir*. Dabei entsteht eine ganz eigenartige, selbst für MILLENNIUM untypische Stimmung. Frank ist zwar immer von einer Aura des Rätselhaften umgeben, aber hier nimmt dieses Rätselhafte schon unterschwellig bedrohliche Züge an. Gerade auch im Kontext des Amnesiemotivs hat man immer wieder das Gefühl, daß Frank selbst derjenige sein könnte, der den Mord begangen hat, von dem er spricht, über den er aber nichts weiß. Auch wenn am Ende feststeht, daß Ingram der Mörder war, bleibt doch etwas von der bedrückenden Atmosphäre zurück. In keiner Folge war die dunkle, unberechenbare Seite Franks so präsent wie hier. Auch wenn er vom Anfang der Serie an etwas von einer gebrochenen Figur hat, wird er hier zum erstenmal zu einem echten *noir*-Charakter.

Frank hat den Kontakt zu Dr. Miller wegen Jordan gesucht. Damit greifen Chip Johannessen und Tim Tankosic ganz direkt die Vermutungen auf, die »Sacrament«, die vorherige Fol-

»Schau, wer kommt von draußen rein …« Die Zombies aus DAWN OF THE DEAD.

ge, in uns genährt hatte. Jordan hat wahrscheinlich die Gabe ihres Vaters geerbt. So wie er mit ihr leben muß, wird wahrscheinlich auch sie nie die relative Ruhe eines normalen Lebens erfahren. Diese Sorge um die Zukunft seiner Tochter und die Befürchtung, daß die Fähigkeit des ›Sehens‹ und Wahrnehmens von Dingen, die den meisten Menschen zu ihrem eigenen Glück verborgen bleiben, eine Art von Familienfluch ist, liefern am Ende der Episode eine schlüssige Erklärung für Franks Verhalten, bevor er das Opfer von Ingrams Menschenversuch geworden ist. Auch sie fügt sich in den *noir*-Charakter der Folge, da die Gabe hier noch mehr wie ein Fluch, ein persönliches Verderben wirkt als in allen anderen

Geschichten der Serie. Gerade die Frage danach, ob sich die Gabe vererbt, die eine direkte Kontinuität zur vorhergehenden Folge schafft, erinnert an die Bedeutung des Schicksals in den Romanen Cornell Woolrichs, einem der düstersten *noir*-Autoren der 40er Jahre, dessen THE NIGHT HAS A THOUSAND EYES (unter dem gleichen Titel verfilmt 1948 von John Farrow [dt.: DIE NACHT HAT TAUSEND AUGEN]) eine »Walkabout« sehr ähnliche Stimmung hat.

MLM-116 Convenant

Erstausstrahlung USA: 21.3.1997
Drehbuch: Robert Moresco
Regie: Rod Pridy
Gaststars: Sarah Koskoff (Didi Higgins), Don MacKay (Jack Meredith), John Finn (William Garry), Steve Bacic (Deputy Kevin Reilly), Michael O'Neill (Calvin Smith), Jay Underwood (Slattery), Colleen Winton (Mrs. Garry), David Abbott (Mr. Anderson), Karen Elizabeth Austin (Mrs. Anderson), Nicole Oliver (Dr. Alice Steele), Tyler Thompson (William Garry jr.), Nikol Tschenscher (Mary Garry), Noah Heney (Charles Horvath), Cody Shaer (Gabriel Garry), George Gordon (Richter Francis Maher), Norman Armour (Leiter der medizinischen Untersuchung)

»Thou dost frighten me with dreams
and terrify me by visions.«

(So erschrecktest du mich mit Träumen
und machtest mir Grauen durch Gesichte.)

Hiob 7, 14

Inhalt: William Garry, der Sheriff von Weber County, Utah, ist ein bodenständiger Mensch und liebevoller Familienvater. Eines Abends bastelt er in seiner Garage, als seine Frau mit den drei Kindern William jr., Mary und Gabriel vom Einkaufen zurückkommt. Zwischen dem Ehepaar Garry scheint es zu kriseln, denn sie haben sich kaum etwas zu sagen. Außerdem will der Vater nicht am gemeinsamen Abendessen teilnehmen. Am selben Abend kommt William jr. die Treppe zur Küche herunter. Am unteren Ende der Stufen sieht der Junge ein blutiges Bündel liegen. Sofort danach sieht er seinem eigenen Mörder in die Augen. Eine Stunde später klingelt bei Deputy-Sheriff Kevin Reilly das Telefon. Am anderen Ende der Leitung gesteht der stammelnde William Garry den Mord an seiner gesamten Familie.

Sechs Monate später macht Frank Black sich auf den Weg, um bei der Gerichtsverhandlung gegen William Garry als Experte zur Verfügung zu stehen. In Weber County wird er von Staatsanwalt Calvin Smith empfangen. Frank soll für das Gericht die Schuldfähigkeit von Garry feststellen, damit dieser zum Tode verurteilt werden kann. Garry hat bereits ein Geständnis abgelegt, und seine Fingerabdrücke befinden sich auf der Tatwaffe. Calvin Smith versucht Frank unter Druck zu setzen: Garry muß unter allen Umständen den Weg in die Todeszelle gehen, damit die aufgebrachte Bevölkerung der kleinen Stadt wieder zur Ruhe kommt. Bei diesem Treffen macht Frank außerdem die Bekanntschaft der stellvertretenden Gerichtsmedizinerin Didi Higgins.

Frank untersucht das Haus der Familie Garry, wobei er von Deputy Reilly begleitet wird. Reilly war ein guter Freund von Sheriff Garry und kann sich dessen plötzlichen Blutrausch nicht erklären. Frank hört sich das auf Tonband mitgeschnittene Geständnis von Garry an, während er sich im Haus umschaut. In ruhiger Manier erklärt der ehemalige Sheriff, wie er nacheinander alle Mitglieder seiner Familie umbrachte. Überall im Haus finden sich kleine Engelsfiguren, für die Mrs. Garry eine besondere Vorliebe hatte. William Garry bastelte noch an einer weiteren Figur, kurz bevor er die Morde beging. Im Medikamentenschrank erweckt ein Fläschchen Franks Aufmerksamkeit, das sich später als Schwangerschaftstest herausstellen wird. Außerdem fällt Frank eine mit Blut geschriebe Zahlenfolge auf dem Küchenfenster auf: »1, 28, 15«.

Abends hat Frank in seinem Motel eine erste Vision des Mordes. Die ermordeten Kinder sind dabei von einem Heiligenschein umgeben. Frank bekommt Zweifel, ob William Garry tatsächlich der Mörder ist. Am nächsten Morgen trifft Frank sich mit Michael Slattery, dem Anwalt von Garry. Nach einigem Zögern bewilligt Slattery, daß Frank Garry befragen darf. Der Staatsanwalt Calvin Smith versucht weiterhin Druck auf Frank auszuüben. Er konfrontiert Frank mit Mr. und Mrs. Anderson, den Eltern von Mrs. Garry. Die alten Leute flehen Frank geradezu an, er möge dafür sorgen, daß der Mörder seiner gerechten Strafe nicht entgehe. Frank teilt dem Staatsanwalt seine Zweifel an der bisherigen Mordtheorie mit. Dieser reagiert daraufhin sehr brüskiert.

Um seine Untersuchungen weiter voranzutreiben, besucht Frank den ehemaligen Sheriff im Gefängnis. Dieser gesteht zum wiederholten Mal, daß er seine Familie ermordet habe. Frank glaubt Garry nicht. Er durchsucht daraufhin mit Didi Higgins erneut das Haus der Garrys. Es fällt ihm auf, daß sich vor dem Küchenfenster, auf das die blutigen Zahlen geschrieben wurden, überhaupt keine weiteren Blutspuren befinden. Jemand muß den Teppich nach dem Mord, aber noch vor dem Eintreffen der Polizei gereinigt haben. Frank ist sich jetzt sicher, daß Garry nicht der Mörder ist. Er besucht Dr. Alice Steele, bei der Mrs. Garry in Behandlung war. Diese weicht Franks Fragen aus, muß aber zugeben, daß es mit der ehelichen Beziehung der Garrys nicht zum besten stand.

Frank unterzieht Garry einem Lügendetektortest, aber wiederum deutet alles darauf hin, daß dieser tatsächlich der Mörder seiner Familie ist. Zwischen Calvin Smith und Frank kommt es zu einer offenen Konfrontation. Smith wirft Frank vor, den mehrfachen Mörder schützen zu wollen. Frank fordert Didi auf, eine erneute Obduktion an den Leichen vorzunehmen. Als Frank und Didi zur Exhumierung der Leichen fahren, wirft jemand einen Stein gegen die Windschutzscheibe ihres Wagens. Beide kommen mit dem Schrecken und einem kleinen Blechschaden am Auto davon. Auf dem Stein ist das Wort ›Schuldig!‹ eingeritzt.

Die erneute Obduktion ergibt, daß die Verletzungen, die sich an den Händen von Mrs. Garry befinden, nicht auf eine abwehrende Bewegung hindeuten. Als Frank die Leiche eines der Kinder berührt, hat er erneut eine Vision. Wieder sind die Kinder der Garrys von einem Heiligenschein umgeben. Frank stattet Garry einen weiteren Besuch ab. Er erklärt ihm, daß er jetzt wisse, was sich wirklich in der Mordnacht abgespielt habe. Garry hat seine eigene Unschuld durch seine blutige Inschrift auf der Fensterscheibe dargelegt. Diese bedeutet nicht die Zahlenfolge »1, 28, 15«, sondern verweist auf die Bibelstelle J(esaja), 28, 15: »Ihr habt gesagt: Wir haben mit dem Tod ein Bündnis geschlossen, wir haben mit der Unterwelt einen Vertrag gemacht. Wenn die Flut heranbraust, erreicht sie uns nicht; denn wir haben unsere Zuflucht zur Lüge genommen und uns hinter der Täuschung versteckt.« Garry hat gelogen, um seine Frau – die wahre Mörderin – zu beschützen. Garry gibt zu, daß Franks Theorie richtig ist. Trotzdem will er sterben, um so seine eigene Schuld am Tod seiner Kinder zu sühnen.

Am nächsten Morgen finden sich Frank, Didi und Smith beim Richter ein. Frank erläutert, wie es seiner Ansicht nach zu den Morden gekommen ist: Mrs. Garry ermordete ihre Kinder, weil sie sie für Engel hielt. Nach ihrer Ansicht wären diese aber mit dem weiteren Heranwachsen ›unrein‹ geworden. Die Mutter schickte sie deswegen lieber in den Tod, damit sie für immer Engel bleiben würden. Didi erklärt daraufhin dem Richter, wie Mrs. Garry sich selbst mehrfach das Messer in die Brust stieß. Calvin Smith ist außer sich, als er die Theorie hört, und bittet den Richter, trotzdem mit dem Prozeß gegen Garry fortzufahren. Der Richter gibt zu, daß die Theorie plausibel ist, es aber keinen Beweis gibt, der das Verfahren beeinflussen kann.

In einer Rückblende werden wir Zeuge, wie der verzweifelte William Garry seine ermordeten Kinder auffindet. Danach sieht er mit an, wie seine Frau sich selbst das Messer in die Brust rammt. Die Rückblende ist Teil eines Geständnisses, das Deputy Reilly gegenüber Frank ablegt. Reilly half seinem Freund in der Mordnacht, die Leiche der Frau aus der Küche zu schaffen und den Fußboden vom Blut zu reinigen. Anschließend war er derjenige, der dem falschen Geständnis des Sheriffs die glaubwürdige Unterstützung verlieh. Frank fordert Reilly auf, seinem Freund zu Hilfe zu kommen und dem Gericht endlich die Wahrheit zu sagen.

Kommentar: Bei der Bearbeitung seines neuen Falls verschlägt es Frank Black ins ländliche Utah. In dieser idyllischen Gegend, so könnte man meinen, ›ist die Welt noch in Ordnung‹. Daß diese naive Annahme überhaupt nicht zutrifft, wird dem Publikum in »Convenant« nachhaltig deutlich gemacht. Denn hinter der heilen Fassade der Provinz bröckelt es. Ein grauenvolles Verbrechen ist geschehen und hat der Ordnung Risse zugefügt. Damit diese schnellstmöglich wieder verdeckt werden, muß ein Sündenbock her, den man in dem geständigen William Garry gefunden hat. Auch der Staatsanwalt versucht deswegen Druck auf Frank auszuüben. Calvin Smith geht es nicht darum, das Verbrechen aufzuklären, er braucht lediglich einen Menschen, der dafür bezahlen soll. Die öffentliche Atmosphäre ist von einer allgemeinen Lynchstimmung geprägt. Diese eskaliert so weit, daß auf Frank ein Anschlag verübt wird, als er seine Zweifel an der Mordtheorie immer deutlicher vertritt.

Darüber hinaus beschäftigt sich »Convenant« mit einer elementaren Frage, die in der amerikanischen Politik seit längerer Zeit diskutiert wird: Besonders in konservativen Kreisen gilt die Maxime, daß ein intaktes Familienleben und eine gehörige Portion Gottesfürchtigkeit die Grundprinzipien einer intakten Gesellschaftsordnung sind. Immer wieder wird darauf hingewiesen, daß nicht eklatante soziale Mißstände für die hohen Verbrechensquoten verantwortlich sind, sondern

Früher reichte ein Schutzengel, um brave Kinder zu behüten – aber bei MILLENNIUM sieht das natürlich ganz anders aus …

daß es jugendlichen Straftätern in ihrer Kindheit schlichtweg nur an sogenannten *familiy values* gemangelt hat.

Aus dieser Perspektive gesehen, ist die Familie Garry eigentlich ein Paradebeispiel: Vater William übt einen ordentlichen Beruf aus. Die Kinder sind nett und höflich. Mrs. Garry gewinnt der religiösen Standfestigkeit scheinbar sogar eine humorvolle Seite ab, indem sie niedliche Engelsfiguren überall im Haus plaziert hat. Doch hier offenbart sich eine gefährliche Wahnvorstellung von Mrs. Garry. Für sie sind alle Menschen Sünder. Ihren eigenen Mann stempelt sie zum Ehebrecher ab, und zwar nicht etwa, weil er eine außereheliche Affäre hat, sondern weil er eine haben könnte! Umgekehrt sieht sie ihre eigenen Kinder als Engel. Diese werden von ihr ermordet, damit sie durch das Heranwachsen nicht auch zu potentiellen Sündern werden. Sie hofft, daß sie nun für immer Engel bleiben werden. William fühlt sich schuldig, weil er nicht fähig war, mit seiner Frau über ihre Probleme zu reden. Im Gegenteil: Er unterstützte ihren Wahn sogar noch, indem er die Engelsfiguren für sie schnitzte. Am Beispiel der Garrys wird gezeigt, daß ein scheinbar intaktes Familienleben auch in eine Sackgasse führen kann, weil Probleme nicht gelöst, sondern vielmehr vertuscht werden. Die bedingungslose Propagierung der familiären Idylle als Keimzelle einer funktionierenden Gesellschaft ist auch deswegen fragwürdig.

MLM-117 Lamentation

Erstausstrahlung USA: 18.4.1997
Drehbuch: Chris Carter
Regie: Winrich Kolbe
Gaststars: Terry O'Quinn (Peter Watts), Stephen James Lang (Detective Giebelhouse), Bill Smitrovich (Lieutenant Bob Bletcher), Andrew Arlie (Dr. Willmore), David Mackay (Pathologe), Kurt Max Runte (Bundes-Marshall), Jane Perry (Agent Pierce), Nino Caratozzolo (Agent Cuevas), Alex Dia-

kun (Dr. Ephraim Fabricant), Sarah Jane Redman (Lucy Butler), Michael David Simms (Special Agent Tom Babich), Lee Van Paassen (Sondra Fabricant)

»Every man before he dies
shall see the Devil.«

(Jeder Mensch begegnet vor dem Tod dem Teufel.)

Englisches Sprichwort, 1560

Inhalt: Ein Mann, der zu lebenslanger Haft verurteilte Serienmörder Dr. Ephraim Fabricant, wird – umgeben von bewaffneten US-Marshalls – auf einer Bahre durch den Gang eines Krankenhauses in einen OP gefahren. Hier soll ihm eine Niere entfernt werden, die er seiner im Sterben liegenden Schwester spendet. Bevor er aufgrund der Narkose das Bewußtsein verliert, sieht er in einer Vision, wie sich fünf Krankenschwestern mit aufgeschnittenen Kehlen, seine Opfer, über ihn beugen. Ein paar Stunden später, nach der Operation, kommt eine Krankenschwester zu Fabricants Zimmer und wird von dem vor der Tür Wache haltenden Marshall zu dem vermeintlich noch betäubten Mörder gelassen. Als der Marshall verdächtige Geräusche hört, geht er selbst hinein und wird brutal niedergeschlagen. Das Bett Fabricants ist leer.

Frank und Bob Bletcher haben zusammen den schneebedeckten Mount Baker in den Cascade Mountains bestiegen. Bobs Vater hatte seinem Sohn vor Jahrzehnten diesen Platz mit einer wunderbaren Aussicht über das Gebirge gezeigt, und seitdem kommt Bletcher jedes Jahr ein- oder zweimal hierher, um alles andere zu vergessen. Sie sind gerade an dem Platz angekommen, als Franks Beeper ihm einen wichtigen Anruf des FBI anzeigt.

In der FBI-Zentrale in Quantico, Virginia, angekommen, plagen Frank Schuldgefühle wegen der Flucht Fabricants und des im Koma liegenden Marshalls. Er hatte vor Jahren Fabricants Profil erstellt und ihn gefaßt. Aufgrund seiner Aussage wurde der fünffache Mörder für schuldig befunden und aufgrund seiner Argumentation nicht in die Gaskammer geschickt, sondern zu lebenslanger Haft verurteilt, damit das FBI ihn studieren konnte, um so weitere Erkenntnisse über Serienkiller zu gewinnen.

In der FBI-Zentrale trifft Frank auch auf Peter Watts, der nach Virginia gekommen ist, um ihn zu unterstützen. Von Watts erfährt er, daß Fabricant während der vergangenen sechs Jahre im Gefängnis eine Brieffreundin hatte, Lucy Butler. Die beiden haben sogar über das Internet ›geheiratet‹. Frank und Peter Watts suchen sie auf, und als sie bei ihr sind, bekommt sie eine *E-mail*, die ein Bibelzitat (Hesekiel 19, 10) enthält. Beunruhigt, da seine Adresse in Seattle 1910 Ezekiel lautet, ruft Frank Catherine an, um sich zu erkundigen, ob etwas passiert sei. Zugleich fragt er, ob ein nicht weiter beschrifteter Briefumschlag für ihn gekommen sei, was tatsächlich der Fall ist. In ihm befinden sich Polaroidaufnahmen eines Richters des Bundesgerichts, Judge Parks. Kurz darauf wird die Leiche von Parks in dessen Büro gefunden. Sie wurde so hingelegt, daß die Arme als Uhrzeiger funktionieren, die die Zeit 2.17 Uhr anzeigen. Da dies nicht die Todeszeit von Parks war, kommt Frank zu dem Schluß, daß es sich hierbei um einen Hinweis auf ein weiteres Bibelzitat handelt: Judges (Das Buch der Richter) 2, 17; ein Zitat, mit dem der Mörder das Bestreben des FBI verhöhnt, das Böse durch das Studieren von Verbrechern zu verstehen und zu bekämpfen. In der Zwischenzeit hat die mysteriöse Krankenschwester, die Fabricant offensichtlich aus dem Krankenhaus entführt hat, die Klammern entfernt, die seine Operationswunde zusammenhalten.

Nachdem Frank und Peter erfahren haben, daß Lucy Butler vor längerer Zeit als Krankenschwester gearbeitet hat und vor vier Jahren angeklagt war, ihren kleinen Sohn mit Zyanid ermordet zu haben, dem gleichen Gift, mit dem auch Judge Parks getötet wurde, kehren sie mit einem Durchsuchungsbefehl in ihr Haus zurück; die Durchsuchung ergibt jedoch nichts. Daraufhin gehen sie ins Krankenhaus, um zu erfahren, ob der Marshall wieder zu sich kommen wird. Während sie noch auf der Station sind, finden Pfleger einen halbtoten Dr.

Fabricant im Fahrstuhl, dem ohne Anästhesie die zweite Niere entfernt wurde. An seiner Hand befindet sich ein Krankenhausarmband, auf dem auch Franks Telefonnummer steht. Er ruft sofort in Seattle an, kommt aber nicht durch.

In Seattle wütet ein Gewitter. Catherine entdeckt, daß die Kühlschranktür leicht offensteht. Als sie sie öffnet, sieht sie eine menschliche Niere, die auf einem kleinen Teller liegt. Im Moment dieser Entdeckung hört Catherine Jordan weinen und läuft sofort zur Treppe. Auf deren oberem Absatz steht ein Mann, der Lucy Butler ungewöhnlich ähnlich sieht. Catherine rennt in den Keller, um Franks Waffe zu holen, die aber verschwunden ist. Als sie wieder heraufkommt, empfängt der von Frank alarmierte Bob Bletcher sie und bringt Catherine raus zu Jordan, auf die Detective Giebelhouse aufpaßt. Bletcher geht zurück ins Haus und sieht auf dem Treppenabsatz Lucy Butler stehen, die langsam auf ihn zukommt. Dabei verändert sich ihr Gesicht, und es sieht aus, als sei sie ein Teufelsdarstellungen ähnliches Monster. Kurz darauf wird, im Keller des Hauses aufgehängt, Bletchers Leiche gefunden.

Bevor Frank Virginia verläßt, ruft der sterbende Fabricant ihn zu sich und sagt ihm, daß das ursprüngliche Böse für seine Entführung verantwortlich sei und daß dieses Böse auch Frank kenne. Wieder zu Hause, erfährt Frank, daß Lucy Butler wegen eines Verkehrsvergehens in Seattle verhaftet wurde. Da aber keine Beweise wegen des Mordes an Bletcher gegen sie vorliegen – die am Tatort gefundenen Fingerabdrücke stimmen nicht mit den ihren überein –, wird sie wieder freigelassen. Etwas später bringt Frank Jordan zu dem Aussichtspunkt auf dem Mount Baker, den ihm erst ein paar Tage vorher Bob Bletcher gezeigt hatte.

Kommentar: *Lamentation* – wie ein einziges, langes Klagelied wirkt diese Episode, ein Gesang der Trauer über das Böse in den Menschen und in unserem Universum, über sinnloses Sterben und über schreckliche Ereignisse, die vielleicht zu verhindern gewesen wären. Sie ist eine Klage von einem Leben, in dem Schuld unvermeidbar erscheint und Erlösung nur durch Schmerz und Verlust möglich ist. Schon das Motto der Folge, »Every man before he dies shall see the Devil« (»Jeder Mensch begegnet vor dem Tod dem Teufel«), dieses englische Sprichwort aus dem 16. Jahrhundert, deutet an, daß ihre Welt von der Stimmung her dem Mittelalter näher steht als unserer Zeit. Ihre Geschichte ist aus dem Geiste eines Katholizismus geboren, in dem sich christliche Lehren noch ganz direkt mit heidnischen Vorstellungen vermischen. Sie erzählt von einer unvorstellbar grausamen Welt, von einem endlosen Tal der Tränen und des Jammers.

Das Böse als Prinzip und als Macht ist ein fester Teil unserer Sphäre; der Teufel und seine Dämonen sind real. Sie können die Menschen kontrollieren und spielen mit ihnen; das Böse in einzelnen Menschen, das wir heute, in der Zeit der Moderne, versuchen, mit Hilfe der Psychologie zu verstehen und zu bekämpfen, ist ihre aufgegangene Saat. All die Morde und Abscheulichkeiten, die in »Lamentation« verübt werden und so vollkommen sinnlos erscheinen, sind nichts anderes als Botschaften, die der Mörder durch die Anordnung von Judge Parks Leiche mit dem Hinweis auf das Buch der Richter, Kapitel 2 Vers 17 (»… so gehorchten sie den Richtern auch nicht, sondern liefen andern Göttern nach und beteten sie an und wichen bald von dem Wege, auf dem ihre Väter gegangen waren, als sie des HERRN Geboten gehorchten; sie jedoch taten nicht wie diese.«), für uns lesbar macht. Sie sagen alle das gleiche: Die Zivilisation, unser Glaube an Wissenschaften und unsere Abkehr von den Lehren der Schriften haben uns von der Wahrheit, einem echten Verständnis der Welt, immer weiter entfernt. Das Böse gehört zu der Welt genauso wie deren Schönheit, und wir können es nicht besiegen, höchstens versuchen, uns ihm zu entziehen.

Da die Menschen keine wirkliche Macht haben in dieser von höheren Mächten kontrollierten Welt, bleiben ihnen nur das Leben mit Schuld und das Hoffen auf Erlösung. Dies verbindet in »Lamentation« gerade die beiden Figuren, die ei-

Eine Darstellung des Teufels aus dem 15. Jahrhundert.

gentlich entgegengesetzte Prinzipien vertreten: Dr. Ephraim Fabricant und Frank Black. Die beiden repräsentieren, stellvertretend für uns alle, die zwei Möglichkeiten der Wahl, die den Menschen in der in dieser Folge entworfenen Welt bleiben, einer Wahl zwischen Gut und Böse. Fabricant lädt dabei durch seine Taten ganz direkt Schuld auf sich, aber auch Black wird – zumindest nach seinem eigenen Verständnis – schuldig in seinem Kampf für das Gute. Die Vision, die Fabricant in dem Moment hat, als er bewußtlos wird, legt nahe, daß die Gesichter seiner Opfer, die ihn bis in seine Träume verfolgen, ganz und gar Besitz von ihm ergriffen haben. Die fünf Krankenschwestern mit den durchgeschnittenen Kehlen sind seine persönlichen Furien, die ihn hetzen. Insofern versucht er tatsächlich, durch das Spenden einer Niere vielleicht etwas Ruhe zu finden. Aber infolge dieser Entscheidung gerät er in die Hände des absolut Bösen, das ihn durch eine Hölle der Schmerzen gehen läßt. Ob dieser Weg allerdings ein seine Seele reinigendes Fegefeuer ist, an dessen Ende er mit seinem Tod Erlösung findet, läßt Chris Carter, der selbst das Drehbuch zu »Lamentation« geschrieben hat, offen.

Frank Black hat Schuldgefühle, weil er mit seiner Argumentation, daß ein lebender Fabricant dem FBI beim Verstehen von Serienmördern helfen kann, den Killer vor der Todesstrafe bewahrt und so die Möglichkeit für eine Flucht geschaffen hat. Als er vom Verschwinden Fabricants erfährt, durch das ein Bundes-Marshall wahrscheinlich sein Leben verlieren wird, wäre es ihm lieber gewesen, wenn der Mörder durch seine Hinrichtung endgültig ausgeschaltet worden wäre. Mit dieser Reaktion Blacks thematisiert Carter eines der schwierigsten und umstrittensten Probleme in der Beschäftigung mit Serienmördern – die Frage, was mit ihnen nach ihrer Verhaftung und Verurteilung geschehen soll.

Durch ihre Taten provozieren Serienmörder noch mehr als alle anderen Verbrecher innerhalb der Gesellschaft den Ruf nach der Todesstrafe. Ihre Brutalität und Grausamkeit fordert eine archaische Form der Gerechtigkeit, ein ›Auge um Auge,

Zahn um Zahn‹, scheinbar geradezu heraus. Ihre Verbrechen machen sie zu Monstern, und die meisten Menschen können auf Monster nicht anders reagieren als mit dem Schrei nach ihrer sofortigen Vernichtung. Dabei setzen gerade Serienkiller eigentlich ethische Diskussionen um die Todesstrafe außer Kraft, da sie ein ganz anderes Problem aufwerfen. Sie, die zwanghaft, nur um des Tötens willen töten, sind gerade in unserer ›zivilisierten‹ Gesellschaft das Fremde, im Prinzip Unverständliche. Da aber in den letzten Jahren immer mehr von ihnen aufgetreten sind, besteht die Notwendigkeit, etwas über ihr Denken, ihre Impulse und Motivationen zu erfahren, damit man sie besser verstehen kann. Dieses Verständnis kann zum einen ihre Ergreifung leichter machen, zum anderen vielleicht im Idealfall helfen, Menschen mit der Neigung zu kompulsiven Morden zu erkennen, bevor sie mit dem Töten angefangen haben. Die für ein solches Verständnis notwendigen Informationen können wir allerdings nur von inhaftierten Serienmördern erhalten. Deshalb erscheint gerade im Fall von *serial killers* die Todesstrafe nicht nur aus moralischen und ethischen Erwägungen heraus fragwürdig, sie ist im Sinne der Kriminologie und Kriminalpsychologie sogar kontraproduktiv, da wir von jedem hingerichteten Serienmörder wichtige Informationen hätten erhalten können, wenn er noch leben würde. Trotzdem ist die Entscheidung, ob man sie töten oder lieber studieren sollte, auch unter Ermittlern und Psychologen selbst äußerst umstritten, und es gibt einige der auf diesem Gebiet führenden amerikanischen Kriminologen, die erst durch ihre Beschäftigung mit Serienmördern zu Befürwortern der Todesstrafe geworden sind (vgl. hierzu Stéphane Bourgoin: Serienmörder. Reinbek: Rowohlt 1995). Faszinierenderweise integriert Carter diese Diskussion gerade in die Folge, die ein traditionellen religiösen Vorstellungen verpflichtetes Bild der Welt zeichnet. Trotzdem ist diese Episode alles andere als ein Plädoyer für die Todesstrafe. Franks Zweifel an seinen Handlungen sind im Kontext der Ereignisse vollkommen verständlich und werden gleichzeitig von Peter Watts aufgefangen. So muß jeder selbst entscheiden, wie er gerade im Fall von Serienkillern zur Todesstrafe steht.

Wie sehr »Lamentation« von klassischen christlichen Ideen und Bildern geprägt ist, offenbart sich gerade auch in dem Augenblick, als das Motto der Folge wahr wird und Bob Bletcher vor seinem Tod den Teufel oder zumindest einen seiner Dämonen sieht. Die Darstellung dieses Wesens mit Hörnern und Flügeln folgt ganz mittelalterlicher und frühneuzeitlicher Kunst. Sie erinnert an die Holzschnitte Dürers, aber genauso auch an die Werke weniger bekannter Künstler, die durch Drucke in Büchern über Hexen und deren Verfolgung erhalten sind.

Der Tod Bob Bletchers ist eines der einschneidendsten Ereignisse in der Kontinuität von MILLENNIUM. Zum einen bedeutet er für den Zuschauer einen Moment äußerster Überraschung, da niemand zu diesem Zeitpunkt mehr damit rechnet, daß eine der Hauptfiguren so plötzlich gewaltsam aus der Serie ausscheidet. Mit dieser Überraschung verliert man auch die Sicherheit, daß man sich bei MILLENNIUM im Universum einer amerikanischen *mainstream*-Serie befindet, in der die zentralen, einem selbst sehr sympathischen Charaktere eigentlich gar nicht ausscheiden können, und wenn doch, dann nur an entscheidenden Einschnitten wie dem Ende einer Staffel oder dem Anfang einer neuen. Nach dem Tod Bletchers ist man nun auf alles gefaßt. Man hat die schmerzliche Erfahrung gemacht, daß es in dieser Serie keine Sicherheit für die Figuren gibt, und muß nun eigentlich immer mit dem Schlimmsten rechnen. Zum anderen ist Bletchers Tod auch deshalb ein zentrales Ereignis innerhalb der Serie, da Bob eine ganz besondere Position in der Figurenkonstellation hatte. Er war ein Teil von Franks Vergangenheit und damit eine direkte Verbindung sowohl zur Polizei von Seattle und seiner früheren Arbeit als auch zu einer Phase in Franks Leben, die vor seiner intensiven Beschäftigung mit Serienmördern und seinem Zusammenbruch lag. Bob Bletcher stand für Frank genau auf der Grenze zwischen den zwei Seiten seines Lebens, zwischen seiner normalen Existenz in einer Welt, wie wir sie alle kennen, und seiner Existenz in einer Welt, die aufgrund seiner Gabe keine Geheimnisse für Frank enthält, der in die dunkelsten Abgründe der menschlichen Seele blicken kann. In gewisser Hinsicht war Bob das lebende Verbindungsglied zwischen diesen Welten. Einer, der selbst fast alles gesehen hat, dabei aber nicht wie Frank fast von der Dunkelheit verschluckt worden ist. Mit dem Tod Bletchers stehen sich die beiden Welten, in denen Frank aufgrund seiner Fähigkeiten leben muß, noch unversöhnlicher gegenüber Franks Situation zwischen Familie und *Millennium Group* wird so noch schizophrener.

In den beiden Szenen, die auf dem Mount Baker spielen und eine Art Klammer um die Folge bilden, schaffen Carter und sein Regisseur Winrich Kolbe ein gewisses Gegengewicht zu der Handlung von »Lamentation«. Sie ergänzen ihr düsteres Bild der Welt in diesen Augenblicken um eine ganz andere Facette. Unsere Sphäre ist nicht nur ein Hort des Bösen, das mit uns spielt, sondern auch ein Ort der Schönheit, durch die wir für eine kurze Zeit Ruhe finden können. Sie erinnert uns daran, daß der Kampf für das Gute nicht von Anfang an vergebens ist. In den Momenten auf dem Berg wird aus der Tragödie, die diese Folge ist, eine Pastorale. Die Schönheit der Natur wird zum Zeichen der anderen Macht, die dem Prinzip des Bösen gegenübersteht.

MLM-118 Powers, Principalities, Thrones and Dominions

Erstausstrahlung USA: 25.4.1997
Drehbuch: Ted Mann
Regie: Harold Rosenthal
Gaststars: Terry O'Quinn (Peter Watts), Stephen James Lang (Detective Giebelhouse), Richard Cox (Al Pepper), Robin Gammell (Mike Atkins), Guy Fauchon (Martin), Alf Humphreys (Damon Rummer), Dean P. Gibson (Phil Brice), Marya Delver (Annie, das Kindermädchen), Judith Maxie (Richterin

Myers), Rodney Eastman (Sam), Bonnie Hay (Assistant D. A. Mills), Terry King (Mike), Gerry Nairn (Lyon)

»Paranoia is just
a kind of awareness,
and awareness is just
a form of love.«

(Paranoia ist nichts anderes als eine Art von Bewußtsein und Bewußtsein ist nur eine Spielart der Liebe.)

Charles Manson

Inhalt: Ein Parkplatz vor einem großen Lebensmittelgeschäft. Der Anwalt Alistair Pepper geht mit einer Tasche im Arm zu einem Auto, öffnet die Tür und verstaut die Lebensmittel auf dem Rücksitz, als ein junger Mann, Sam, kommt und seinen Arm mit geöffneter Handfläche in Peppers Richtung ausstreckt. Frank Black kommt aus dem Geschäft und beobachtet die beiden. Aus der Handfläche Sams fährt plötzlich ein Lichtblitz direkt in Peppers Herz, der auf der Stelle zusammenbricht. Eine Art von Panik entsteht auf dem Parkplatz, und Frank läuft zu den beiden hin. Als er bei Sam ankommt, sieht er auf einmal eine Pistole auf dem Boden liegen.

Vier Tage zuvor. In einer kleinen Stadt in der Nähe von Seattle untersucht Peter Watts den Tod eines Mannes, der allem Anschein nach in einem satanistischen Ritual ermordet wurde. Auf dem Boden des Raums befindet sich ein Pentagramm, das zur Heraufbeschwörung von Dämonen gedacht ist; die Leiche liegt auf einem Altar, ihr Blut wurde teilweise in einem Kelch aufgefangen; die Organe sind entfernt und in Tongefäße gepackt worden, wie sie schon im alten Ägypten bei der Einbalsamierung von Leichen für die Aufbewahrung von Organen benutzt wurden; überall im Raum stehen und brennen rituelle Kerzen, und auf einem Tisch liegt aufgeschlagen ein Grimoire, ein Buch mit Beschwörungsformeln und Zeichnungen von Dämonen und Teufeln. Eddy Pressman, der Er-

Manche Männer träumen von Claudia Schiffer – Frank Black träumt von Bob Bletcher.

mordete, war Diakon einer der örtlichen Kirchengemeinden. Aufgrund der Umstände des Mordes ruft Peter Watts bei Frank an und bittet ihn um Unterstützung. Frank, der immer noch unter dem Eindruck des Mordes an Bob Bletcher steht, will aber noch nicht wieder mit der Arbeit an Mordfällen beginnen. Aber Catherine, die Zeugin des Telefongesprächs wird, überzeugt Frank in einem sehr ernsten Gespräch, daß er einfach wieder arbeiten muß, daß dieser forcierte Rückzug ins Privatleben nur zu einem Bumerang werden kann. Während Catherine Frank überredet, erlebt Peter Watts etwas sehr Merkwürdiges am Tatort, der im zweiten Stock eines Bungalows liegt. Sam blickt durch ein Fenster in den Raum. Als Peter nach draußen guckt, ist Sam verschwunden, und es gab eigentlich gar keine Möglichkeit für ihn, dort vor das Fenster zu kommen.

Als Frank in der kleinen Ortschaft ankommt, erzählt Peter ihm von seinem Erlebnis und gibt ihm ein Foto, das Schaulustige zeigt, die vor dem Haus stehen, in dem der Mord passiert ist. Unter ihnen befindet sich auch Sam. Frank wird von dem örtlichen Polizisten bedrängt, der gerne klare Anweisungen hätte. Doch dann geschieht auf einem Spielplatz ein zweiter Mord. Martin, ein Kleinganove, schlitzt vor mehreren Zeugen einem Kindermädchen die Kehle auf und wird kurz danach verhaftet. Alles deutet darauf hin, daß er auch Eddy Pressman ermordet hat. Als Frank nach einer Vision, die Martin mit Bob Bletchers Tod in Verbindung bringt, das Polizeigebäude verlassen will, begegnet er Al Pepper, Martins Anwalt, der ihn anspricht und dabei geheimnisvolle Andeutungen macht.

In der Nacht hat Frank einen Alptraum, in dem er Bob Bletcher in einem Sessel sitzend in seinem Wohnzimmer vorfindet. Bobs Kehle ist durchschnitten, und er versucht vergeblich, Frank etwas zu sagen. Die Ereignisse der letzten Zeit zehren an Frank, und er offenbart Catherine, daß er beginnt, an seinen Fähigkeiten zu zweifeln. Er hat das Gefühl, als ob seine Intuitionen ihn in die Irre leiten und er sich nicht mehr richtig in die Gedanken von Serienmördern versetzen kann.

Als er am nächsten Morgen an den Tatort des zweiten Mordes kommt, warten Peter Watts und Mike Atkins, Franks Mentor in der *Millennium Group*, den jemand unter Franks Namen in die kleine Stadt gerufen hat, schon auf ihn. Die Anklage gegen Martin beginnt zusammenzubrechen, da die Zeugen ihn nicht identifizieren können, die Fingerabdrücke von der Tatwaffe beseitigt wurden und das technische Labor keine Blutflecken auf Martins Jacke finden kann. Al Pepper spricht Frank erneut an und bietet ihm in einer Unterredung die Partnerschaft in seiner Kanzlei an. Dabei läßt er durchblicken, daß er – sollte Frank zusagen – Martin dahingehend beeinflussen wird, daß er sich in gewissen Punkten für schuldig erklärt. In der kurz danach stattfindenden gerichtlichen Anhörung gesteht Martin den Mord an Bob Bletcher. Von diesem Moment an ist Frank endgültig davon überzeugt, daß es bei diesem Fall von Anfang an um ihn ging und der erste Mord bewußt so inszeniert worden ist, daß die Gruppe sich einschaltet.

Martin wird nach Seattle überstellt, wo er sich in einer Zelle mit einer Rasierklinge selbst die Kehle aufschneidet. Aber die Obduktion ergibt, daß die Verletzungen, die er sich so zugefügt hat, nur oberflächlich und unbedeutend waren. In Wirklichkeit ist er an einem Blutgerinnsel in seinem Kopf gestorben. Frank ist überzeugt, daß dies alles andere als ein natürlicher Tod war und Al Pepper etwas damit zu tun hat. Er sucht ihn am nächsten Tag in dessen Büro auf, und Pepper erneuert noch einmal sein Angebot und bedroht dabei indirekt Franks Familie.

Kurz danach werden Frank und Peter in das Hotelzimmer von Mike Atkins bestellt und finden ihn dort sterbend vor. Der Täter entkommt über den Balkon des etwa im siebten Stock liegenden Zimmers. Frank verfolgt ihn und gelangt dabei in einen Supermarkt, in dem er Al Pepper am entgegengesetzten Ende einer der Reihen mit Lebensmitteln entdeckt. Frank bleibt an seinem Ende des Gangs und geht parallel zu Pepper weiter. Als dessen Einkaufswagen zum zweitenmal in Franks Blickfeld auftaucht, wird er von Martin, beim drittenmal von Lucy Butler, der Verdächtigen aus der vorherigen Folge, geschoben. Dann sieht Frank wieder Pepper, wie dieser das Geschäft verläßt und zu seinem Auto geht. Die Ereignisse der *pre-credit*-Sequenz wiederholen sich. Nur sehen wir den Tod Peppers einmal mit Franks Augen und einmal mit einem neutralen Kamerablick. In dem einen Fall tötet ein Blitz, in dem anderen eine Kugel den Anwalt.

Später spricht Frank mit dem in Untersuchungshaft sitzenden Sam, der den Mord gestanden hat, aber nicht über sein Motiv sprechen will. In der Unterredung sagt Sam Frank ganz offen, daß es bei dem Tod von Pepper nicht um Frank oder irgendeinen anderen Menschen ging, sondern daß Al nur den Preis für seine eigenen Fehler zahlen mußte.

Kommentar: »*The truth is out there*« – »Die Wahrheit ist da draußen«, heißt eigentlich das Motto von AKTE X, der anderen Serie von Chris Carter, doch auf »Powers, Principalities, Thrones and Dominions« paßt es vielleicht noch besser als auf die meisten Folgen der AKTE X. Das größere Bild, der Entwurf von unserer Welt, der hinter MILLENNIUM steht und in fast allen vorherigen Folgen nur in Andeutungen erkennbar wurde, offenbart sich nun vor unseren Augen. Die Welt von MILLENNIUM ist eine, in der die religiösen Schriften von Christen und Juden nicht einfach nur Geschichten, fiktive Erzählungen sind, mit denen die Menschen versucht haben, dem Leben einen Sinn und ein Ziel zu geben. Hier enthalten sie die Wahrheit, und wir können sie quasi wörtlich nehmen, wenn wir etwas über die größeren Zusammenhänge erfahren wollen.

Auch wenn »Lamentation« nicht mit der klassischen Einblendung ›Fortsetzung folgt‹ endet, bildet die Episode zusammen mit »Powers …« doch so etwas wie eine Doppelfolge – nicht nur weil der Tod von Bob Bletcher dort eine zentrale Rolle spielt und man ansatzweise eine Erklärung für die Vorgänge um die Entführung von Dr. Fabricant und die Ermordung von Lieutenant Bletcher erhält, die einige der am Ende von »Lamentation« offenen Fragen beantwortet. Entscheidender ist, daß die beiden Folgen zusammengenommen ein sich ganz aus jüdischen und christlichen Traditionen speisendes Weltbild entwerfen. Dabei konzentriert sich der extrem katholisch geprägte erste Teil mehr auf die Menschen und ihre Haltungen in einer Welt, in der das Böse als äußere Kraft existiert, während der dem Geist von Kabbala und Apokryphen verpflichtete zweite Teil die Sphäre der Menschen als einen Austragungsort von Kämpfen zwischen mächtigeren Wesen zeigt, für die wir nicht mehr als die Bauern in einem Schachspiel sind. Wie unbedeutend Menschen in diesem Reich sind, deutet »Powers …« schon durch die für die Serie ungewöhnliche Struktur an. Es ist die einzige Folge, bei der der *teaser*, die erste vor dem Titel kommende Sequenz, schon das Ende zeigt und die komplette Handlung eine Rückblende ist. Durch diese Vorwegnahme ist von Anfang an klar, daß in dieser Episode höhere Mächte einen Kampf unter sich austragen. Frank Black, der hier am Beginn Zeuge der entscheidenden Auseinandersetzung ist, wird sogleich zu einem Beobachter reduziert, der keine eigentliche Macht besitzt. Sollte dieser Eindruck zunächst auch nur eine Ahnung sein; das am Ende stattfindende Gespräch zwischen Sam und ihm bestätigt sie unerbittlich.

Frank, und mit ihm auch der Zuschauer, versteht die auf dem Parkplatz eines Supermarkts zu ihrem Ende kommenden Ereignisse als einen Kampf zwischen den Prinzipien Gut und Böse, zwischen einem Engel Gottes, Sam, und einem Dämon der Hölle, Al Pepper. Dabei legen die Informationen über den Anwalt Pepper, der sechs Monate zuvor einen schweren Herzinfarkt hatte und sogar für kurze Zeit klinisch tot war, nahe, daß im Augenblick seines Todes ein Wesen der Hölle seinen Körper in Besitz genommen hat und so in unsere Welt gekommen ist. Pepper wäre damit zur Inkarnation des Bösen geworden, das als Verführer auftritt. Dieser Dämon scheint nur das eine Ziel verfolgt zu haben, Frank auf seine Seite zu ziehen und ihn so zu einem Agenten des Bösen zu machen. Insofern haben alle Ereignisse von dem Moment an, in dem der unter Narkose stehende Dr. Fabricant in »Lamentation« aus dem Krankenhaus entführt wird, nur den einen Zweck, Frank in die Arme von Pepper zu treiben und ihn dazu zu bringen, auf dessen Jobangebot einzugehen. Die Entführung und Folterung Fabricants, die Ermordung von Judge Parks, Bletcher und Atkins genauso wie die Pressmans, des jungen Kindermädchens und Martins sind Teile einer geschickten Manipulation Frank Blacks. Seine durch die Morde ausgelöste Verzweiflung soll ihm seine Sicherheit nehmen, so daß er selbst glaubt, daß es keinen anderen Weg als den Pakt mit Pepper gibt. Menschen wie Martin und Lucy Butler sind dann nicht mehr als Instrumente des Höllenwesens, wobei immer noch die Frage bleibt, ob nicht zumindest Lucy Butler auch von ihm besessen war oder ob es bei der Entführung und Operation Fabricants und dem Mord an Bletcher in der Gestalt einer Frau mit dem Namen Lucy Butler aufgetreten ist.

Bevor Sam Al Pepper tötet, d. h. das Wesen, das von ihm Besitz ergriffen hat, mit dem Blitz aus seiner Hand zurück in die Hölle schickt, sagt er folgendes zu ihm: »By Uriel … and by Raziel … powers, principalities, thrones and dominions … I bind and command you: Stand! I, Samiel, bound by his will … command you: Depart!« (»Im Namen Uriels … und im Namen Raziels … Exusai, Archai, Throne und Kyriotes … ich binde dich und befehle dir: Stehe! Ich, Samiel, gebunden an seinen Willen … befehle dir: Verlasse [diese Welt]!«) Von besonderer Bedeutung ist dabei der erste Teil von Sams Befehlen, der eine Formel der Beschwörung zu sein scheint, mit der Samiel dem Dämon seinen Willen aufzwingen kann. Dabei beruft er, der selbst ein Engel ist, sich auf die beiden Engel Uriel und Raziel und benutzt die Namen, die vier der neun Gruppen der Engel bezeichnen als eine Art von Zauberspruch.

Uriel, ›das Feuer Gottes‹, der Engel der Reue, ist einer der sieben Erzengel, der Krieger Gottes, die in einem ständigen Kampf mit den gefallenen Engeln, den Heerscharen der Hölle, stehen. Allgemein gilt er als der Engel, der die Schlüssel für die Tore der Hölle in seinem Besitz hat. Für viele ist er aber auch der, der mit einem Schwert aus Feuer am Eingang des Paradieses steht. Er gilt als genauso gnadenlos wie alle Dämonen der Hölle. Während Uriel neben Michael, Raphael und Gabriel eigentlich in allen entscheidenden Schriften als einer der sieben Erzengel (die Zahl Sieben geht auf die Offenbarung des Johannes, Kapitel 8 Vers 2, zurück) genannt wird, sind die Namen der übrigen drei eher umstritten. Unter den Namen, die häufiger genannt werden, ist auch der Raziels. Dabei steht sein Name in erster Linie in Verbindung mit einem Buch: SEPHER RAZIEL HA-MA-LEACH (DAS BUCH DES ENGELS RAZIEL oder auch einfach ADAMS BUCH). Es ist eine

Sammlung und lose Aneinanderreihung von mystischen Traktaten aus verschiedensten Zeiten, die ganz in der kabbalistischen Tradition die Namen Gottes und der Engel aufzählen, um sie für Zaubersprüche nutzbar zu machen. Insofern paßt es in dieser Szene, in der Sam den Dämon mit offenbar magisch aufgeladenen Namen wieder in die Hölle verweist, ganz genau, daß er sich bei seinen Befehlen gerade auf Uriel und Raziel beruft.

Den Schriften zufolge verteilen sich sämtliche Engel Gottes auf neun Gruppen, die eine Hierarchie bilden und die folgenden Namen tragen: Seraphim, Cherubim, Throne, Kyriotes, Dynamis, Exusai, Archai (oder Herrschaften), Arch-Angeloi (oder Erzengel), Angeloi (oder Engel). Die mächtigsten unter ihnen sind die Seraphim, die Engel der Liebe, des Lichts und des Feuers, die Gott am nächsten sind und ununterbrochen sein Loblied singen. Die Cherubim sind die Engel der Weisheit; die Throne, die auch als ›die Räder‹ oder ›die Viel-Äugigen‹ bekannt sind, die der Gerechtigkeit. Nach jüdischen Vorstellungen sind die Kyriotes Schutzengel, die die Nationen bewachen und über deren Wohl und Wehe bestimmen. Die fünfte Gruppe bilden die ›Dynames‹, auch die ›Brillanten‹ oder ›Strahlenden‹. Sie sind zuständig für Wunder und Segnungen, sie geben den Menschen Zuspruch und werden mit Ereignissen in Verbindung gebracht, bei denen jemand, der dabei war, seinen Glauben zu verlieren, davor bewahrt wird, von Gott abzufallen. An sechster Stelle stehen die Exusai, die als die Bewacher unserer Seelen gelten. Sie sollen Dämonen am Eintritt in die Welt hindern, menschliche Seelen vor dem Bösen bewahren und das Böse im Namen Gottes auf der Erde rächen. Außerdem heißt es, daß sie uns nach dem Tod in den Himmel führen. An siebenter Stelle innerhalb der Himmelshierarchie stehen die Archai, deren Aufgabe das Wachen über die Religionen ist. Die Kämpfer Gottes, die Arch-Angeloi, nehmen die achte Stelle ein, und auf der untersten Stufe stehen die Angeloi, die den Menschen am nächsten sind und meist als Überbringer von Botschaften fungieren. Aus ihren

Reihen stammen auch die Schutzengel, die über das Leben einzelner Menschen wachen. Indem Sam die Namen ›Exusai‹, ›Archai‹, ›Throne‹ und ›Kyriotes‹ in seinem Spruch verwendet, führt er die Engel für sich an, die die Welt und das Gute beschützen und zugleich das Böse, die Geschöpfe der Hölle, kontrollieren. Gemeinsam mit den beiden Erzengeln repräsentieren sie eine ungeheure Macht, die – zumindest in dieser Geschichte – ausreicht, einen Dämon aus unserer Welt wieder zurück in die Hölle zu verbannen.

Allerdings läßt der Name, den Ted Mann und Harold Rosenthal dem jungen Mann, der Pepper tötet, gegeben haben, auch eine andere, noch beunruhigendere Deutung der Ereignisse zu. Samiel ist eine andere Form von Sammael, und in der Literatur gilt ›Sammael‹ als der Name eines der Fürsten der Dunkelheit. ›Sammael‹ ist hebräisch und heißt ›der Linke‹. Für viele gilt er als Mittler zwischen dem Todesengel und Satan. Er wird auch ›der Intelligente und Vergiftende‹ oder ›Engel des Gifts‹ genannt und ist eine Verkörperung des Prinzips des Bösen. Geht man von dieser Deutung von Sams Namen aus, wäre er genauso wie der Dämon in Pepper ein Geschöpf der Hölle, das nichts anderes macht, als einen Abtrünnigen, einen, der auf eigene Faust ohne Befugnis handelt, zurück in die Hölle zu holen. Es fände hier also gar kein größerer Kampf zwischen Gut und Böse statt, sondern nur eine Zurechtweisung für eigenmächtiges Handeln. Gerade aufgrund dieser extremen Doppeldeutigkeit der Ereignisse in »Powers...« liegt die Vermu-

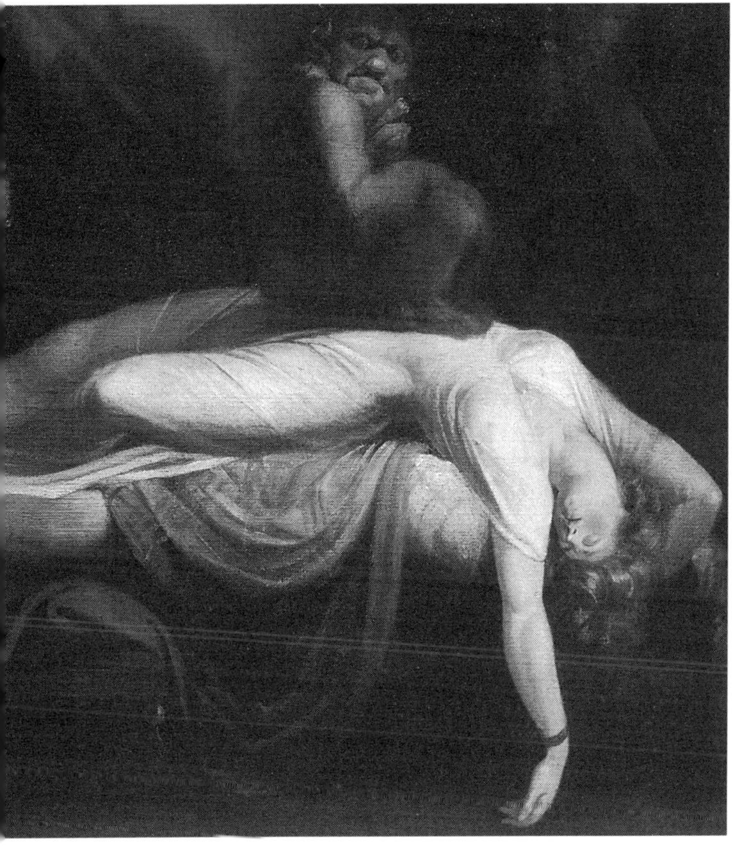

tung nahe, daß Chris Carter geplant hat, irgendwann im späteren Verlauf der Serie darauf zurückzukommen. Ob dies allerdings jemals passieren wird, erscheint bei den momentanen Schwierigkeiten der Serie eher fragwürdig. Aber zumindest enthält »Powers ...« ganz deutliche Elemente einer eigenen, sehr ausbaufähigen ›Millennium-Mythologie‹, die vom Prinzip her mit der der AKTE X zu vergleichen ist.

Während Sam eine äußerst rätselhafte Figur bleibt, erfahren wir doch ein bißchen mehr über Al Pepper bzw. das

Wesen, das seinen Körper übernommen hat. So haben die Drehbuchautoren und der Regisseur immer wieder kleine Anspielungen in »Powers ...« eingebaut, die Richard Cox' dämonisch-verführerischen Charakter genauer umreißen. Einmal sagt er, daß sein Name zwar ›Aleister‹ sei, er aber lieber mit ›Al‹ angesprochen werde, weil sein Vorname in bestimmten Kreisen einen gewissen Ruf besäße, mit dem er nichts zu tun haben möchte. Mit dieser Äußerung spielt er auf den berüchtigten Schriftsteller und Satanisten Aleister Crowley an. Natürlich sollen wir diese Distanzierung genau anders verstehen, eben als Hinweis auf Peppers wahres Ich. Ein anderer Moment, der uns auch leicht versteckte Informationen über den Anwalt zuspielt, ist der, in dem Frank in Peppers Büro kommt. Hinter Frank kann man ein an der Wand hängendes Gemälde entdecken, eine Reproduktion von Johann Heinrich Füsslis ›Der Nachtmahr‹. Das Bild, das wahrscheinlich das bekannteste des englischen Malers (6.2.1741 bis 16.4.1825) schweizerischer Herkunft ist, zeigt eine schlafende, junge blonde Frau, auf deren Oberkörper ein Inkubus, ein Alpträume verursachender, den Menschen im Schlaf Lebensenergie stehlender Dämon, sitzt. Allein über die Assoziation mit diesem Gemälde wird Pepper ganz eindeutig als ein böses, den Menschen schadendes Wesen aus der Hölle definiert.

MLM-119 Broken World

Erstausstrahlung USA: 2.5.1997
Drehbuch: Robert Moresco und Patrick Harbinson
Regie: Winrich Kolbe
Gaststars: Terry O'Quinn (Peter Watts), John Dennis Johnston (Sheriff Falkner), Michael Tayles (Deputy Billy), Van Quattro (Willi Borgsen), Donnelly Rhodes (Pete Dumont), Jo Anderson (Claudia), Ingrid Kavelaars (Sally Dumont), P. Adrien Dorval (Fatso), Tom Bougers (Tom), Sue Fuller (Mary Ann), J. B. Bivens (Erster Deputy)

»Man is the cruelest animal.«

(Der Mensch ist das grausamste aller Tiere.)

Nietzsche

Inhalt: North Dakota, *farmland*, eine Region, die von der Aufzucht von Tieren, besonders Pferden, lebt. Als die Besitzerin einer dieser Farmen, Sally Dumont, von einem Ausritt zurückkommt und ihr Pferd in einer der Boxen des Stalls versorgt, hört sie eigenartige Geräusche und entdeckt in einer der anderen Boxen ein sterbendes Pferd. Sie blickt zur Seite und sieht ein Paar Gummistiefel. Von Angst erfüllt, zugleich aber auch sehr bedacht und vorsichtig, geht sie zu einem Telefon. Sie hat gerade die Notrufnummer gewählt, als hinter ihr der Eindringling auftaucht und sie mit einer *stun-gun* überwältigt.

Auf einer leeren Landstraße. Frank Black wird von Jeff Falkner, dem für den Fall Dumont zuständigen Sheriff, angehalten. Falkner entschuldigt sich und teilt Frank mit, daß seine und die Mithilfe der *Millennium Group* nicht erforderlich seien, weil nur ein Pferd und nicht Sally Dumont von dem Angreifer getötet worden ist. Frank will trotzdem auf jeden Fall bleiben und weist den Sheriff darauf hin, daß in den letzten zweieinhalb Jahren dort und in den umliegenden *Counties* insgesamt 21 Pferde auf die immer gleiche Weise attackiert und getötet wurden. Er ist davon überzeugt, daß der für diese Tiermorde verantwortliche Mann früher oder später damit anfangen wird, Menschen oder genauer gesagt Frauen zu töten. Den Ereignissen auf der Dumont-Farm, bei dem er zum erstenmal nicht nur ein Pferd, sondern auch eine Frau in seiner Gewalt hatte, käme dabei eine Initialfunktion zu. Von diesem Moment an steht er mit größter Sicherheit kurz vor seinem ersten Mord an einem Menschen und damit wiederum am Beginn einer ganzen Serie.

Die Untersuchungen im Stall der Dumonts fördern Spermaspuren in der Nähe des Pferdekadavers zutage. Von Mr. Dumont erfahren Frank und die Polizisten, daß lediglich das

Zaumzeug von Sallys Pferd gestohlen wurde. Außerdem entdecken sie an einer Wand in der Nähe des Telefons das Wort ›Help‹ (›Helft mir‹), das der Eindringling mit seinem eigenen Blut dort hingeschrieben hat. All diese Indizien bestätigen Franks Schlüsse, daß sie hier die Entstehung eines psychosexuellen Mörders miterleben. Mit dem inzwischen angekommenen Peter Watts bespricht Frank eine sehr gewagte Vorgehensweise. Er will einen Artikel über die Vorfälle veröffentlichen lassen, in dem er dem Täter seine Hilfe anbietet und eine Telefonnummer angibt, unter der er Frank erreichen kann. Peter erinnert Frank daran, daß ein solches Angebot ein riskantes Wagnis ist und auch den gegenteiligen Effekt haben kann, aber Frank glaubt, daß diese Art der Kontaktaufnahme der einzige Weg ist, über den sie Schlimmeres verhindern können.

Eine Bar an einer der Landstraßen. Ein Mann, Willi Borgsen, liest den Bericht in der Zeitung und geht zum Münztelefon in einer Ecke der Bar. Er wählt die angegebene Nummer, legt aber auf, als sich die Telefonistin des Sheriffbüros meldet. Er verläßt die Bar und reagiert sich draußen ab, indem er mit einer *stun-gun* wahllos in einem Laster gefangene Schweine attackiert. Als der Fahrer des Transporters kommt, überwältigt er diesen mit einem elektrischen Schlag aus seiner Waffe. Danach schleift er ihn in ein nahegelegenes Gebüsch und prügelt ihn dort zu Tode. Aus den Spuren am Tatort – es finden sich unter anderem Abdrücke von Gummistiefeln – schließt Frank, daß der Mörder der Pferde und der Mann, der den Lkw-Fahrer getötet hat, ein und dieselbe Person sind. Außerdem nimmt er an, daß der Killer seine Opfer mit einer *stun-gun* überwältigt, wie sie normalerweise von Arbeitern in Schlachthöfen zur momentanen Betäubung der Tiere benutzt wird.

Nach seinem ersten Mord beginnt Borgsen, Frank anzurufen, ihn herauszufordern. Aus einem dieser Anrufe schließt Frank, daß er zum erstenmal eine Frau getötet hat, und kurz darauf wird die Leiche einer jungen Frau und ihr genauso getötetes Pferd gefunden. Borgsen hat den Mord als persönli-

ches Ritual zelebriert und dabei eine echte, so noch nie erlebte Erfüllung im Töten gefunden. Am Tatort läßt er eine mit Blut geschriebene Nachricht, ›Thank you‹, für Frank zurück. Auf der Rückfahrt vom Tatort diskutiert Frank den Fall mit der Tierärztin Claudia Vaughan, die ihn schon in einem vorherigen Gespräch auf die Motivation des Täters, seine Eifersucht auf Pferde, die im Gegensatz zu ihm von Mädchen und Frauen geliebt werden, hingewiesen hatte. Während sie im Auto sitzen, sehen sie einen Transporter, der Fohlen zu einem Schlachthof bringt. Und der schockierte Frank erfährt von Claudia, daß North Dakota der einzige Staat in Nordamerika ist, in dem noch – auf bestimmten Farmen – Stuten ständig schwanger gehalten werden, da ihr Urin Hormone enthält, die der Hauptbestandteil von Hormonpräparaten für Frauen sind. Die Fohlen, die sie zur Welt bringen, werden kurz danach geschlachtet; ihr Fleisch wird verkauft. Einige dieser Farmen wurden in den letzten Jahren geschlossen, und Frank vermutet nun, daß der Mörder auf einer dieser Farmen lebte und von ihrer Schließung in eine tiefe Krise gestürzt wurde, die ihn veranlaßt hat, seine Impulse auszuleben.

Ein weiterer Anruf Willis sagt Frank, daß Claudia das nächste Opfer sein wird. Als er, Peter und die Polizisten am Haus der Tierärztin ankommen, ist sie verschwunden. Aber es gibt einen Hinweis, daß Borgsen mit ihr zu seinem Arbeitsplatz, einem Schlachthof, gefahren ist. Sie kommen noch rechtzeitig an, um Claudia zu retten. Bei dem Versuch, Borgsen zu überwältigen, tötet dieser beinahe Frank, wird dann aber selbst von mehreren Pferden zu Tode getrampelt.

Kommentar: Der Kontrast zwischen der Doppelfolge »Lamentation« und »Powers …« und »Broken World« könnte nicht größer sein. Auf den Weltentwurf, die Einbindung der Geschehnisse um Frank Black in ein viel größeres Bild, folgt nun eine fast schon klassisch zu nennende ›Serienmörder-der-Woche‹-Geschichte. Doch was zunächst vielleicht wie ein Schritt zurück, beinahe wie eine Enttäuschung wirkt, war auf andere Art sogar notwendig. »Lamentation« und »Powers ...« haben eine zweite Ebene von MILLENNIUM etabliert, einen Teil der Serie, der über unsere aktuelle Realität hinausgeht und in das Reich der Mythen und religiösen Vorstellungen führt, der aber auch Frank in die Rolle eines Beobachters ohne große Macht zwängt. Wir haben nun zwar eine Ahnung von den großen Zusammenhängen, die in der folgenden Episode »Maranatha« noch eine weitere Dimension gewinnen werden, aber das ändert nichts daran, daß das Leben auf der Erde auch nach dem Erscheinen von Samiel und dem Dämon weitergehen wird. Der Zuschauer muß sich von dieser Folge an mit dem Dualismus von groß und klein, mythisch und real in gewisser Hinsicht abfinden, da einfach beide Teile zu dem von MILLENNIUM geschaffenen Universum gehören.

»Broken World« erzählt von der Geburt eines Serienmörders, von den Ereignissen, die einen Menschen die unsichtbare Linie überschreiten lassen, die in moralischen Wertvorstellungen einen Menschen von einem Tier trennt. Damit nimmt diese Folge eine besondere Stellung innerhalb der Serie, aber auch innerhalb des größeren Bereichs aller Serienkiller-Fiktionen, die sich eher auf den *profiler* als auf den Täter konzentrieren, ein. »Meine Arbeit beginnt normalerweise mit Leichen ... mehreren Leichen«, sagt Frank selbst in seinem ersten Gespräch mit Sheriff Falkner und weist so darauf hin, daß ein *profiler* in der Regel erst dazugerufen wird, wenn schon Menschen getötet worden sind. Insofern beinhaltet der Fall des ›Horse Ripper‹ eine ungeheure Chance für Frank – die Chance, einen Mann zu stoppen, bevor er beginnt, Menschen zu töten. Mit dieser Chance geht gleichzeitig aber auch eine extreme Schwierigkeit einher. Wenn es schon nicht leicht ist, die Identität eines Mörders zu ermitteln, der schon getötet hat, dann ist es bald noch komplizierter, einen Mann zu finden, der kurz vor seinem ersten Mord steht. Frank muß sich hier wie auch in anderen Fällen für pro-aktive Maßnahmen entscheiden. Doch bestehen diese sonst meist in bewußten Provokationen des Killers, der zu Fehlern verleitet werden soll, muß er in diesem Fall versuchen, Kontakt zu ihm zu bekommen und ihn so zu beeinflussen, daß er die Linie nicht überschreitet. Wie alle pro-aktiven Maßnahmen von Polizisten und FBI-Agenten mit hohen Risiken verbunden sind und immer die Gefahr beinhalten, daß sie den Täter genau in die falsche Richtung – zu (weiteren) Morden – treiben, ist auch Franks Strategie alles andere als sicher. Tatsächlich funktioniert sie nicht. Sie ist sogar der direkte Anlaß für Borgsens ersten Mord, der unter dem Eindruck des gescheiterten Anrufs bei Frank geschieht. Indirekt hat hier also Franks Plan Borgsen über die Linie gestoßen. Auf der anderen Seite hätte er sie irgendwann sowieso überschritten, und so helfen seine weiteren Anrufe Frank wenigstens dabei, ihn zu fassen. In keiner anderen Folge von MILLENNIUM wird dabei aber so deutlich wie hier, daß die Arbeit des *profiler* eine Art von Glücksspiel ist, bei dem der Einsatz Menschenleben sind.

Auch wenn die Figur von Willi Borgsen anders als einige andere Mörder in MILLENNIUM kein direktes Vorbild in der Wirklichkeit hat, zeigt sich doch sehr deutlich, daß Robert Moresco und Patrick Harbinson, die Autoren der Folge, den momentanen Stand der Serienmörder-Forschung genutzt und Borgsen quasi als Prototyp des psychosexuellen Killers konzipiert haben. Seine Handlungen bei dem ersten Mord an einer jungen Frau und später bei dem Versuch, Claudia Vaughan zu töten, entsprechen ganz dem psychologischen Profil eines organisierten Verbrechers, der den Mord als persönliches Ritual, als Beweis seiner Macht inszeniert. Seine Entwicklung zum Serienmörder entspricht dem typischen Werdegang eines *serial killer*.

Auch wenn bisher in der Wirklichkeit kein Fall eines Serienmörders bekannt geworden ist, der mit der Verstümmelung und Tötung von Pferden begann, bevor er dann angefangen hat, Menschen zu töten, gibt es für die Pferdemorde Willi Borgsens einen sehr realen Hintergrund. Laut der Zeitschrift *Fotean Times* (FT101:16) hat es in den letzten Jahren mehrere hundert sadistische, zum großen Teil sexuell motivierte Angriffe auf Pferde an insgesamt 170 Orten in England, Amerika und Japan gegeben. Diese Verbrechen haben zwar weltweit nicht das Aufsehen erregt, das vor über einem Jahrzehnt beispielsweise Rinderverstümmelungen in Amerika auslösten, sie haben aber ein erschreckendes Ausmaß angenommen. Anders als bei den Rindern, denen meist fachmännisch Organe entnommen wurden, gibt es bei diesen Morden an Pferden kein durchgängiges Muster. Sie scheinen weitgehend unzusammenhängende Taten zu sein, die mehr oder weniger zufällig von einer oder mehreren Personen begangen worden sind. Zwar liegt die Vermutung nahe, daß einige der Pferdekiller für mehrere Fälle verantwortlich sind, aber es ist nahezu unmöglich, daß alle Verbrechen dieser Art zusammenhängen. Auch die Behauptungen von seiten einiger Polizeistellen, daß die letzten Vorfälle sich auf Medienberichte über Pferdemorde zurückführen lassen, die Trittbrettfahrer auf den Plan gebracht haben, lassen sich bisher durch keinerlei Beweise bestätigen. So bleibt die Frage: Wie viele ›Willi Borgsens‹ gibt es da draußen?

Ein ganz anderer Aspekt von »Broken World« ist die Beziehung zwischen Frank und der Tierärztin Claudia Vaughan, die sich ganz offensichtlich zueinander hingezogen fühlen. Auch wenn es nie ausgesprochen wird und Frank am Ende, ohne viel zu sagen, wieder in Richtung Seattle fährt, wird man das Gefühl einfach nicht los, daß »Broken World« nicht nur von der Geburt eines Serienmörders, sondern auch von der einer Liebe erzählt, deren Keim nicht aufgehen darf. Der Charakter Frank Black gewinnt hier eine weitere private, jenseits seiner Arbeit und seiner Gabe liegende Dimension, durch die er eindeutig an Komplexität gewinnt. Seine Gefühle für Claudia bestätigen dabei gleichzeitig die Bedeutung seiner Familie für ihn, die er nie so einfach opfern könnte. Diese nur angedeuteten, sich in den Blicken zwischen Frank und Claudia und in dem äußerst subtilen Spiel von Lance Henriksen und Jo Anderson offenbarenden Gefühle machen »Broken World« zu einer wirklich einzigartigen Folge innerhalb der ersten Staffel von MILLENNIUM, zu einem grandiosen, melancholischen Liebesmelodram.

MLM 120 Maranatha

Erstausstrahlung USA: 9.5.1997
Drehbuch: Chip Johannessen
Regie: Peter Markle
Gaststars: Terry O'Quinn (Peter Watts), Boris Krutonog (Yura Surova), Bill Nunn (Lieutenant McCormick), Michael Aniol (Priester), Levani Outchaneichvili (Japontschick aka Sergei Stepanovich Senin), Dmitri Boudrine (Andrei Petrovich Melnikov), Brian Downey (Leiter der ärztlichen Untersuchung), Beverly Dale (Sängerin im *Novgorod*), Vladmir Moskovchenko (Kirchenältester Evgenii Alexandrovitch Mateev), Bill Croft (Breitgesichtiger Mann), Michael Cram (Sanitäter), Roger Haskett (Arzt in der Notaufnahme)

»Behold ye scoffers, for I will work wonders
in your days, which ye will not believe.«

(Schauet unter den Heiden, sehet und verwundert euch!
Denn ich will etwas tun zu euren Zeiten, welches ihr nicht
glauben werdet, wenn man davon sagen wird.)

Das Buch Habakuk 1, 5

Inhalt: Frank Black kommt nach Brooklyn, um Lieutenant McCormick bei der Aufklärung einer bizarren Mordserie in Brighton Beach, einem in erster Linie von russischen Einwanderern bewohnten Viertel, beizustehen. Dort wurde bereits zum drittenmal eine verstümmelte Leiche an einem öffentlichen Ort zurückgelassen. Man hatte den Opfern aus nächster Nähe mit grobem Schrot ins Gesicht geschossen und ihnen mit einer Geflügelschere die Finger abgeschnitten, weshalb bislang keines von ihnen identifiziert werden konnte. Offensichtlich ist dem Urheber daran gelegen, Terror zu verbreiten.

Für Yura Surova, der von der Moskauer Polizei zur Unterstützung nach Amerika gesandt wurde, handelt es sich um das Werk der russischen Mafia. Am Tatort des letzten Verbrechens hat Frank eine Vision, er sieht Bilder des Mordes und einer nuklearen Explosion.

Bei einer Untersuchung der Opfer im Leichenschauhaus stellt McCormick Yura und Frank den Polizisten Andrei vor, der in dem Fall *undercover* in den Clubs von Brighton Beach ermittelt. Die Weise, in der Andrei und Yura miteinander umgehen, läßt Frank darauf schließen, daß sie sich kennen. Der erste Tote war eindeutig ein Mitglied des organisierten Verbrechens. Im Haar des zweiten Opfers, einer Frau, welche ein höchst ungewöhnliches Ziel für die russische Mafia darstellt, findet Frank Blattgold. Am Haaransatz des dritten Toten, der Strahlungsschäden aufweist, entdeckt er ein Zeichen in der Form eines abwärts gewandten Dreizacks, das Yura hastig als ›Mafia-Symbol‹ identifiziert.

Yura und Andrei treffen sich in dem Nachtclub *Novgorod*, wo Yura seinem Kollegen Bilder von Ikonen zeigt, die er erwarb, um ›ihn‹ anzulocken. Die beiden bemerken Frank, der Yura, welcher ihm vorgeworfen hat, nur am Computer zu ermitteln, in den Club gefolgt ist. Während Yura Frank am Eingang dazu bewegen will, das *Novgorod* wieder zu verlassen, um ihre Tarnung nicht auffliegen zu lassen, setzt sich ein Mann an Andreis Tisch. Einige der Besucher scheinen den Mann zu erkennen, woraufhin sie hastig den Nightclub verlassen, wobei sie den Namen ›Japontschick‹ raunen. Dies alarmiert Yura, doch zu spät: Der Mann schießt Andrei ins Gesicht, woraufhin es zu einer Panik kommt, in der er fliehen kann. Yura verliert völlig die Fassung und bedroht einen Gast mit gezogener Pistole, um zu erfahren, wohin der Mann verschwand. Auf Franks Frage, wer Japontschick sei, schweigt Yura.

Die Phantombilder der Zeugen sind völlig wertlos, keines gleicht dem anderen. Auf Franks Drängen hin erklärt ihm Yura, daß es sich bei Japontschick um eine Figur des Volksaberglaubens, das russische Äquivalent zum ›Schwarzen Mann‹, handelt. Er streitet vehement ab, an diesen zu glauben, wovon er Frank jedoch aufgrund seiner Reaktion im *Novgorod* nicht ganz überzeugen kann.

Frank erkennt, daß es sich bei dem Dreizack um den unteren Teil des Christusmonogramms handelt, das aus den griechischen Buchstaben Chi (Schreibweise ›P‹) und Rho (›X‹) gebildet wird, die man übereinanderlegt. Dies führt ihn in eine russisch-orthodoxe Kirche, in der Frank auf ein von Blattgold eingerahmtes Bild eines Heiligen stößt, dem das Gesicht weggekratzt wurde. Mehrere der Gemeindemitglieder weisen Strahlungsschäden auf.

Frank bittet Peter Watts, zur Unterstützung nach Brooklyn zu kommen. Dieser glaubt, das Chi-Rho weise darauf hin, daß man den Toten heimlich gesegnet hat. Bei Japontschick handelt es sich laut Peter tatsächlich um eine mythische Figur, die Inkarnation des Bösen, von der viele Russen glauben, sie habe durch einen Sabotageakt die Katastrophe von Tschernobyl herbeigeführt. Von dieser wiederum nehmen die Russen an, sie sei eines der in den Offenbarungen des Johannes vorhergesagten Zeichen, die auf die nahende Apokalypse hinweisen, was bedeutet, daß es sich bei Japontschick um den Antichristen handelt. Ein Foto zeigt, daß Yura und Andrei gemeinsam für die russische Staatssicherheit in dem Atomkraftwerk arbeiteten. Für Frank ist dies die Bestätigung, daß Yura an diese Legende glaubt und nach Amerika kam, um Japontschick aufzuspüren und zu töten, was Yura heftig bestreitet.

Frank legt auf dem Revier seine Theorie dar, der zufolge Japontschick Menschen tötet, die, wie Yura und Andrei, um seine Identität wissen und ihn zur Rechenschaft ziehen wollen. Er verbreitet Terror, um den Glauben an seinen Mythos zu stärken. Yura macht sich über Frank lustig, welcher sich weigert, gemeinsam mit ihm, einem Meuchelmörder, weiterzuarbeiten.

Das zweite Opfer konnte als eine Restauratorin von Ikonen identifiziert werden. An ihrem Arbeitsplatz findet sich Blattgold sowie ein Paket mit einem kostbaren Heiligenbild, wel-

ches an Sergei Stepanovich Senin im russischen Konsulat adressiert ist. Frank glaubt, sie habe die Identität Japontschicks herausgefunden und ihm Ikonen als Opfer übersandt, auf daß er sie verschone. Frank und Peter begeben sich zum Konsulat, wo sie die Ikone Sapontschik (Senin) übergeben – dem Mann, der Andrei erschoß. Frank spricht ihn mit seinem mythologischen Namen an, worauf er sich sehr erregt, auf seine diplomatische Immunität pocht und die beiden rauswerfen läßt. Frank weist ihn darauf hin, daß er nun kein Mythos mehr sei.

In einem russischen Badehaus findet der Antichrist zwei neue Opfer. Mit zerschossenen Köpfen liegen sie in der Sauna, während er ihnen die Finger abschneidet. Aus dem Dampf taucht hinter ihm Yura auf, dem Japontschick mitteilt, er könne ihn nicht töten. Yura schießt ihm in den Kopf.

Als Peter und Frank vor dem Badehaus ankommen, werden gerade die drei Leichen in Krankenwagen abtransportiert. In der Sauna wird Frank klar, daß einer der Toten Japontschick war. Aufgrund einer biblischen Prophezeiung, laut welcher der Antichrist auf wunderbare Weise eine schwere Kopfwunde überleben wird, begeben sich Frank und Peter sofort zum Krankenhaus.

Doch Yura kommt ihnen zuvor. Er tritt in das Zimmer des auf der Fahrt zum Krankenhaus wiedererwachten Japontschick und setzt ihm seine Pistole auf die Brust. Doch der Antichrist kann Yura einreden, daß dieser dazu bestimmt sei, nicht ihn zu töten, sondern ihn zu beschützen.

Yura bringt Japontschick zum Helikopterlandeplatz auf dem Dach des Krankenhauses, wo auch Augenblicke später Frank, Peter, McCormick und seine Männer erscheinen. Doch ein verschlossenes Sicherheitsgitter versperrt ihnen den Weg. Yura schleppt Japontschick auf einen zur Landung ansetzenden Hubschrauber zu. Frank ruft Yura hinterher, daß er dem Herrn der Lügen nicht glauben darf, doch dieser hält sein Schicksal für entschieden. Zwei der Konsulatsangestellten springen aus dem Helikopter und bringen den verletzten Japontschick an Bord. Sie wollen auch Yura zum Mitkommen bewegen, der sich plötzlich losreißt und verzweifelt zu dem Gittertor läuft, wo ihm Frank seine Arme durch das Gitter entgegenstreckt. Die Männer des Antichristen kommen angelaufen und versuchen Yura loszureißen, doch dieser hat sich an Frank geklammert, der ihn nicht losläßt. Sie ziehen ihre Waffen, doch McCormick und die Polizisten tun es ihnen gleich, wodurch es zu einem Patt kommt. Die Russen geben auf und besteigen den Hubschrauber, welcher sogleich davonfliegt. Der schluchzende Yura kann nicht fassen, was er getan hat.

Kommentar: »Maranatha!« (aramäisch; »Unser Herr, komm!«) ist ein im ersten Brief an die Korinther (16,22) überlieferter Gebetsruf aus dem Gottesdienst der Urgemeinde, die auf die Wiederkunft Christi wartet. Es ist die wahrscheinlich älteste eucharistische Epiklese, das heißt Herbeirufung der Gottheit zur Heiligung von Menschen oder Opfergaben. In der Ostkirche verwendet man die Worte zur Herabrufung des Heiligen Geistes im Gebet zur Weihung der Abendmahlsgaben.

Yura steht vor dem Altar, um das Abendmahl zu empfangen. Der Priester fordert ihn auf: »Kind Gottes Yura.« Er tritt vor und sieht sich nach Frank um, der ihn zu der Zeremonie in die russisch-orthodoxe Kirche von Brighton Beach begleitete. Frank erwidert seinen Blick. Yura kniet nieder und senkt sein Haupt. Der Priester legt die Hostie, in Rotwein getränktes Brot, in seinen Mund und spricht ihm ermutigend zu: »Nichts geschieht ohne den Willen Gottes. Wenn der Böse auf der Erde umgeht, frohlocke … Denn unser Herr wird bald kommen.« Der sichtlich beruhigte Yura erhebt sich. Als er sich erneut nach Frank umsieht, hat dieser bereits das Hauptschiff verlassen. Frank geht an dem restaurierten Bild des Heiligen vorbei, dessen Gesicht nun wiederhergestellt ist. Der alte Mann an der Kirchentür verabschiedet Frank mit dem traditionellen Gruß »Gradji skora«, den man sowohl beim Betreten wie auch beim Verlassen der Kirche verwendet. »Gradji skora«

(»Ich komme bald«) wiederholt er, den vorletzten Vers der Bibel. Frank gibt ihm die Hand und antwortet ihm zuversichtlich: »Gradji skora.« Er öffnet die Tür und tritt in gleißendes Licht, welches ihn beinahe augenblicklich umfängt und den ganzen Bildschirm erstrahlen läßt.

Zum erstenmal endet eine Episode von MILLENNIUM nicht mit einem Schwarz-, sondern einem Weißbild. Und dies ist mehr als passend, schafft es doch »Maranatha«, eine der visuell härtesten Episoden, die innerhalb der Serie – durch das Entkommen des Antichristen – wohl noch drastische Konsequenzen haben wird, das hoffnungsvollste Ende zu zeigen, das wir bisher zu sehen bekamen. Zum erstenmal begegnen wir mit den russisch-orthodoxen Christen Menschen, die uns in ihrem Gottvertrauen einen bislang in MILLENNIUM wenig beachteten Aspekt der Endzeit nahebringen. Denn diese ist nach biblischem Verständnis keineswegs das Ende, sondern die Epoche, die der Wiederkunft Christi und der endgültigen Herrschaft Gottes vorausgeht.

Figuren wie der Richter, der Mörder Bob Bletchers, Al Pepper, Samiel und nun die des Japontschick, die nach und nach in MILLENNIUM auftauchten, erweiterten den zu Beginn der Serie primär auf der psychologischen und moralischen Ebene thematisierten Konflikt von Gut und Böse um eine metaphysische Dimension. Mit dem Erscheinen des Antichristen gewann MILLENNIUM schließlich jene epische Natur, auf die der Name schon hindeutet. Es handelt sich bei dem Konflikt nicht um irgendeinen, sondern um *den* Kampf zwischen Licht und Finsternis. Die ersten Scharmützel dieser ultimativen Schlacht sind nun geschlagen, wobei es beim letzten zu einem Patt kam: Der Antichrist konnte zwar fliehen, doch Frank konnte ihm die Seele Yuras im letzten Augenblick entreißen. »Maranatha« wäre eine perfekte letzte Episode der *season* gewesen, und das nicht nur aus dem Grund, daß der *cliffhanger* von »Paper Dove« extrem vorhersehbar ist.

Ob es sich bei Japontschick um eine authentische Figur des russischen Volksaberglaubens handelt, konnten wir nicht in

Betriebsausflug nach Tschernobyl? »Die vier apokalyptischen Reiter« von Albrecht Dürer, entstanden um 1497/98.

Erfahrung bringen. In den uns bekannten Volksmärchen taucht er ebensowenig auf wie in den russischen Sagen- und Wörterbüchern, die wir konsultierten. Die Deutung des Kapitels 8, Vers 10–11 der Offenbarung des Johannes, der Yura und Andrei anhängen, ist jedoch tatsächlich in dieser Form verbreitet, und das nicht nur in Rußland. In der Offenbarung heißt es:

»Der dritte Engel blies in seine Posaune. Da fiel ein großer Stern vom Himmel; er loderte wie eine Fackel und fiel auf ein Drittel der Flüsse und auf die Quellen. Der Name des Sterns ist ›Wermut‹. Ein Drittel des Wassers wurde bitter, und viele Menschen starben durch das Wasser, weil es bitter geworden war.«

Tschernobyl ist das ukrainische Wort für Wermut. Darum glauben nun einige Menschen, daß es sich bei der Reaktorkatastrophe vom 26. April 1986 um ein in der Bibel prophezeites Ereignis aus der Endzeit handelt, einen Hinweis auf die unmittelbar bevorstehende Apokalypse. Angesichts der momentan herrschenden Stimmung erscheint die Verbreitung einer solchen Theorie alles andere als außergewöhnlich; bei genauerer Beschäftigung mit der Materie kommt man sogar unweigerlich zu dem Schluß, daß es sich bei populären Auslegungen der Offenbarung um eine Art neuen Volkssport unter (Amateur-) Theologen handelt. Laut der Anti-Sekten-Organisation *Cult Awareness Network* gibt es alleine in den USA 900 Kultgruppen, die den Weltuntergang predigen und sich auf die Offenbarung berufen – selbstverständlich jede mit eigenen Interpretationen des Bibeltextes.

Allein zu 8,10–11 gibt es deren mehrere, die sich in der Identifizierung des Sterns ›Wermut‹ und der Frage, wann er fiel bzw. fallen wird, aufs heftigste widersprechen. Handelt es sich bei ›Wermut‹ um den als ›Todesstern‹ bekannten Asteroiden, der angeblich im September 2000 auf der Erde einschlagen soll (oder sie zumindest ›nur *ganz knapp*‹ verfehlen wird), oder vielleicht doch eher um den riesigen Kometen ›Swift-Tuttle‹, der dies laut ›Experten‹ erst Anno Domini 2126 tun könnte? Ist ›Wermut‹ der neu entdeckte Komet ›Machholz 2‹, der, ähnlich wie ›Shoemaker-Levy 9‹ auf den Jupiter, mit Trümmern von ein bis vier Kilometern Durchmesser auf die

Erde stürzen könnte? Handelt es sich gar um die neuen Planetenmeteore (sic!) ›Typhon‹ und ›Colison‹ (angeblich der Stern von Bethlehem), über deren Existenz die Astronomen der Erde und die NASA sich begreiflicherweise noch ausschweigen, von deren Entdeckung und apokalyptischem Potential – beide befinden sich auf Kollisionskurs mit der Erde – man aber jetzt schon weltexklusiv in dem Blatt *Stern der Endzeit* lesen konnte?

Von beinahe jedem der in der Offenbarung beschriebenen endzeitlichen Ereignisse und Omen gibt es eine oder mehrere zeitgenössische Deutungen, die oft einer gewissen unfreiwilligen Komik nicht entbehren. Doch auch noch die bizarrsten Theorien finden zur Zeit glühende Verfechter. Aus Deutschland stammt die These, daß es sich bei dem Lamm, das durch das Öffnen des siebenfach versiegelten Buches den Anbruch der letzten Tage unwiderruflich in Gang setzt, um ›Dolly‹ handelt, jenes im Frühjahr 1997 von schottischen Wissenschaftlern geklonte Schaf, das weltweit für Schlagzeilen sorgte (altmodische Interpretationen sehen in dem Lamm Jesus Christus). Den in der Offenbarung beschriebenen Zustand, daß nur noch diejenigen kaufen und verkaufen dürfen, die das Zeichen des Tieres an der Hand tragen, sehen nun einige Interpreten des Textes durch die Verbreitung von Kreditkarten gegeben, andere glauben, mit jenem Zeichen seien die seit dem Ersten Weltkrieg gebräuchlichen Armbanduhren gemeint. Eine der Plagen, die laut der Offenbarung über uns kommen werden, um die Sünder zur Umkehr zu bewegen, kommt in Form eines Schwarms von Heuschrecken, der aus dem Abgrund aufsteigen und die Menschheit bis aufs Blut quälen, jedoch nicht töten wird. Aus den Reihen derer, die sich mit Entführungen durch Außerirdische befassen, stammt die These, daß es sich bei den Heuschrecken nur um die Greys mit ihren großen Insektenaugen handeln kann, die bekanntermaßen gerade wie eine Plage über die Menschheit herfallen.

Laut Donna ›Kooks‹ Kossy handelt es sich bei der Offenbarung des Johannes um den am häufigsten und radikalsten mißverstandenen Text überhaupt. Der Titel des letzten Buches der Bibel, ›Offenbarung‹ oder ›Apokalypse‹ (gr.: apokálypsis – Enthüllung), stammt von dem Autor selbst, der sich einfach nur ›Knecht Johannes‹ nennt. Dieser ist wohl nicht, wie man noch bis ins vorige Jahrhundert annahm, mit dem Verfasser des Johannes-Evangeliums identisch. Aus dem Text selbst läßt sich schließen, daß es sich bei diesem um einen bewanderten Theologen judenchristlicher Herkunft handeln muß, dem sowohl die außerbiblischen jüdischen Offenbarungsschriften als auch das Alte Testament vertraut waren. In jenem findet sich auch die bekannteste alttestamentarische Apokalypse, das Buch Daniel, welches in der ersten Hälfte des 2. Jahrhunderts v. Chr. zur Zeit der Religionsverfolgungen durch den Syrerkönig Antiochos IV. Epiphanes verfaßt wurde. Auch die Offenbarung des Johannes, die erste eigenständige christliche Apokalypse, entstand aus einer konkreten politischen Situation heraus. Unter Domitian, der sich mit ›Herr und Gott‹ anreden ließ, erreichte der römische Kaiserkult am Ende des 1. Jahrhunderts n. Chr. Ausmaße wie zuletzt unter Nero. Speziell die römische Provinz Asien war von den damit einhergehenden Christenverfolgungen schwer betroffen. Es war bereits früh abzusehen, daß sich Rom in einen entsetzlichen Blutrausch hineinsteigern würde. Das theologische Ziel des Johannes war es, die Frommen in ihrer beginnenden Bedrängnis für das bevorstehende Martyrium zu stärken, zum einen durch den tröstlichen Ausblick auf die Wiederkehr Christi, zum anderen durch Vorbereitung auf die zu erwartenden Qualen und Greuel, welche diesem Ereignis vorausgehen würden.

Johannes beginnt die Offenbarung mit der Schilderung einer Christusvision, die er auf der Insel Patmos hatte. In dieser beauftragt ihn Jesus mit der Abfassung des Textes. Dies steht in der Tradition der älteren Apokalypsen, die ebenfalls durch Schauen und Hören himmlischer Botschaften vermittelt wurden. Auf diese Vision folgen die Sendschreiben an die von den Christenverfolgungen besonders betroffenen sieben kleinasiatischen Gemeinden, die jedoch gleichzeitig die gesamte Kirche vertreten, da Sieben die symbolische Zahl der Ganzheit und Vollkommenheit ist. Der Hauptteil schildert dreimal je sieben aufeinanderfolgende Visionen, von denen jede eine Plage beschreibt. Wie die anderen Apokalypsen, verwendet die Offenbarung zur Schilderung dieser Auditionen und Visionen Bilder, Symbole und allegorische Szenen, die nicht ohne weiteres verständlich sind. Auf diesen Umstand gründet sich das breite Mißverständnis des Buches; noch dazu erscheinen die bizarren Szenen dem Menschen der Gegenwart, dem das intuitive Verständnis der verwendeten Bildersprache weitgehend verlorenging, noch viel befremdlicher als dem Zeitgenossen des Autors. Auf die Beschreibung des Kampfes Satans gegen das Volk Gottes folgt das Gericht über Babylon und dessen Untergang. Daraufhin wird Satan überwältigt, gebunden und für 1000 Jahre im Abgrund gefangengesetzt. Auf Erden kommt es in dieser Zeit zur 1000jährigen Herrschaft des himmlischen Christus und der Märtyrer, dem Millennium. Am Ende des Millenniums steht der endgültige Sieg über die Schlange, am Jüngsten Tag kommt es zum Gericht über alle Toten. Höhepunkt des Dramas um das Weltende ist die Schilderung der neuen Schöpfung, des himmlischen Jerusalem und der ewigen Gottesherrschaft.

Die Offenbarung des Johannes entstand unter deutlich anderen Umständen als die seiner Vorgänger. Im Gegensatz zu den Autoren der alttestamentarischen Apokalypsen, für die Gottes Sieg in einer ungewissen Zukunft lag, hat dieser für Johannes mit der Auferstehung Christi bereits begonnen. Er konnte somit aus der Überzeugung heraus schreiben, daß das Ziel der Geschichte nur noch die Vollendung und volle Offenbarung dieses Sieges sein kann.

Die Offenbarung ist die große (und einzige) prophetische Schrift des Neuen Testaments, was jedoch nicht bedeutet, daß sie geschichtliche Ereignisse oder den exakten Ablauf der Endzeit voraussagen will. Johannes ging es vielmehr darum, in metaphorischem Sinn Wahrheiten über das Schicksal der Kirche und der ungläubigen Menschheit zu verkünden, um dadurch in den Frommen die Bereitschaft zum nicht mehr abwendbaren Martyrium zu stärken und gleichsam tröstendes wie mahnendes Zeugnis seines eigenen unerschütterlichen Glaubens an den Sieg Christi und seiner Getreuen abzulegen.

Im Neuen Testament (1. Brief des Johannes 2, 18 und 22; 4, 3; 2. Joh. 7) findet sich die Vorstellung eines Antichristen, eines Widersachers Christi. Sein Auftreten erwartete man zu Beginn der Endzeit, die die Wiederkunft Christi einleitet. So verstand man dann auch eine der zentralen Figuren der Offenbarung, das ›große Tier 666‹, als Antichristen. Über die Zahl 666 wurde viel spekuliert. Da sowohl im Griechischen wie im Hebräischen Buchstaben auch als Ziffern dienen, ist es möglich, den Zahlenwert der Buchstaben eines Namens zu addieren. Da man sich dabei verschiedener Methoden bedienen kann, ist nicht zweifelsfrei zu rekonstruieren, auf wen sich dieser Zahlenwert bezieht. Es liegt jedoch nahe, daß analog zu der Kodierung von Rom als ›Babylon‹ mit 666 der Christenhasser Nero gemeint war. Einer anderen, kabbalistischen Deutung zufolge handelt es sich bei 666 um die Spiegelzahl von 999, der Zahl des Menschensohnes. (In diesem Zusammenhang lesenswert ist auch Robert Heinleins Roman THE NUMBER OF THE BEAST, dt.: DIE ZAHL DES TIERS.)

Teilweise wörtlich und teilweise im übertragenen Sinne eines personifizierten Bösen, eines Teufels in Menschengestalt, vermeinte man oft den Antichristen in grausamen Herrschern zu erkennen.

In frühchristlicher Zeit nannte man so Domitian, den ›auferstandenen Nero‹, und den Syrerkönig Antiochos IV. Epiphanes. Es kam in allen Epochen des Christentums zu Versuchen, das Geheimnis des Antichristen zu entschlüsseln und diesen zu identifizieren. Der Dominikanerprior Savonarola bekämpfte Papst Alexander VI., den ›Nero der Kirche‹, als solchen, wohingegen Martin Luther in seiner Kampfschrift ›Wider das Papsttum zu Rom, vom Teufel gestiftet‹ kurzerhand alle Päpste zu Antichristen erklärte.

In unserem Jahrhundert vermeinte man den Antichristen in Diktatoren wie Hitler oder Stalin zu erkennen, die Zeugen Jehovas haben die UNO als diesen bezeichnet.

In jüngerer Vergangenheit kam es zu dem Novum, daß sich eher exzentrische Naturen selbst mit dem Antichristen identifizierten, allen voran natürlich der Okkultist Aleister ›The Great Beast 666‹ Crowley. Aber auch die notorischen Rabauken Friedrich ›Ich bin der Antichrist‹ Nietzsche und Johnny ›I am an Antichrist‹ Rotten sowie Familienvater Charlie ›I am the Beast‹ Manson und der Magier und Raketenforscher John Whiteside Parsons, der im OTO zeitweilig unter dem Ordensnamen ›Belarian Armiluss Al Dajjaj Antichrist‹ firmierte, hatten diesbezügliche Ambitionen.

In »Maranatha« nennt sich der Täuscher der Menschheit Sergei Stepanovich Senin – **S**echs **S**echs **S**echs –, und seine offizielle Aufgabe ist es, aus Rußland ausgeführte Ikonen zurückzuholen, vermutlich um diese zu vernichten. Dies ergibt durchaus einen Sinn, denn Ikonen sind in der Vorstellung des orthodoxen Christentums keine reinen Repräsentationen, sondern haben in einer *participation mystique* selbst am Göttlichen teil. Die Differenz zwischen dem Abbild und dem Abgebildeten ist ungleich viel kleiner als etwa bei den Heiligenbildern des Katholizismus, ihr ideeller metaphysischer Wert ist ungleich viel höher.

Die Zahl des Tieres wird augenzwinkernd im Showdown von »Maranatha« zitiert, als auf der Unterseite des abhebenden Helikopters das Rufzeichen ›E666‹ sichtbar wird. Levani Outchaneichvili als Japontschick verkörpert die mythologische Figur überzeugend (wie auch schon den unheimlichen Künstler John Mostow in der X-FILES-Episode »Groteske«). An diabolischer Ausstrahlung steht er seinen Kollegen in der OMEN-Serie, SPEAK NO EVIL, ARMAGEDDON 2000 und dem teuflischen Nachwuchs in ROSEMARY'S BABY in nichts nach.

MLM-121 Paper Dove

Erstausstrahlung USA: 16.5.1997
Drehbuch: Walon Green und Ted Mann
Regie: Thomas Wright
Gaststars: Mike Starr (Henry Dion), Ken Pogue (Tom Miller), Maxine Miller (Justine Miller), Barbara Williams (Dawn), Michael St. John Smith (Gil), Angela Donahue (Amy Lee Walker), Todd Waite (Agent Kane), Frank Cassini (Agent Devlin), Arlen Jones (Agent Emmerich), Linda Sorenson (Marie France Dion), Judy Norton (Carol Scammel), Noah Dennis (Nick Scammel), Mitch Davies (Rick Scammel), William Nunn (C. R. Hunziger), Doris Chilcott (Adele Hunziger), Eric Breker (Malcolm Hunziger), Garry Davey (Ranger Chet), Brenda McDonald (Mrs. Steinberg), Paul Raskin (The Figure)

»And now there is merely silence,
silence, silence saying
All we did not know.«

(Und fortan nur Schweigen, Schweigen; ein Schweigen,
das alles sagt, was bislang wir nicht kannten.)

William Rose Benet

Inhalt: Hagerstown, Maryland. Eine Frau, Amy Lee Walker, kommt mit mehreren Tüten im Arm aus einem Lebensmittelgeschäft und geht zu ihrem Auto. Dabei kommt sie auch an einem älteren Van vorbei, in dem ein nur mit einer Unterhose bekleideter Mann, Henry Dion, sitzt, Musik bei voll aufgedrehter Lautstärke hört und Amy beobachtet. Als sie losfährt, startet auch er seinen Wagen und folgt ihr unauffällig. Zu Hause angekommen, stellt Amy die Alarmanlage ab und beginnt die Lebensmittel in der Küche auszupacken. Als sie hört, wie die Eingangstür geöffnet wird, ist sie sicher, daß ihr Ehemann von der Arbeit kommt, und sie fängt an, ihm von ihrer Planung für den Abend zu erzählen. Dann dreht sie sich um und stellt fest, daß nicht ihr Mann, sondern Henry Dion, nun mit Gummistiefeln und Gummilatzhose bekleidet, vor ihr steht.

Etwa zur gleichen Zeit kommen Frank, Catherine und Jordan in einem Vorort von Arlington, Virginia, an. Sie wollen zusammen mit Catherines älterer Schwester Dawn und ihrem Ehemann Gil eine Woche Urlaub bei Catherines Eltern, Justine und Tom Miller, machen – eine Woche, in der Frank einmal seine Arbeit ganz hinter sich lassen und nur für die Familie dasein soll.

Ein mysteriöser Mann, der seine Augen hinter einer dunklen Sonnenbrille verbirgt, hält mit seinem schwarzen Sportwagen vor der Garage Dions, der gerade seine Camping-Ausrüstung in den Van lädt. Henry geht zu dem Mann, der in seinem Auto sitzen bleibt, und bedankt sich bei ihm dafür, daß er ihm geholfen hat, Amy Lee Walker zu entdecken. Der andere sagt nur, daß er wollte, daß der Mord geschieht, solange Frank Black in der Nähe ist. Etwas später ist Dion mit seinem Wagen unterwegs zu einem Campingplatz in den Appalachen, der jetzt im Frühjahr noch wenig besucht ist. Während der ganzen Fahrt spricht er zu der in einen Teppich eingerollten Leiche Amy Lee Walkers, als sei sie eine ganz normale Partnerin und Zuhörerin.

Als Frank sich abends in der Küche seiner Schwiegereltern einen Kakao macht, spricht ihn Tom an und erzählt ihm von einem befreundeten Ehepaar, C. R. und Adele Hunziger. Vor vier Jahren wurde deren Sohn Malcolm wegen Mordes an seiner Frau verhaftet und zu lebenslanger Haft verurteilt. In der Zwischenzeit ist C. R. unheilbar an Bauchspeicheldrüsenkrebs erkrankt, und obwohl er nicht mehr lange zu leben hat, weigert er sich strikt, noch einmal seinen Sohn zu sehen. Anders als er ist seine Frau fest davon überzeugt, daß Malcolm seine Frau nicht getötet hat. Als Frank die Hunzigers besucht, um C. R. zu sagen, daß er einen Besuch Malcolms bei seinen Eltern aufgrund der Situation ohne Probleme organisieren könne, bestreitet C. R., einen Sohn zu haben. Bevor Frank das Haus der Hunzigers verläßt, spricht ihn Adele an, gibt ihm die

Prozeßakten ihres Sohnes und bittet Frank, nach Beweisen für Malcolms Unschuld zu suchen. Frank geht auf diese Bitte ein und besucht nach der Lektüre der Akten Malcolm im Gefängnis. Auf der Basis dieses Gesprächs und des Prozeßmaterials erstellt er ein Profil Malcolms, in dem nichts darauf hinweist, daß dieser in der Lage gewesen wäre, seiner Frau den Kehlkopf herauszuschneiden und sie damit zu töten. Daraufhin wendet Frank sich an einige seiner ehemaligen Kollegen beim FBI, die Spezialagenten Kane, Devlin und Emmerich, und bittet sie um die Akten aller Fälle, die gewisse Ähnlichkeiten zu dem Mord an Malcolms Ehefrau aufweisen. Nach der Durchsicht dieser Akten kommt Frank zu dem Schluß, daß der Mord an Hunzigers Frau die erste Tat eines Serienkillers war, der seitdem vier weitere Frauen in den umliegenden Staaten getötet hat. Obwohl er sich während ihres Aufenthalts im Osten eigentlich nur Catherine und Jordan widmen wollte, bricht Frank nun zu einem Nationalpark auf, in dem die Leiche der ersten Frau gefunden wurde. Von dem zuständigen Ranger erfährt er, daß die Leiche aufgrund eines anonymen Anrufs entdeckt wurde. Frank ist sich sicher, daß der Anrufer auch der Mörder ist. Kurz darauf erhält die für den Meherrin National Park zuständige Polizei einen anonymen Hinweis, daß im Park die Leiche von Amy Lee Walker versteckt liegt.

Henry Dion, der noch bei seiner überdominanten Mutter Marie France, einer Frankokanadierin, die scheinbar nie aufhört zu reden, lebt, arbeitet freiberuflich als Kranken- und Altenpfleger. Während er eine verwirrte ältere Frau versorgt, ist auch sein mysteriöser Freund mit der Sonnenbrille anwesend. Henry spricht ganz offen über Amy Lee Walker und zeigt dem anderen Polaroids, die er von sich und der Toten gemacht hat. Im Gegenzug erhält Henry von ihm einen Umschlag, der Fotos von verschiedenen jungen Frau enthält. Auf einem von ihnen sind Catherine und Jordan auf einem Spielplatz in Arlington zu sehen. Als sein Freund gegangen ist, sieht Henry einen Fernsehbericht, aus dem hervorgeht, daß die Leiche von Amy Lee Walker nicht gefunden wurde und daß das FBI davon

Wo ist Catherine Black?

überzeugt ist, daß ihr Entführer und Mörder ein geistig minderbemittelter Homosexueller sei. Diese Meldung regt Henry so sehr auf, daß er sofort beim FBI anruft und in einer wahren Tirade eine Schreckensherrschaft seinerseits und weitere Morde in den ganzen Vereinigten Staaten ankündigt. Dem FBI gelingt es, den Anruf zu Henrys Patientin zurückzuverfolgen. Als Frank und die FBI-Agenten dort ankommen, hat eine Krankenschwester Henrys Dienst übernommen. Sie teilt den Beamten Dions Adresse mit. Sie finden ihn zusammen mit seiner von ihm ermordeten Mutter in deren Haus und verhaften ihn. Malcolm Hunziger wird aus dem Gefängnis entlassen und kehrt zu seinen Eltern nach Hause zurück. Bevor Frank, Catherine und Jordan wieder nach Seattle fliegen, besuchen sie die Hunzigers noch. Die überaus glückliche Adele schenkt Jordan eine aus Papier gefaltete Taube.

Wieder in Seattle auf dem Flughafen angekommen, geht Frank mit Jordan zum Auto, während Catherine noch auf das Gepäck wartet. Als Frank mit dem Wagen vor der Flughafenhalle vorfährt, ist Catherine nirgends zu sehen. Er läuft in die Halle. Seine Frau ist verschwunden, auf dem Boden liegt die Origami-Taube, und auf dem ansonsten leeren Gepäckband kreisen ihre Koffer und Taschen.

Fortsetzung folgt …

Kommentar: In der letzten Folge der ersten Staffel wird ganz am Ende die Befürchtung Wirklichkeit, die einen alle 22 Folgen lang begleitet hat: Franks Hoffnung auf Sicherheit für seine Familie war vergeblich. Catherine ist nun selbst zum Opfer eines Serientäters geworden – zumindest ist dies die am nächsten liegende Erklärung für ihr Verschwinden auf dem Flughafen von Seattle und Tacoma. Vor dem Verschwinden seiner Frau, das den Staffel-*cliffhanger* bildet, mit dem man eigentlich von der ersten Episode an rechnen mußte und der im Gesamtkontext von MILLENNIUM praktisch unausweichlich war, liegt eine Geschichte, die noch einmal all die Serienkiller-Motive der Serie variiert und zugleich weitere Hinweise auf den großen, hinter den einzelnen Fällen stehenden Weltentwurf gibt.

DIE SEELE DES MÖRDERS, die Autobiographie des FBI-Agenten John Douglas, der das Programm des FBIs zur Erklärung von Serienmorden und -vergewaltigungen mitbegründet und entscheidend geprägt hat, der auch eine Art von Vorbild für die Figur von Frank Black ist, bildet so ziemlich bei allen Episoden von MILLENNIUM, in denen es um die Ergreifung von Serienmördern geht, den faktischen Hintergrund. Douglas' Ausführungen über ›die Seele des Mörders‹ und die Vorgehensweise bei der Erstellung von Täterprofilen waren ganz sicher die Pflichtlektüre aller Autoren der Serie. Doch in ganz wenigen Folgen wird so direkt auf dieses bereits zum Standardwerk gewordene *true crime*-Buch Bezug genommen wie in »Paper Dove«. Allein schon das erste Gespräch zwischen Frank und den drei FBI-Agenten Kane, Devlin und Emmerich wirkt wie ein Kompendium der Fragen, mit denen sich *profilers* beschäftigen müssen. Emmerichs Äußerung, daß Hunziger kein Verlierer sei, »der ins Bett genäßt und seinen Osterhasen gequält hat«, ist eine hier schon ironisch verwendete Anspielung darauf, daß eben die meisten Serienmörder in ihrer Kindheit Bettnässer waren und kleine Tiere mißhandelt und getötet haben. (Überhaupt umgibt Franks Gespräche mit seinen Kollegen eine gewisse Ironie, wenn man bedenkt, daß die Macher von ID4 Dean Devlin und Roland Emmerich heißen.) Sein weiterer Einwurf gegen Franks Profil, daß nicht jeder Mann, der seine Frau tötet, ein Serientäter ist, weist dabei auf ein zentrales Problem bei der Erstellung von Täterprofilen hin. Jeder ermittelnde Beamte muß bei einem Mord, bei dem es Hinweise am Tatort gibt, daß dies vielleicht die (erste) Tat eines Serienmörders sein könnte, abwägen, ob dies eine Richtung ist, in die er weiter bei seiner Arbeit gehen will, oder ob es nicht doch ein ganz gewöhnliches häusliches Verbrechen ist. Im Falle Malcolm Hunzigers waren sich alle ermittelnden Beamten einig, daß es sich um einen quasi typischen Mord an der Ehefrau handelt, und haben dabei die entscheidenden Aspekte der Tat übersehen. Auch die weiteren Unterhaltungen zwischen Frank und den Agenten sind ganz deutlich von der Fachsprache des FBI, wie sie Douglas und auch andere Autoren darlegen, geprägt. So hat in einem Gespräch über die Taten des ›Big Woodsman‹ (den Namen hat das FBI Dion gegeben) die Unterscheidung zwischen Modus operandi und ›Handschrift‹ eine zentrale Bedeutung. Der Hintergrund hierfür ist die Erkenntnis von forensischen Psychologen und *profilers*, daß in einer Mordserie der Modus operandi sehr wohl häufiger wechseln kann, es aber immer ein Element gibt, das Teil eines jeden Mordes dieses einen Täters ist und das mit dem Begriff ›Handschrift‹ bzw. im Amerikanischen mit *signature* bezeichnet wird. Dions Handschrift ist es, daß er jedem seiner Opfer den Kehlkopf zerstört, so daß sie nicht mehr sprechen können.

Von allen Serienkillern, die in MILLENNIUM vorkommen, ist Henry Dion der, der am deutlichsten an einen realen Mörder angelehnt worden ist. Walon Green und Ted Mann, die Drehbuchautoren von »Paper Dove«, und ihr Regisseur Thomas J. Wright haben die Figur des ›Big Woodsman‹ ganz offensichtlich nach dem Vorbild Edmund Emil Kempers, des ›Riesen von Santa Cruz‹, gestaltet, der 1972/73 in der Umgebung der Universität von Santa Cruz zunächst eine Schülerin und fünf Studentinnen, dann in einem wahren Rausch der Gewalt seine Mutter und zuletzt eine ihrer Freundinnen getötet und sich einige Tage später selbst gestellt hat. Schon alleine durch die Wahl Mike Starrs für den Darsteller Dions etablieren die Macher der Episode eine gewisse Nähe zu Kemper, dem vielleicht intelligentesten unter den bekannten Serienmördern. Starrs massige Figur und seine Körpergröße – er ist weit mehr als einen Kopf größer als seine Mutter und überragt auch seinen Freund, der in den *credits* nur ›the Figure‹ (die Figur) heißt, klar – machen auch Dion zu einer Art von ›Riesen‹. Aber neben dieser rein äußerlichen Ähnlichkeit gibt es auch noch viel weiter reichende Parallelen zwischen Dion und Kemper. Die Morde des ›Riesen von Santa Cruz‹ richteten sich alle gegen seine extrem dominante Mutter, die ihn von klein auf nur angeschrien und ihm gesagt hat, er sei wertlos. Mit den Mädchen, die beinahe alle den Typ des *all Californian girl* und damit die gesellschaftlichen Ideale seiner Mutter verkörperten, tötete er symbolisch die Welt, zu der er nach den Äußerungen seiner Mutter nie gehören würde. Den Haß auf die Frau, die sein Leben zur Qual gemacht hatte, reagierte er in den Morden, die Ersatzhandlungen waren, ab. Insofern war der Mord an der Mutter konsequenterweise der Höhepunkt seiner Verbrechensserie und der Ausgangspunkt dafür, daß er sich dann selbst der Polizei gestellt hat. Auch Dion tötet in den Frauen, die er entführt, seine Mutter, nur geht er durch die Auswahl von jungen Ehefrauen dabei noch viel direkter vor als Kemper. Daß er ihnen den Kehlkopf zerstört, sie zum Schweigen bringt, hat allerdings eine doppelte Bedeutung. Zum einen bringt er damit symbolisch seine Mutter zum Verstummen, zum anderen schafft er sich Zuhörer, die gar keine Chance haben, ihn durch eigenes Sprechen daran zu hindern, sich alles von der Seele zu reden. Auch wenn Dion – anders als Kemper – die Leichen der Frauen nicht weiter verstümmelt und sie auch nicht für seine sexuelle Befriedigung nutzt, verbindet den realen und den erfundenen Serienmörder doch einiges bei ihrem Umgang mit den Körpern der Toten. Beide haben jeweils für eine gewisse Zeit die Nähe der Leichen gesucht, sie zu ihren ›Partnerinnen‹ gemacht, und wie Dion in »Paper Dove«, so hat auch Kemper in der Realität Polaroidaufnahmen der Leichen gemacht und als Trophäen gesammelt. Dions Mord an seiner Mutter orientiert sich ebenfalls teilweise an der Tat Kempers, der aus der Leiche der Mutter den Kehlkopf herausgeschnitten und ihn dann in den Müllschlucker geworfen hat. Als Frank und die FBI-Agenten in das Haus von Dion kommen, sitzt er neben der Leiche Marie Frances' auf dem Küchenboden, im Hintergrund hört man den Müllschlucker arbeiten. Was da gerade zerstückelt wird, läßt sich unschwer erraten. Selbst Dions Drohungen bei seinem Anruf beim FBI, daß er eine Herrschaft des Schreckens etablieren werde, weisen gewisse Ähnlichkeiten zu Äußerungen Kempers auf. So zitiert Stéphane Bourgoin in seiner Abhandlung über ›Serienmörder‹ folgende Aussage des ›Riesen von Santa Cruz‹: »Ich wollte den Behörden von Santa Cruz etwas vorführen. Ihnen beweisen, daß mit mir nicht zu spaßen war, daß sie es wirklich mit einem Monster zu tun hatten. Ich hatte Lust, alle meine Nachbarn zu vernichten, ein Dutzend Familien.« (Bourgoin, S.171)

Als Frank sich mit den FBI-Agenten trifft, erkundigen sie sich auch nach der *Millennium Group* und ihrer Erklärung für den extremen Anstieg der Gewalttaten in den Vereinigten Staaten.

Devlin: »Im Ernst, stimmt es, daß einige euerer Leute [gemeint ist die Gruppe] glauben, daß die Ursache [für die Gewalt] die Existenz eines größeren Bösen sei?«

Kane: »Nun, für mich klingt das fast nach einer religiösen Sache.«

Frank: »Ja, einige Leute haben diesen Glauben.«

Die Existenz einer Macht des Bösen deutet sich in MILLENNIUM immer wieder an. Sei es wie in »The Judge« durch die Vermutung, daß ›der Richter‹ kein Einzeltäter ist, oder wie in ›Lamentation‹, »Powers …« und »Maranatha«, in denen Kräfte am Werk sind, die jenseits unserer menschlichen Existenz liegen. In »Paper Dove« bestätigt sich nun ziemlich eindeutig die von Anfang an bei der Serie mitschwingende Vermutung, daß es eine Gegenkraft zur *Millennium Group* gibt, die ganz direkt Einfluß auf Verbrechen nimmt. Henry Dion wählt sich seine Opfer nicht alleine aus. Er wird dabei von seinem rätselhaften Freund, ›der Figur‹, unterstützt, der ihn mit Fotos von Frauen versorgt, aus denen Henry sich dann die für ihn richtige aussucht. So wird Dion zu einem Werkzeug ›der Figur‹, und seine Taten stehen nicht mehr für sich allein, sondern fügen sich in ein größeres Ganzes ein, über das wir hier allerdings noch nichts erfahren. ›Die Figur‹ ist auch der Mann, der indirekt

Auf Wiedersehen, Mr. Black!

Franks Leben kontrolliert und ihm zunächst in Washington, dann in Seattle heimlich gemachte Polaroids von Catherine und Jordan geschickt hat. Aus seinen Äußerungen Dion gegenüber geht dabei hervor, daß er über alle wichtigen Schritte im Leben Franks bestens unterrichtet ist. Dieses genaue Wissen über Frank auf der einen Seite und die Andeutungen von ›dem Richter‹ und von Al Pepper, die wiederum über die Fotos Bescheid zu wissen scheinen, auf der anderen Seite zwingen einen eigentlich schon zu der Annahme, daß ›die Figur‹ nicht allein arbeitet, sondern Teil einer größeren, mächtigeren Organisation ist, für die die Person Frank Blacks eine sehr große Bedeutung hat. Wahrscheinlich ist auch ›die Figur‹ genauso wie Dion nur ein Werkzeug, ein kleines Rädchen in einer riesigen Maschinerie, die in der ersten Staffel von MILLENNIUM noch nicht mehr als ein bedrohlicher Schemen ist, der über mehreren Episoden liegt. Auch ein Dialog zwischen Dion und der ›Figur‹ weist auf die Existenz eines umfassenderen Plans hin:

Henry (kopfschüttelnd, nachdem er die Fotos betrachtet hat, die ihm ›die Figur‹ gegeben hat): »Zu schade. Aber die sind nicht richtig. Ich kann eine Zuhörerin sofort erkennen.«

›Figur‹: »Behalte sie. Man kann nie wissen.«

Henry: »Sie werden für irgend jemand anderen funktionieren.«

›Figur‹: »Ja, es gibt immer irgend jemanden.«

In diesen Bemerkungen deutet sich an, daß ›die Figur‹ mit mehr als nur einem Serientäter in Verbindung steht. Dies würde dann bedeuten, daß dieser Mann oder eher die hinter ihm stehende Macht einen Teil der oder sogar alle in Amerika tätigen Serienmörder kontrolliert und lenkt. Das Amerika von MILLENNIUM scheint eines aus dem Geiste des Verschwörungstheoretikers Michael Anthony Hoffman zu sein, der davon ausgeht, daß hinter den Taten mehrerer Sexualverbrecher und Serientäter eine mächtige Gruppe von Menschen steht, die die Vergewaltigungen und Morde als Teil eines großen sexualmagischen Rituals initiieren. Sollten sich diese Vermutungen in bezug auf MILLENNIUM bestätigen, dann wäre das Herzstück der Serie eine noch monströsere und bedrohlichere Verschwörung als die, die einen großen Teil des X-FILES-Universums ausmacht.

Da MILLENNIUM von den Zuschauerzahlen in Amerika her nicht der erwartete Erfolg war, ist die Zukunft der Serie noch relativ ungewiß. Es hat schon die wildesten Gerüchte über Veränderungen gegeben, die sie publikumsfreundlicher machen soll. Aber aufgrund der schwierigen Situation ist noch nicht klar, in welche Richtung sie sich weiterentwickeln wird. Möglichkeiten, die direkt aus den Geschichten der ersten Staffel erwachsen, sind auf jeden Fall genügend vorhanden. Und der ursprüngliche Plan Chris Carters, daß »Paper Dove« der erste Part eines Dreiteilers sein soll, legt die Vermutung nahe, daß sich – zumindest nach seinen Vorstellungen – in der zweiten Staffel das größere Bild hinter den einzelnen ›kleinen‹ Geschichten deutlicher offenbaren soll.

Bibliographie

Die Bibel. Altes und Neues Testament. Freiburg: Herder 1980, Stuttgart: Deutsche Bibelgesellschaft: 1982

Lexikon des Internationalen Films. Hamburg: Rowohlt 1987

Asholt, Wolfgang und Fähnders, Walter (Hrsg.): Fin de siècle. Erzählungen, Gedichte, Essays. Stuttgart: Reclam 1993

Black, Joel: The Aesthetics of Murder. A Study in Romantic Literature and Contemporary Culture, Baltimore/London: The John Hopkins University Press 1991 (in der Reihe: Parallax. Re-Visions of Culture and Society, hrsg. von Stephen G. Nichols u. a.)

Bourgoin, Stéphane: Serienmörder. Pathologie und Soziologie einer Tötungsform. Aus dem Frz. übersetzt von Holger Fock. Reinbek: Rowohlt 1995

De Quincey, Thomas: Der Mord als eine schöne Kunst betrachtet. Frankfurt: Insel 1977

Douglas, John und Olshaker, Mark: Die Seele des Mörders. 25 Jahre in der FBI-Spezialeinheit für Serienverbrechen, aus dem Amerikanischen übersetzt von Jörn Ingwersen. Hamburg: SPIEGEL-Buchverlag & Hoffmann und Campe 1996

Dwyer, Simon (ed.): Rapid Eye 1. Darin: Wilson, Colin: Sex, Crime and the Occult. London: Creation 1995

ders.: Rapid Eye 2. Darin: Ian Blake: Twilight Language. Numerology and Serial Killers. London: Creation 1995

Farin, Michael und Schmid, Hans (Hrsg.): Ed Gein. A Quiet Man. München: Belleville 1996

French, Karl (ed.): Screen Violence. London: Bloomsbury 1996. Darin: Brite, Poppy Z.: The Poetry of Violence

Gasper, Hans und Valentin, Friederike (Hrsg.): Endzeitfieber. Apokalyptiker, Untergangspropheten, Endzeitsekten. Freiburg: Herder 1997

Hand, Elizabeth: Millennium. The Frenchman. New York: Harper Prism 1997

Jones, Stephen (ed.): Clive Barker's A–Z of Horror. New York: HarperCollins 1997

Krausser, Helmut: Mai – Tagebuch des Mai 1992. München: Belleville 1992

McCarty, John: Movie Psychos and Madmen. Film Psychopaths from Jekyll and Hyde to Hannibal Lecter, New York: Citadel Press 1993

Meierding, Gabriele: Psychokiller. Massenmedien, Massenmörder und alltägliche Gewalt. Reinbek: Rowohlt Taschenbuch Verlag 1993

Newman, Kim: Nightmare Movies. A Critical History of the Horror Movie from 1968, London: Bloomsbury 1988

Parr, Andrea und Seidl, Claudius: Gnadenlos glücklich. Das süße Leben um die 30, München: dtv 1995

Pruett, James (ed.): Book of Angels. Plymouth: Caliber Comics 1997
Schifferle, Hans: Die 100 besten Horror-Filme. München: Heyne 1994
Schneider, Inge: Countdown Apokalypse. Hintergründe der Sektendramen. Bern: Jupiter 1995
Werner, Helmut: Lexikon der Esoterik. Wiesbaden: Fourier 1991
Wilson, Colin und Seaman, Donald: The Serial Killers. A Study in the Psychology of Violence. London: W H Allen 1990

Verwendete Periodika:
Cinefantastique, Cinescape, Cult-TV, Dream Watch, Esotera, Fangoria, Fortean Times, Magazin 2000, Sci-Fi Entertainment, sci-fi Invasion, Shivers, Sight and Sound, Space View, Splatting Image, Starburst, Starlog, Television, TV Highlights, TV Media, TV Spielfilm, TV Zone, Variety, Der Wachturm, Wrapped in Plastic, The X-Files Magazine, Xposé

Vielen Dank an:

Christian Lukas, Nicole Maly, Andrea Gollnow, Gerda Westphal, Roland Heep, Jörg Alberts, Uschi Steingass, Andy Miller, Claudia Kern, Sinje und Sabine Hofmann, Heiko und Ursula Krick, Georg Dehn, Kay Kirchmann, Ralf Möller, Henry Lee Goetze, Charlie Jonitz, Fritz Hanne, Ed Hedwig, Jack the Schellack, Maria Vitale, Sebastian Seelig,
Herrn Prölß vom Planetarium Bochum,
das Planetarium im Naturkundemuseum Münster,
Tim Sonderhüsken, Anke Dethleffsen und Werner Bauer von Heyne,
Tina Ziegler und Frau Waberski von SAT. 1,
Michael Hühne von der Firma UUNET,
Georg, Ludi und Holgi aus dem Comicland – Excelsior!

BILDNACHWEIS

Archiv für Kunst und Geschichte 263, 269, 282/283, 299
Bildarchiv Engelmeier 183, 195, 209, 257
dpa 171
dpa/Funk 139
Inter News 41, 49, 120, 131, 155, 243, 275, 315
Privatarchiv des Autors 17, 19, 31, 37, 55, 61, 67, 83, 87, 93, 111, 125, 179, 187, 201, 213, 231, 239, 287, 295, 309

Das Bild von Chris Carter auf Seite 11 stammt aus dem Buch »Die neuen Fälle von Scully und Mulder« von N. E. Genge (München. Heyne, 1998), das auf Seite 27 aus dem Buch »Entschlüsselt – Ein Streifzug durch das Archiv der Akte X« von Ted Edwards (München: Heyne, 1997).
Das Bild von Jeffrey Dahmer auf Seite 73 stammt aus dem Buch »Jeffrey Dahmer« von Don Davis (München: Heyne, 1992).